Svenja Taubner
Konzept Mentalisieren

Das Anliegen der Buchreihe BIBLIOTHEK DER PSYCHOANALYSE besteht darin, ein Forum der Auseinandersetzung zu schaffen, das der Psychoanalyse als Grundlagenwissenschaft, als Human- und Kulturwissenschaft sowie als klinische Theorie und Praxis neue Impulse verleiht. Die verschiedenen Strömungen innerhalb der Psychoanalyse sollen zu Wort kommen, und der kritische Dialog mit den Nachbarwissenschaften soll intensiviert werden. Bislang haben sich folgende Themenschwerpunkte herauskristallisiert:

Die Wiederentdeckung lange vergriffener Klassiker der Psychoanalyse – beispielsweise der Werke von Otto Fenichel, Karl Abraham, Siegfried Bernfeld, W. R. D. Fairbairn, Sándor Ferenczi und Otto Rank – soll die gemeinsamen Wurzeln der von Zersplitterung bedrohten psychoanalytischen Bewegung stärken. Einen weiteren Baustein psychoanalytischer Identität bildet die Beschäftigung mit dem Werk und der Person Sigmund Freuds und den Diskussionen und Konflikten in der Frühgeschichte der psychoanalytischen Bewegung.

Im Zuge ihrer Etablierung als medizinisch-psychologisches Heilverfahren hat die Psychoanalyse ihre geisteswissenschaftlichen, kulturanalytischen und politischen Bezüge vernachlässigt. Indem der Dialog mit den Nachbarwissenschaften wieder aufgenommen wird, soll das kultur- und gesellschaftskritische Erbe der Psychoanalyse wiederbelebt und weiterentwickelt werden.

Die Psychoanalyse steht in Konkurrenz zu benachbarten Psychotherapieverfahren und der biologisch-naturwissenschaftlichen Psychiatrie. Als das ambitionierteste unter den psychotherapeutischen Verfahren sollte sich die Psychoanalyse der Überprüfung ihrer Verfahrensweisen und ihrer Therapieerfolge durch die empirischen Wissenschaften stellen, aber auch eigene Kriterien und Verfahren zur Erfolgskontrolle entwickeln. In diesen Zusammenhang gehört auch die Wiederaufnahme der Diskussion über den besonderen wissenschaftstheoretischen Status der Psychoanalyse.

Hundert Jahre nach ihrer Schöpfung durch Sigmund Freud sieht sich die Psychoanalyse vor neue Herausforderungen gestellt, die sie nur bewältigen kann, wenn sie sich auf ihr kritisches Potenzial besinnt.

BIBLIOTHEK DER PSYCHOANALYSE
HERAUSGEGEBEN VON HANS-JÜRGEN WIRTH

Svenja Taubner

# Konzept Mentalisieren

## Eine Einführung in Forschung und Praxis

Psychosozial-Verlag

Bibliografische Information der Deutschen Nationalbibliothek
Die Deutsche Nationalbibliothek verzeichnet diese Publikation in der Deutschen Nationalbibliografie; detaillierte bibliografische Daten sind im Internet über http://dnb.d-nb.de abrufbar.

2. Auflage 2016

Walltorstr. 10, D-35390 Gießen
Fon: 06 41 - 96 99 78 - 18; Fax: 06 41 - 96 99 78 - 19
E-Mail: info@psychosozial-verlag.de
www.psychosozial-verlag.de

Umschlagabbildung: © Maren Suilmann, 2015
Umschlaggestaltung nach Entwürfen von Hanspeter Ludwig, Wetzlar
Innenlayout: Hanspeter Ludwig, Wetzlar
www.imaginary-world.de
Satz: metiTEC-Software, me-ti GmbH, Berlin
ISBN 978-3-8379-2531-9

# Inhalt

# Einleitung

Die Mentalisierungstheorie wurde Anfang bis Mitte der 1990er von britischen Psychoanalytikern um Peter Fonagy und Mary Target entwickelt und stellt eine der bedeutsamsten neuen Theorien im Bereich der Psychoanalyse dar. Der Begriff Mentalisierung in seiner aktuellen Bedeutung wird erstmals 1991 von Peter Fonagy in seinem Artikel »Thinking about thinking« erwähnt und als Kapazität definiert, bewusste und unbewusste mentale Zustände von sich selbst und von anderen erfassen zu können (Fonagy, 1991). Anders als viele andere zeitgenössische psychoanalytische Konstrukte ist die Mentalisierungstheorie als ein Brückenkonzept anzusehen, das auch jenseits klinischer Aspekte empirisch überprüft und weiterentwickelt wird und dennoch starke Einflüsse auf die Weiterentwicklung psychoanalytischer Therapieansätze hat.

In diesem Buch soll eine Einführung in die Theorie der Mentalisierung geboten werden sowie eine Darstellung der aktuellen konzeptuellen Weiterentwicklungen im Bereich einer dynamischen Fähigkeit des Mentalisierens inklusive ihrer neurobiologischen Grundlagen. Des Weiteren werden die zentralen Forschungsergebnisse zum Mentalisierungskonzept und die praktischen Anwendungen des Konzeptes zusammengetragen. Ich kann dabei auf eine wissenschaftliche Auseinandersetzung und eigene Forschungsarbeiten zur Mentalisierung zurückgreifen aus dem Bereich der Depressions-, Adoleszenz- und Psychotherapieausbildungsforschung.

Das Buch gliedert sich in sieben inhaltliche Abschnitte. Zunächst werden die dem Mentalisierungskonzept zugrunde liegenden Konzepte erläutert, die ihren Ursprung einerseits in psychoanalytischen Denktheorien, philosophischen und psychologischen Intentionalitätskonzepten sowie der Bindungstheorie haben. Das einführende Kapitel schließt mit einem Überblick über die bedeutsamsten empirischen Zugänge zu Mentalisierung. Das folgende Kapitel fokussiert auf die Entwicklung von Mentalisierung, wobei zentral die ersten fünf Lebensjahre betrachtet werden. Es zeigt sich im Hinblick auf die normale Entwicklung von Mentalisierung über die Lebensspanne jenseits der Adoleszenz ein Mangel an Konzepten und empirischen Studien.

Das dritte Kapitel widmet sich den aktuellen Auffassungen zu Mentalisierung als dynamischer Fähigkeit, die sich in Abhängigkeit von Affektivität und sozialer Situation verändert, sodass erwachsene Individuen auf prämentalisierende Denkformen regredieren können. Dominieren prämentalisierende Denkmodi die Interpretation des eigenen und fremden Verhaltens, so kann dies mit psychischen Störungen in Verbindung stehen und im Rahmen von Mentalisierungsprofilen dargestellt werden. Das Scheitern der Entwicklung reifer Mentalisierung wird mit dem Misslingen früher Interaktionen in Verbindung gebracht. Hierzu wird im vierten Kapitel ein Kontinuum von früher Fehlabstimmung zwischen Eltern und Säuglingen bis hin zu missbräuchlichem Verhalten im Bindungskontext beschrieben, welches Fehlentwicklungen von Mentalisierung begründet. Daran anknüpfend wird im fünften Kapitel anhand ausgewählter Störungen die Bedeutsamkeit von Mentalisierung für die Ätiologie und Psychotherapie psychischer Störungen herausgearbeitet. Zentral wird dabei auf die Borderline-Persönlichkeitsstörung, depressive und Angsterkrankungen sowie die Störung des Sozialverhaltens eingegangen. Das sechste Kapitel stellt Mentalisierung als bedeutsamen Schlüssel zu psychischer Gesundheit ins Zentrum der Überlegungen. Dabei werden drei inhaltliche Schwerpunkte gesetzt, zum einen wird Mentalisierung als Resilienzfaktor in Bezug auf die transgenerationale Weitergabe von Bindung betrachtet und zum anderen als Möglichkeit, schwierige oder traumatische Erfahrungen reflektierend zu integrieren, was am Beispiel der erarbeiteten Bindungssicherheit bei werdenden Therapeuten erläutert wird. Des Weiteren wird die Rolle von Mentalisierung im psychotherapeutischen Prozess diskutiert. Abschließend wird auf klinische Anwendungen des Mentalisierungskonzeptes im Bereich der Mentalisierungsbasierten Therapie

(MBT) und auf Präventionskonzepte eingegangen, die unter Berücksichtigung systemischer Ansätze auf eine mentalisierende Gemeinschaft hinwirken.

# Danksagung

Ganz herzlich möchte ich meinen Studienassistenten Caroline Elz, Stephanie Müller, Helge Viebrock und Clara Schulze für die Mitarbeit an diesem Buch danken. Mein Dank geht zudem an Maren Suilmann für die wunderbaren Illustrationen. Nicht zuletzt danke ich meinem Mann, Timo Storck, für seine intellektuell stimulierende Unterstützung.

# 1. Einführung in das Mentalisierungskonzept

Mit ihrer Konzeptualisierung der Mentalisierungstheorie versuchen die britischen Psychoanalytiker um Peter Fonagy und Mary Target, die Psychoanalyse an die modernen empirischen Entwicklungstheorien und Überlegungen zu den Theorien des Geistes anzuschließen (Baron-Cohen, 1995). Somit kann die Mentalisierungstheorie als eine psychoanalytisch begründete Theorie des Geistes oder Theory-of-Mind (ToM) gelten, die eine dynamische Konzeption von ToM enthält und darüber hinaus die individuellen Entwicklungsbedingungen von ToM in den frühen Bindungsbeziehungen besonders untersucht (Fonagy et al., 2002). Das Mentalisierungskonzept als explizit psychoanalytische Theorie steht sowohl in der Tradition Freud'scher Überlegungen zur psychischen Realität (S. Freud, 1912/13, 1950), der Denktheorie Bions (1962) als auch den Konzepten Winnicotts (1965, 1971). Die psychoanalytische Theoriebildung wird auch daran deutlich, dass Fonagy und Kollegen (2002) Mentalisieren, im Gegensatz zu kognitiven Theorien, nicht als theoretisches Bewusstsein bzw. Simulationsleistung verstehen, sondern als die Art und Weise, wie Bindungsbeziehungen interpretiert werden. Allerdings stellen sie die emotionalen Objektbesetzungen sowie die Affektregulierung in das Zentrum ihrer Überlegungen, was im Gegensatz zur klassischen psychoanalytischen Tradition steht, in deren Fokus das Unbewusste zentral betrachtet wird.

Mentalisierung wird von Fonagy und Kollegen (2002) als die sozial-kognitive Fähigkeit verstanden, »sich mentale Zustände im eigenen Selbst und in anderen Menschen vorzustellen« (ebd., S. 31). Damit ist gemeint, dass psychische oder mentale Befindlichkeiten genutzt werden, um zu verstehen, wie sich das eigene und das Verhalten anderer begründet. Psychische oder mentale Befindlichkeiten sind z. B. Wünsche, Motive, Ziele, Überzeugungen und Gefühle, die hinter einem Verhalten vermutet werden können. Mentalisierung befähigt demnach, eigenes Verhalten und das Verhalten anderer Menschen durch die Zuschreibung von mentalen Zuständen einerseits zu interpretieren und andererseits vorherzusagen. Mentalisierung wird als zentrale Determinante der Organisation des Selbst, der subjektiven Realität und der Affektregulierung betrachtet, wobei diese als Entwicklungserrungenschaft angesehen wird,

> »die es Kindern [und auch Erwachsenen] ermöglicht, nicht nur auf das Verhalten eines anderen Menschen zu reagieren; sie reagieren vielmehr auch auf ihre eigene Vorstellung von dessen Überzeugungen, Gefühlen, Einstellungen, Wünschen, Hoffnungen [...]. Die [...] Mentalisierung befähigt Kinder, zu ›lesen‹, was in den Köpfen anderer vorgeht« (Fonagy et al., 2002, S. 32).

Aufgrund dieses Wissens wird das Verhalten anderer Menschen bedeutsam und vorhersagbar, was für das mentalisierende interpretierende Individuum eine außerordentlich erfolgreiche evolutionäre Anpassungsleistung darstellt (Dennett, 1978; Fonagy & Target, 2002). Damit wird Verhalten immer als absichtsvoll, gerichtet und begründet verstanden, was der Philosoph Dennett (1978) als intentional begründetes Verhalten beschrieben hat. Die selbstreflexive und die interpersonale Komponente von Mentalisierung ermöglichen darüber hinaus, »die innere von der äußeren Realität sowie innere psychische und emotionale Vorgänge von interpersonalen zu unterscheiden« (Fonagy & Target, 2003, S. 364).

Die Verwendung einer psychologischen Theorie durch eine Attribuierung von Intentionen steht im Kontrast zu rein physikalischen oder biologischen Erklärungsansätzen. Wenn wir z. B. erklären wollen, warum der Wecker am Morgen nicht geklingelt hat, so liegt eine physikalische Erklärung nahe, z. B. dass die Stromversorgung unterbrochen wurde oder der Wecker gar nicht erst gestellt wurde. Zwar tendieren Menschen manchmal auch dazu, nicht-organischen Dingen Intentionen zu unterstellen, aber vermutlich würde die Interpretation, dass der Wecker einfach nicht klingeln wollte, wenig zielführend sein. Im Kontrast dazu führt eine nicht-intentionale Erklärung bei Menschen zu einer Reduktion der Komplexität menschlichen Verhaltens. Wechselt beispielsweise eine Person die Straßenseite, so könnte dies darin begründet sein, dass der Straßenbelag auf der anderen Seite beschädigt ist. Vielleicht liegt es aber auch daran, dass die Person einer anderen Person ausweichen wollte, um sie nicht grüßen zu müssen. Dennett (1978) ist daher der Auffassung, dass eine erfolgreiche Interpretation menschlichen Verhaltens intentional begründet sein muss und dass die Entwicklung von Mentalisierung evolutionär von besonderer Bedeutung war, damit interpersonales Handeln in komplexeren Sozialzusammenhängen interpretiert werden kann. Fonagy und Kollegen (2002) nutzen für die Mentalisierungstheorie den von Wollheim (1995) erweiterten Intentionalitätsbegriff Dennetts, der auf unbewusste mentale Zustände (z. B. Träume, Symptome oder Humor) ausgedehnt wurde und somit auch intentionale Begründungen für scheinbar irrationales Verhalten ermöglicht. Darüber hinaus betonen sie die Repräsentationalität der Interpretationen des eigenen oder fremden Verhaltens, dass also eine Zuschreibung intentionaler Innerlichkeit immer einer Vermutung gleicht und keine objektive Tatsache darstellt (Allen et al., 2008). Im Folgenden werden die zentralen Bausteine der Mentalisierungstheorie zusammengefasst, die in der Psychoanalyse, der Bindungstheorie und ToM-Forschung bestehen. Daran anschließend wird auf die empirischen Zugänge zu Mentalisierung eingegangen.

## 1.1 Mentalisierung als Theory-of-Mind-Konzept

Menschen und Menschenaffen zeichnen sich dadurch aus, dass sie Theorien über die nicht beobachtbaren Inhalte psychischen Erlebens aufstellen, d. h., dass sie annehmen, dass auch andere Artgenossen wissen, fühlen, wünschen und glauben (Premack & Woodruff, 1978). Die Erforschung dieses Phänomens, mit dem Namen Theorie des Geistes oder Theory-of-Mind (ToM), begann vor mehr als 30 Jahren im Feld der Entwicklungspsychologie. Die bahnbrechende Studie von Wimmer und Perner (1983) konnte zeigen, dass Kinder bereits ab dem vierten

Lebensjahr über eine explizite ToM verfügen, welche das Ergebnis einer Folge entwicklungspsychologischer Errungenschaften darstellt.

Die zentralen Untersuchungsmethoden der ToM-Forschung sind Verfahren, die die Fähigkeit zum Verständnis falscher Überzeugungen (false belief) erheben (Wellman et al., 2001). Einer der bekanntesten Tests ist der »Sally und Anne Test« (s. Abbildung 1). Bei diesem Verfahren wird Kindern zwischen etwa drei und sechs Jahren die Geschichte von Sally und Anne erzählt. Sally hat einen Ball, legt diesen in einen Korb und geht dann spazieren. Anne nimmt in dieser Zeit den Ball aus dem Korb und legt ihn in eine Schachtel. Als Sally vom Spaziergang zurückkehrt, will sie mit dem Ball spielen. Jetzt werden die teilnehmenden Kinder gefragt, wo Sally nach dem Ball suchen wird. Jüngere Kinder antworten, dass Sally den Ball in der Schachtel suchen werde, was von der ToM-Forschung so interpretiert wird, dass sie noch kein Konzept falscher Überzeugungen aufweisen, d. h., jüngere Kinder glauben, dass mentale Inhalte identisch mit der Realität sind. Ältere Kinder antworten, dass Sally den Ball dort vermuten werde, wo sie ihn hingelegt hat, obwohl das nicht dem realen Aufenthaltsort des Balles entspricht. Ältere Kinder weisen, so die Folgerung aus Sicht der ToM-Forschung, die Fähigkeit auf, falsche Überzeugungen bei sich und anderen zu erkennen. Es ist der große Verdienst der ToM-Forschung, belegen zu können, dass autistische Kinder über keine oder eine eingeschränkte ToM verfügen, und somit einen der zentralen kognitiven Mechanismen der Erkrankung beschrieben zu haben (Baron-Cohen et al., 1985).

Trotz der langjährigen Studien zur ToM ist die Frage noch Gegenstand der Diskussion, ob die Fähigkeit zur ToM spezifisch ist oder eine Folge der Reifung anderer allgemeiner kognitiver Fähigkeiten, wie z. B. Sprache, Inhibierungsfähigkeiten, Verarbeitung komplexer Informationen, Ich-Bewusstsein und gemeinsame Aufmerksamkeit. Die neurobiologische Forschung ergänzt dieses Bemühen um Klärung und konnte zeigen, dass es erste Hinweise dafür gibt, dass die ToM sich sowohl aus allgemeinen als auch aus spezifischen Fähigkeiten zusammensetzt. Die spezifische ToM-Fähigkeit wird darin gesehen, dass Kinder sich ab einem bestimmten Alter der Repräsentationalität mentaler Inhalte bewusst werden. So entwickeln Kinder ab dem zweiten Lebensjahr zunächst Repräsentationen zweiter Ordnung oder Meta-Repräsentationen, d. h., sie sind dann in der Lage, Realität und Mentales voneinan-

Frage: Wo sucht Sally den Ball?

*Abbildung 1: Der »Sally und Anne Test« zur Überprüfung falscher Überzeugungen*

der abzukoppeln, was die Voraussetzung für das Als-ob-Spiel darstellt (Leslie, 1987). Diese Fähigkeit wird mit spezifischen Hirnregionen in Verbindung gebracht wie der temporoparietalen Junction (TPJ), dem Precuneus (PC) und dem medialen präfrontalen Kortex (MPFC) (Gweon et al., 2012). Ebenfalls Gegenstand andauernder Kontroversen im Feld der ToM-Forschung sind die theoretischen Begründungen, wie eine Theorie des Geistes sich in einem Individuum entwickelt und welche genauen Mechanismen eine Theorie des Geistes konstituieren. Es können dabei grundsätzlich drei verschiedene Ansätze unterschieden werden: die Theorie-Theorien, die Simulationstheorien und die Modularitätstheorien. Die Theorie-Theorien gehen davon aus, dass bei Individuen ab dem vierten Lebensjahr ein theoretisches Wissen über die Repräsentationalität des Mentalen und die Möglichkeit einer Misrepräsentation des Realen vorliegt, und daher Schlussfolgerungen über den Geisteszustand einer anderen Person einem theorieähnlichen System folgen (Perner, 2000). Im Kontrast dazu gehen Simulationstheorien davon aus, dass die Interpretation der Psyche nicht auf Theorien, sondern auf einer Auswertung dessen basiert, wie sich die interpretierende Person selbst in einer vorgestellten/simulierten Situation fühlen würde (Harris, 1992). Die Simulationstheorie nimmt daher an, dass Individuen einen unmittelbaren Zugang zum eigenen Erleben haben und entwicklungsgeschichtlich zunächst sich selbst und dann erst andere Personen verstehen können. Empirische Belege zeigen jedoch, dass Kinder eigene und fremde psychische Zustände etwa zur gleichen Zeit zu konzeptualisieren beginnen (Gopnik & Wellman, 1994). Die Modularitätstheorie führt die Entwicklung der ToM bei Kindern auf die sukzessive Reifung von drei domäne-spezifischen Mechanismen zurück: dem Theory-of-Body-Mechanismus (basale Fähigkeit des Säuglings, im ersten halben Lebensjahr zwischen zielgerichteten und ungerichteten Bewegungen unterscheiden zu können), dem ToM-Mechanismus-1 (Fähigkeit, gegen Ende des ersten Lebensjahres Handlungen auf Ziele hin interpretieren zu können) und dem ToM-Mechanismus-2 (Fähigkeit, ab 18 Monaten propositionale Einstellungen von intentionalen Anderen repräsentieren zu können) (Leslie, 1994). Modularitätstheoretiker gehen daher davon aus, dass falsche Überzeugungen bereits ab einem Alter von 18 Monaten repräsentiert werden können, was sich aufgrund von Performanzproblemen bei den klassischen »False-Belief«-

Tests nicht abbilden lässt (z. B. aufgrund der Sprachlastigkeit des Tests). Implizite Messungen der Erkenntnis falscher Überzeugungen durch Erfassung der Blickrichtung von 18-monatigen Kleinkindern zeigen tatsächlich empirische Hinweise auf einen früheren Beginn der ToM-Fähigkeiten als bislang angenommen (Yott & Poulin-Dubois, 2012).

Die Mentalisierungstheorie stellt eine Erweiterung und Kritik an der bisherigen ToM-Forschung dar, die als mechanistisch und biologisch-verkürzt kritisiert wird. Darüber hinaus wird bemängelt, dass die kognitive ToM-Forschung lediglich am Vermögen jedoch nicht an den mentalen Inhalten orientiert sei, mit denen Kindern in ihrer Entwicklung konfrontiert sind (Fonagy, 2003a). Dem gegenüber greift die Mentalisierungstheorie einen sozial-interaktionistischen Ansatz auf (Astington, 1996) und erweitert diesen um die Perspektive des Entwicklungskontextes von Bindungsbeziehungen (Fonagy & Target, 1995). Zentral für die Entwicklung einer ToM ist aus Sicht der Mentalisierungstheorie die Qualität der frühen Eltern-Kind-Interaktion. Die Mentalisierungstheorie geht davon aus, dass insbesondere die Anwendung einer ToM in affektiven und nahen Beziehungen maßgeblich von den ersten Erfahrungen in eben diesen emotional intensiven Eltern-Kind-Beziehungen abhängt. Damit unterscheidet sich die Mentalisierungstheorie von der klassischen eher kognitiv orientierten ToM-Forschung. Sie öffnet neue Bereiche des Verständnisses individueller Unterschiede (z.B. im Sinne der Akkuratheit der Attribuierung mentaler Befindlichkeiten im Lebensverlauf nach dem Erreichen der Kenntnis falscher Überzeugungen) sowie klinischer Phänomene jenseits der Erforschung von Autismus (vgl. Kapitel 5) und entwickelt neue Untersuchungsmethoden, die affektive und beziehungs- sowie situationsorientierte Elemente berücksichtigen (s. 1.4). Wie in Kapitel 2 näher erläutert wird, geht die Mentalisierungstheorie, im Kontrast zu den Simulationstheorien, nicht von einem unmittelbaren Zugang zu den eigenen psychischen Befindlichkeiten aus, sondern formuliert, dass das Verständnis für Psychisches dadurch entsteht, dass ein Individuum selbst von seinen Fürsorgepersonen als mentales Wesen wahrgenommen und gespiegelt wird. Erst dann kann ein Individuum eine affektive ToM entwickeln, welche als eine implizite Theorie in Bindungsbeziehungen Anwendung findet. Damit werden rein biologische Ursachen für die Entwicklung einer ToM, wie bei der Modularitätstheorie, durch die Annahme einer transaktionalen Wechselwirkung von bio-psychosozialen Elementen ergänzt. Im Kontrast zu den Theorie-Theorien im Bereich der ToM-Konzeptionen geht die Mentalisierungstheorie von einem impliziten Wissen um Psychisches aus, das in Abhängigkeit von den frühen Interaktionen auch systematische Fehler oder Verzerrungen über Inhalte der eigenen oder fremden Psyche enthalten kann.

Im Sinne eines integrierenden Brückenkonzeptes umschließt Mentalisierung viele Facetten im Bereich der Fähigkeit, sich selbst und andere zu verstehen (Allen, 2006). Choi-Kain und Gunderson (2008) haben in einem Übersichtsartikel zur Rolle der Mentalisierung bei der Behandlung der Borderline-Persönlichkeitsstörung die Überlappung mit anderen Konzepten entlang von drei Dimensionen der Mentalisierung untersucht: implizites vs. explizites Gewahrsein, Betonung kognitiver vs. affektiver Aspekte sowie das Verständnis des Selbst vs. des Anderen. Verwandte Konzepte, die konzeptuelle Überschneidungen mit der Mentalisierungstheorie aufweisen, sind Achtsamkeit (mindfulness), psychologische Sensibilität (psychological mindedness), Empathie und Affektbewusstsein (vgl. Abbildung 2).

Beim Konzept der Achtsamkeit richtet sich die Aufmerksamkeit nach innen auf das eigene Erleben inklusive körperlicher Reaktionen und auch hier wird die Integration kognitiver und affektiver Aspekte von mentalen Zuständen betont. Das Konzept der psychologischen Sensibilität zeichnet sich ebenfalls durch die Betrachtung von kognitiven und affektiven mentalen Zuständen aus und bezieht sich sowohl auf das Selbst als auch den Anderen. Nicht nur Achtsamkeit, sondern auch psychologische Sensibilität können dem Bereich der Introspektion zugeordnet werden. Introspektion bedeutet die Anwendung der Theorie des Mentalen auf eigene mentale Zustände. Im Gegensatz zur Mentalisierung ist sie jedoch eine Fähigkeit, die sich fast ausschließlich im Rahmen der expliziten Reflektion vollzieht, während Mentalisierung auch automatische und implizite Aspekte enthalten kann. Ein weiteres verwandtes Konzept ist die emotionale ToM oder Empathie. Empathie bedeutet »die Verfügbarkeit eines Mechanismus, der es dem Individuum ermöglicht, die Perspektive eines anderen Menschen einzunehmen und dessen inneren, emotionalen Zustand zu erschließen und zu einem gewissen Grad selbst mitzuempfinden« (Fonagy et al., 2002, S. 145). Dabei wird Empathie, im Sinne einer Simulationsleis-

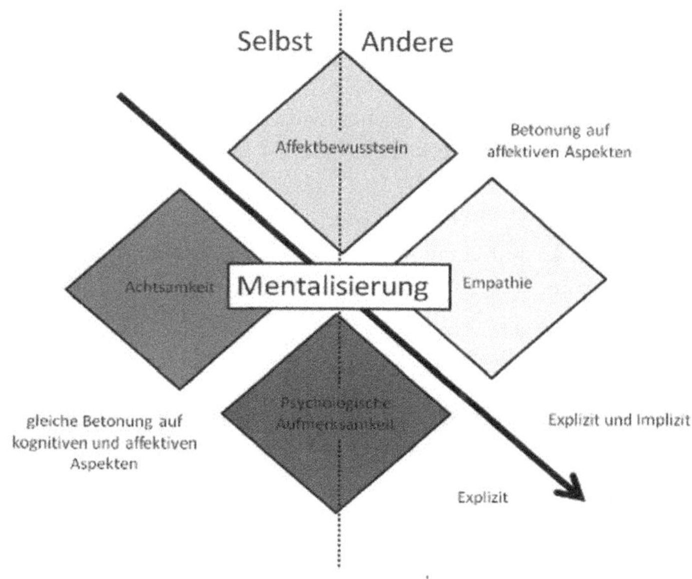


*Abbildung 2: Konzeptuelle Überlappungen von Mentalisierung zu anderen ToM-Theorien (eigene Darstellung, vgl. Choi-Kain & Gunderson, 2008, S. 1130)*

tung, als genaue Widerspiegelung des affektiven mentalen Zustands eines Anderen betrachtet. Im Gegensatz dazu bedeutet Mentalisieren ein Verstehen des affektiven und kognitiven mentalen Zustands des Anderen auf der Grundlage der Zuschreibung von innerpsychischen Befindlichkeiten, d.h. der Anwendung einer psychologischen Theorie. Als letztes überlappendes Konzept führen Choi-Kain und Gunderson (2008) das Affektbewusstsein an. Im Kontrast zur Empathie geht es beim Affektbewusstsein um das Verhältnis zwischen der Aktivierung eines basalen Affektes und der Fähigkeit, diesen bewusst wahrzunehmen, über ihn nachzudenken und auszudrücken. Jedoch liegt der Fokus gegenüber Mentalisierung auf dem expliziten Einsatz in Bezug auf das Selbst oder Andere und ist auf affektive Zustände begrenzt. Zusammengefasst lässt sich daher schlussfolgern, dass das Konzept der Mentalisierung alle genannten Dimensionen umfasst: den unbewusst-impliziten und bewusst-expliziten Einsatz der Fähigkeit sowie kognitive und affektive Aspekte mentaler Zustände beim Selbst und Anderen zu verstehen (ebd.). Dies bedeutet, dass konzeptuell gewisse Unschärfen auftreten können, wenn nicht klar beschrieben wird, was mit Mentalisierung gemeint ist, und dass empirische Zugänge notwendigerweise nur ausgewählte Aspekte von Mentalisierung erheben können. In einer aktuellen Studie an 46 Psychologiestudenten aus Schweden zeigte sich empirisch, dass Mentalisierung operationalisiert als Reflective Functioning (Fonagy et al., 1998) insbesondere mit Achtsamkeit korreliert, während sich keine Zusammenhänge zum Affektbewusstsein zeigten, was die Autoren mit den spezifischen Operationalisierungen der verschiedenen Konzepte begründen (Falkenström et al., 2014).

## 1.2 Die Wurzeln des Mentalisierungskonzeptes in der Psychoanalyse

Der Begriff Mentalisation wurde von französischen Psychoanalytikern in den frühen 1960ern eingeführt, um psychosomatische Störungen präziser beschreiben zu können. Insbesondere wurde das Mentalisierungskonzept zur Erklärung des mit somatoformen Störungen oftmals einhergehenden konkretistischen Denkstils (pensee operatoire) der Patienten herangezogen oder des in der aktuellen Forschung beschriebenen Phänomens der Alexithymie (Grabe & Rufer, 2009; Subic-Wrana et al., 2010). Marty (1990, 1991) beschrieb Mentalisation als eine vorbewusste Ich-Funktion, die es Individuen ermögliche, Trieb-Affekt-Erfahrungen in höher organisierte innerpsychische Erscheinungen und Strukturen zu transformieren und zu elaborieren. Damit konstituiert Mentalisierung die Fähigkeit zur Repräsentation und Symbolisierung körpernahen affektiven Erlebens in etwas Mentales.

Im Folgenden werden die zentralen psychoanalytischen Konzepte aufgeführt, die in der Mentalisierungstheorie aufgegriffen und weiterentwickelt werden. Dies ist zum einen das Konzept der psychischen Realität nach Freud und zum anderen Konzepte des Selbst nach Winnicott. Überschneidungen der Mentalisierungstheorie zu dem Konzept der Entwicklungslinien Anna Freuds werden in Kapitel 2 im Rahmen der entwicklungspsychologischen Überlegungen ausgeführt und Weiterführungen zum Container-Contained-Konzept Bions werden im Unterkapitel 1.3 berücksichtigt.

### 1.2.1 Mentalisierung und psychische Realität

Mit ihrem Mentalisierungskonzept greifen Target und Fonagy (1996) eine Theorietradition der französischen Psychoanalyse auf, um eine Theorielücke innerhalb der psychoanalytischen Denktheorie zu schließen. Psychoanalytische Konzepte des Denkens haben sich mit Ausnahme der Ich-Psychologie (Hartmann, 1939; Rapaport, 1951; Kris, 1952) vorrangig mit den Verbindungen zwischen primär- und sekundärprozesshaftem Denken beschäftigt. Die psychoanalytische Theorie des Primär- und Sekundärprozesses geht auf Freuds (1895) *Entwurf einer Psychologie* zurück. In der weiteren Ausarbeitung hat Freud den Primär- und Sekundärprozess als unterschiedliche Funktionsweisen der beiden psychischen Systeme Unbewusst und Vorbewusst gekennzeichnet (S. Freud, 1900; 1913). Während das System Unbewusst durch primärprozesshaftes Denken geprägt sei, welches dem Lust-Unlust-Prinzip folge und sich durch eine Widerspruchsfreiheit, Assoziation sowie Mechanismen der Verschiebung und Verdichtung auszeichne, würde das Vorbewusste dem Sekundärprozess unterliegen, d.h. dem normalen geordneten und verbalen Denkens. Soldt (2003) kommt in einer begriffskritischen Arbeit dazu, Affekte als Mittel des primärprozesshaften Denkens und den Primärprozess als begrifflich undifferenziertes Denken zu konkretisieren.

Nach Fonagy und Target (1996) bedarf eine sinnstiftende Reflexion der inneren Welt eines kognitiven Zugangs zu den eigenen Emotionen und anderen innerpsychischen Befindlichkeiten. Dabei kommt es in der Bemühung, zwischen innerer und äußerer Realität zu vermitteln, zu einer Vermischung von primär- und sekundärprozesshaftem Denken. Innerhalb der psychoanalytischen Theorie bezeichnet das psychische Erleben eines Menschen, basierend auf Freuds (1950) Trennung von Denkrealität und faktischer Realität, das subjektive, von unbewussten Prozessen beeinflusste Erleben (Michels, 1984). Die Realitätsprüfung als höchstentwickelte Form kognitiver Prozesse (Hartmann, 1956) ist eine Funktion des Ich, die der Prüfung der Frage dient, ob eine Vorstellung im Ich auch in der äußeren Realität vorhanden ist (S. Freud, 1925). Psychische Realität bezeichnet innerpsychische Befindlichkeiten, die für das Subjekt Realitätswert haben, wobei insbesondere auch unbewusste Wünsche die psychische Realität dominieren, die dann an die Stelle der äußeren Realität treten können (S. Freud, 1916/17). Aufgrund der vieldeutigen Verwendung des Begriffes der psychischen Realität verwenden Fonagy und Kollegen (2002) den Terminus des Modus psychischen Funktionierens und trennen dabei zwischen dem Modus der psychischen Äquivalenz, dem teleologischen Modus, dem Als-ob-Modus, dem Modus des unbewussten Denkens (für das Verdrängte) und schließlich dem mentalisierenden, repräsentationalen oder reflektierten Modus des psychischen Erlebens. Das psychische Erleben ist als eine Schnittstelle der Vermittlung von Innen (Selbstzustände) und Außen (faktische Realität) zu betrachten, die abhängig von spezifischen sozialen Bedingungen reift. Der Modus der psychischen Äquivalenz nimmt dabei einen zentralen Stellenwert für das Verständnis des normalen kindlichen Erlebens und später für pathologische Prozesse ein und lehnt sich stark an Freuds Beschreibungen der psychischen Realität des Neurotikers an:

> »Die Neurotiker leben in einer besonderen Welt, in welcher [...] nur die ›neurotische Währung‹ gilt, das heißt nur das intensiv Gedachte, mit Affekt Vorgestellte ist bei ihnen wirksam, dessen Übereinstimmung mit der äußeren Realität aber nebensächlich. [...] So erweist sich die Allmacht der Gedanken, die Überschätzung der seelischen Vorgänge gegen die Realität, als unbeschränkt wirksam im Affektleben des Neurotikers [...], so wird er nicht glauben können, dass Gedanken frei sind, und wird sich jedes Mal fürchten, böse Wünsche zu äußern, als ob sie infolge dieser Äußerung in Erfüllung gehen müssten« (S. Freud, 1912/13, S. 107).

Daran anknüpfend wird mit dem Modus der psychischen Äquivalenz eine vollständige Beherrschung des subjektiven Erlebens durch das Innerpsychische beschrieben, welche eine Gleichsetzung von Innen und Außen nach sich zieht und somit eine verminderte Realitätsprüfung bedeutet (Fonagy et al., 2002).

### 1.2.2 Mentalisierung und die Entwicklung des Selbst

Das Mentalisierungskonzept beschreibt zentral eine Entwicklungspsychologie des Selbst und stützt sich dabei auf die Ausführungen von

Winnicott. Das Selbst bezeichnet nach Winnicott eine Ganzheit im subjektiven Erleben eines Menschen, die mit einer persönlichen Identität und einer Trennung von Innen und Außen einhergeht (Winnicott, 1988). Das Selbst einer Person stellt die Verbindung zwischen somatischen und psychischen Komponenten einer Person in einem Raum-Zeit-Kontext dar:

> »[D]ie Psyche nimmt ihren Anfang in Form der imaginativen Bearbeitung von Körperfunktionen, und ihre wichtigste Aufgabe besteht darin, frühere Erfahrungen und mögliche Entwicklungen mit einem Bewusstsein für die Gegenwart und den Erwartungen, die in die Zukunft zielen, zu verbinden. So entsteht das Selbst« (ebd., S. 50).

Nach Winnicott finden, ausgehend von einem von Geburt an vorhandenen primären Selbst, Maturierungsprozesse statt, die auf der Grundlage einer zuverlässig haltenden Umwelt eine zunehmende Integration der inneren Zustände bewirken. »Zuverlässiges Halten bedeutet, dass das unreife und schwache Ich des Säuglings durch die ›Ich-Unterstützung‹ gestärkt wird, welche die Mutter deswegen leisten kann, weil das Kind in ihrer Vorstellung als ganzer Mensch vorhanden ist« (Winnicott, 1948, zitiert nach Davis & Wallbridge, 1981, S. 63). Für Winnicott steht der Begriff des Selbst in unmittelbarem Zusammenhang mit der menschlichen Gesundheit: Ein integriertes Selbst ist die Grundlage des Gefühls seelischer Gesundheit, während der Verlust der Integration mit dem Gefühl des Verrücktwerdens verbunden ist. Das integrierte Selbst stellt folglich eine Entwicklungserrungenschaft dar, die jederzeit bedroht werden kann. Diese Gefahr wird nach Winnicotts Auffassung an dem Humpty-Dumpty-Kinderreim metaphorisch in Erinnerung gerufen:

> »Humpty Dumpty sat on a wall:  
> Humpty Dumpty had a great fall.  
> All the King's horses and all the King's men  
> Couldn't put Humpty Dumpty in his place again«  
> (Carroll, 1871, S. 159).

Fonagy und Kollegen (2002) stellen die Organisation des Selbst in einen Entwicklungskontext, der auf der Entstehung der Mentalisierung in einem Bindungskontext gründet. Analog zu Winnicott postulieren sie die Existenz eines primären oder konstitutionellen Selbst, welches die tatsächlichen inneren Zustände des Kindes darstellt, dessen sich der Säugling zunächst aber nicht gewahr ist. Die Entwicklung eines integrierten und kohärenten Selbst gelingt über die Internalisierung von Selbstrepräsentanzen im Kontext einer Bindungsbeziehung. Im Widerspruch zur traditionellen Freud'schen Auffassung, die das Erleben der Anderen als eine Erweiterung des Selbst auf die Objektwelt begreift (S. Freud, 1914), schließen sich Target und Fonagy (1996) den Ansichten der Selbstpsychologie und der interpersonalen Psychoanalyse an, die das Selbst ursprünglich als eine Erweiterung der Erfahrungen mit den Anderen begreifen. Folglich entsteht das Selbst aus den Erfahrungen des Individuums in Beziehung zu anderen Personen. Wiederholte Erfahrungen mit anderen werden internalisiert, abstrahiert und in mentalen Modellen strukturiert. Mentale Repräsentationen von Beziehungserfahrungen werden von Bindungsforschern, Objektbeziehungstheoretikern und in der psychoanalytisch inspirierten Säuglingsforschung als vorsprachliche Inhalte des prozeduralen Gedächtnisses angesehen, die nicht bewusstseinsfähig sind und dem Individuum nur innerhalb einer Aktion ein Schema des »Wie« bereitstellen, z.B. innere Arbeitsmodelle von Bindung (vgl. Bowlby, 1973) oder »Representations of Interactions that have been Generalized«, RIGs (Stern, 1985). Die Funktion des »Wie« besteht darin, das Individuum zu befähigen, sein Verhalten an spezifische soziale Rahmenbedingungen anzupassen (prozedurales Handlungswissen). Nicht einzelne Erlebnisse, sondern wiederholte Handlungsabläufe zwischen dem Säugling und seiner Betreuungsperson werden gespeichert und organisieren spätere Verhaltensweisen (Clyman, 1991). Dieses prozedurale Handlungswissen ist in mentalen Modellen gespeichert, die keine Bilder, sondern Ereignissequenzen repräsentieren (Johnson-Laird & Byrne, 1991). Gruppen von Ereignissequenzen bilden die Repräsentanz einer Beziehung,

> »die (phänomenologisch und nicht dynamisch gesprochen) für immer ans Unbewusste gebunden bleibt und allein durch die Art und Weise, wie das Individuum Beziehungen aufnimmt und unterhält – das heißt in seinem Beziehungsstil – erkennbar wird, nicht jedoch durch Gedanken

oder Erinnerungen, über welche die Person berichtet« (Fonagy et al., 2002, S. 470).

## 1.3 Bindung und Mentalisierung

Mit der Formulierung ihres Mentalisierungskonzeptes unternehmen Fonagy und seine Arbeitsgruppe den Versuch einer Neuformulierung der Bindungstheorie, welche das Ziel verfolgt, die historische Spannung zwischen psychoanalytischen Theorien und der Bindungstheorie beizulegen. Unter dem Blickwinkel des Mentalisierungskonzeptes wird Bindung als solche nicht länger als Selbstzweck betrachtet, sondern stellt den Rahmen für die Entwicklung eines Repräsentationssystems dar, das wiederum aus einer evolutionären Perspektive das Überleben sichert.

Mit Bindung ist ein grundlegendes menschliches Verhaltenssystem gemeint, dass bei Stresserfahrungen, Trennungen und genereller Gefahr aktiviert wird und evolutionsbiologisch verankert, das Überleben eines Individuums von der »Wiege bis zum Grab« sichern soll (Bowlby, 1969). Bei Säuglingen und Kleinkindern führt eine Aktivierung des Bindungssystems (z.B. durch Angst, Erschöpfung, Verletzung) zu einem spezifischen schutzsuchenden Bindungsverhalten (z.B. Weinen oder Anklammern), welches bei den Pflegepersonen fürsorgliches Verhalten auslöst (z.B. in den Arm nehmen und trösten) (ebd., 1973). Somit kann das Sicherheitserleben als Ziel des Bindungssystems betrachtet werden, das somit in erster Linie einen Regulator des emotionalen Erlebens darstellt (Sroufe et al., 1990). Eine sichere Bindung ist unter dieser Perspektive die Folge einer erfolgreichen Gefühlsregulation durch die primäre Bezugsperson. Frühe Erfahrungen mit den Bezugspersonen werden zu verinnerlichten repräsentationalen Systemen zusammengefasst, die Bowlby »innere Arbeitsmodelle« von Bindung (IWM = Internal Working Modells) nannte (Bowlby, 1973), wobei unabhängige Arbeitsmodelle für jede Bezugsperson angenommen werden (Fonagy et al., 1994). Das sicherheits- und schutzbietende Verhalten der Bezugspersonen wird durch IWMs auf repräsentationaler Ebene zunehmend durch ein inneres verfügbares Sicherheitsgefühl ergänzt und später ersetzt (Main, 1994; Bretherton & Munholland, 2008). IWMs bestehen aus prozedural verankerten und generalisierten Überzeugungen und

Erwartungen darüber, wie Bindungsbeziehungen funktionieren und was jemand aus diesen Beziehungen gewinnt. Bindungsrepräsentationen sind relativ stabil über die Lebensspanne, können sich jedoch in Abhängigkeit von negativen und positiven Lebensereignissen verändern (Thompson, 2000; Weinfield et al., 2008).

Mary Ainsworth (1985) entwickelte einen Labortest (Fremde Situation), mit dessen Hilfe die Verhaltensauswirkungen der inneren Arbeitsmodelle von Bindung von Kleinkindern direkt beobachtet werden können. Sie klassifizierte drei Bindungskategorien (sicher-gebunden, unsicher-vermeidend, unsicher-ambivalent), mithilfe derer auf nichtbeobachtbare innere Repräsentationen des Selbst geschlussfolgert werden kann. Später entwickelten Main und Solomon (1990) eine vierte Klassifikation: die desorganisierte Bindung. Aus Sicht der Mentalisierungstheorie werden kindliche Bindungsmuster als Korrelate dessen gesehen, wie mit Kleinkindern in Situationen der affektiven Not umgegangen wurde (vgl. Fonagy, 2003a):

- *Sicher-gebundene* Kinder haben gut koordinierte, positive Interaktionen mit den Betreuungspersonen erlebt, in denen sie emotional stabilisiert wurden. Sie werden daher von negativen Emotionen nicht überwältigt, sondern nutzen sie für kommunikative Zwecke (z. B. »Hilf mir«).
- *Unsicher-vermeidende* Kinder haben erfahren, dass die Bezugsperson negative Affekte nicht reguliert bzw. übermäßig reagiert, vermutlich wegen eigener schmerzhafter Gefühle oder aufgrund von Ärger als Folge eines mangelnden kohärenten Bildes vom Kind. In der Konsequenz überreguliert das Kind seinen Affekt oder vermeidet beunruhigende Situationen.
- *Unsicher-ambivalente* Kinder erleben Bezugspersonen, die auf den kindlichen Distress wegen der eigenen Verstrickung mit den kindlichen Gefühlen mit übertriebener Klarheit oder uneindeutig reagieren. Das Kind unterreguliert in der Folge seinen Affekt durch Verstärkung des Distressausdrucks, um bei der Bezugsperson die erwünschte Reaktion auszulösen.
- *Desorganisierte* Kinder haben ihre Betreuungsperson vermutlich im Kontext von Misshandlung und Vernachlässigung sowohl als angstauslösend als auch sicherheitsstiftend erlebt, sodass die Aktivierung des Bindungssystems konfligierende Motive nach sich

> zieht, die sich in Erstarrungen und monotonen Bewegungswiederholungen manifestieren.

Für die Entwicklung der Mentalisierung stellt eine sichere Bindung die günstigste psychosoziale Grundlage dafür dar, dass das Kleinkind seiner Betreuungsperson gefahrlos mentale Zustände zuzuschreiben lernt, das Bindungssystem weniger Aktivierung erfährt und mehr Zeit zum Einüben der Mentalisierung bleibt. Darüber hinaus kann insbesondere eine sichere Bindung als eine Umgebung beschrieben werden, die Exploration und das Erleben von Sicherheit ermöglicht, was zu einem grundlegenden Gefühl des Vertrauens gegenüber anderen und der Welt als solcher im Sinne eines Urvertrauens ermöglicht. All dies unterstützt eine generelle Neugierde des Kindes, die psychischen Befindlichkeiten anderer zu erkunden (Fonagy et al., 2011a). Der Übergang zum mentalen Selbst bedarf der gefahrlosen Erkundung der Psyche der primären Betreuungsperson, wie es besonders das sicher-gebundene Kind kann. Das vermeidend-gebundene schreckt vermulich eher vor der Psyche der Mutter zurück und das ambivalent-gebundene ist zu sehr auf den eigenen Distress bezogen. Das desorganisierte Kind ist im Sinne einer hypervigilanten Vermeidung von missbräuchlichen Situationen überaus wachsam für intentionale Zustände der Betreuungsperson, die Mentalisierung organisiert jedoch nicht das Selbst, d.h., es hat kaum Klarheit über seine eigenen innerpsychischen Befindlichkeiten.

Fonagy und Kollegen (2002) erweitern somit die Evolutionsfunktion der Bindung. Sie sehen sie als Bedingung für eine Umwelt, in der sich das Verstehen fremder und eigener mentaler Zustände entfalten kann. Daher wird die Entwicklung der Mentalisierung in den sozialen Interaktionen mit den Bezugspersonen verortet (Allen & Fonagy, 2006). Sichere Bindung wird mit einer Feinfühligkeit der Fürsorgeperson in Verbindung gebracht (Grossmann et al., 1985), welche durch die Anwendung des Konzeptes der Mentalisierung folgendermaßen präzisiert werden kann:

> »Wenn man die sichere Bindung des Kindes als das innerhalb eines Bindungskontextes stattfindende Erlernen von zielorientierten, rationalen Handlungsprozeduren definiert, die zur Regulierung aversiver Erregungszustände dienen, dann kann es diese Prozeduren – so behaupten

> wir – am erfolgreichsten erwerben und am kohärentesten repräsentieren, wenn ihm sein augenblicklicher Affektzustand von der Betreuungsperson jeweils akkurat, aber auf eine nicht überwältigende Weise widergespiegelt wird« (Fonagy et al., 2002, S. 51).

Diese Operationalisierung von Feinfühligkeit knüpft an das Bion'sche Konzept des Container-Contained an (Bion, 1962): Das Denken entwickelt sich aus der Affektregulierung. Zunächst existiere eine rein sensorische Erfahrung, welche sich in einen mentalen Vorgang entwickeln kann. Nach Bion (1957) besitzen die sensorischen Erfahrungen des Säuglings keine psychische Qualität, weshalb er sie als Beta-Elemente bezeichnet. Die psychische Verarbeitung dieser setze eine Alpha-Funktion voraus, welche in der Fürsorgeperson verortet wird. Zunächst müsse daher die Fürsorgeperson unter Zuhilfenahme ihrer Alpha-Funktion die Beta-Elemente für den Säugling übersetzen. Im Rahmen der Mentalisierungstheorie wurde dieser Gedanke folgendermaßen aufgegriffen: Das Kind erlangt durch die Repräsentation seines eigenen Affektzustands eine Affektregulierungsstrategie höherer Ordnung, was als Mentalisierungsvorläufer betrachtet werden kann. Die Internalisierung sekundärer Repräsentanzen innerer Zustände (Selbstzustände) hängt von der feinfühligen Affektspiegelung der Betreuungsperson ab. Feinfühligkeit in der Betreuung eines Kindes setzt voraus, das Kind als mentales Wesen wahrzunehmen. Fonagy und Kollegen (2002) führen in Anlehnung an Mains (1991) Formulierungen über die Kohärenz von inneren Arbeitsmodellen und die Möglichkeit des metakognitiven Zugriffs auf diese den Begriff des reflektierenden inneren Arbeitsmodells ein, welcher den mentalen Zugriff und flexiblen Umgang mit Objektbeziehungen impliziert. Sekundär repräsentierte Selbstzustände sind die Bausteine eines reflektierenden oder mentalisierenden inneren Arbeitsmodells.

## 1.4 Empirische Zugänge zu Mentalisierung

Im Folgenden wird zentral die Reflective-Functioning-Scale (RFS) (Fonagy et al., 1998) vorgestellt, da sie das Goldstandard-Instrument ist, das die gesamte Bandbreite des Mentalisierungskonzeptes operationalisiert und empirisch fassbar gemacht hat. Anschließend wird auf

| | | |
|---|---|---|
| **9** | außergewöhnliche | durchschnittliche bis hohe RF |
| **7** | ausgeprägte | |
| **5** | deutliche, allgemeine | |
| **3** | fragliche oder niedrige | niedrige bis negative RF |
| **1** | abwesende | |
| **-1** | negative | |

*Tabelle 1: Skalierung der Reflective-Functioning-Scale*

andere Messinstrumente zur Erhebung von Mentalisierung eingegangen. Die RFS wurde zunächst als Erweiterung der Kohärenzskala des Adult Attachment Interviews (AAI) (George et al., 1984/1985/1996) entwickelt und auch an dieser validiert. Das AAI ist ein semistrukturiertes Interview und besteht aus 20 Fragen, die in einer festgelegten Reihenfolge gestellt und mit standardisierten Nachfragen ergänzt werden können. Interviewte werden aufgefordert, über die Beziehung zu ihren Eltern in der Kindheit zu reflektieren, indem sie fünf Adjektive auswählen, die die jeweilige Beziehung beschreiben und dazu passende spezifische Erinnerungen zu berichten. Um das Bindungssystem weiter zu aktivieren, wird nachgefragt, wie die Eltern sich um die Interviewten in Zeiten von physischer oder psychischer Aufruhr gekümmert haben (z. B. bei Verletzungen, Krankheiten oder Kummer). Darüber hinaus werden sie nach Erinnerungen zu Trennungen, Verlusten sowie Erfahrungen von Zurückweisung gefragt und nach Zeiten, wo sie sich durch das Verhalten der Eltern geängstigt gefühlt haben, z. B. durch Drohungen sowie physischen oder sexuellen Missbrauch. Das Interview fordert dazu auf, über den elterlichen Erziehungsstil zu reflektieren und darüber, wie die Erfahrungen mit den Eltern die eigene Persönlichkeit beeinflusst haben. Die Interviewtechnik soll das »Unbewusste überraschen« (ebd.), sodass für den Interviewten diverse Möglichkeiten entstehen, entweder die eigenen Erfahrungen zu elaborieren oder sich in Widersprüche zu verstricken. Die RFS erhebt das Ausmaß, mit dem ein Teilnehmer seine bindungsbezogenen Erfahrungen auf der Grundlage mentaler Befindlichkeiten versteht (Fonagy et al., 1998). Interviewaussagen werden auf einer 11-stufigen Skala von anti-reflexiv (-1) bis außergewöhnlich reflektiert (9) kodiert (vgl. Tabelle 1).

Qualitative Marker für Reflective Functioning sind die Anerkennung der Verborgenheit mentaler Befindlichkeiten, entwicklungsbezogene Aspekte von psychischem Erleben und das ausdrückliche Bemühen, Verhalten mit mentalen Befindlichkeiten zu verstehen. Anti-Reflexive Antworten stellen schwerwiegende Einbrüche in der Kohärenz dar oder beinhalten Feindseligkeit gegenüber dem Interviewer (z.B. »Woher soll ich das denn wissen? Sie sind doch der verdammte Psychologe!«). Abwesende bis niedrige Mentalisierung wird dann kodiert, wenn Antworten sich durch Konkretismus und der Abwesenheit psychologischer Erklärungen für menschliches Verhalten auszeichnen. Typischerweise wird menschliches Verhalten in Narrativen mit abwesender RF gar nicht, biologisch oder rein verhaltensbezogen erklärt. Die Bewertung einer niedrigen Mentalisierung wird dann vergeben, wenn mentale Begriffe klischeehaft oder stark verallgemeinert verwendet werden. Ein Sonderfall niedriger Mentalisierung ist die Hypermentalisierung, bei der Interviewte ungewöhnlich ausführlich, aber wenig überzeugend psychologisieren. Durchschnittliche bis hohe Wertungen werden vergeben, wenn die Interviewpassage qualitative Merkmale von Mentalisierung enthält. Je mehr der Interviewte eine originelle, komplexe und elaborierte psychologische Theorie entwickelt, desto mehr nähert sich das Rating dem Höchstwert der RFS an. Außergewöhnlich reflektierte Antworten enthalten mentale Reflexionen aller an einer Interaktion Beteiligter und verweisen auf die Fähigkeit, mentalisierend über schmerzhafte oder traumatische Erlebnisse in Bindungsbeziehungen sprechen zu können.

Der Fokus der Kodierung liegt auf acht Fragen des AAI, die als Pflichtfragen bezeichnet werden, da sie ausdrücklich zu einer Reflexion der Bindungserfahrungen auffordern. Einzelwertungen jeder Frage werden in einem Gesamtscore zusammengeführt. Die RFS zeigt eine gute Interrater-Reliabilität, wenn die Kodierer trainiert sind (Fonagy et al., 1998). Jährliche Trainings werden z.B. vom Anna-Freud-Center in London durchgeführt. Die diskriminante und konvergente Validität der RFS konnte durch unabhängige Forschergruppen belegt werden (Müller et al., 2006; Bouchard et al., 2008). In einer psychometrischen Überprüfung der Skala konnten Taubner und Kollegen (2013a) zeigen, dass der RF-Gesamtwert aus zwei hoch korrelierenden Faktoren besteht: der Reflexionsfähigkeit der aktuellen und der vergangenen Bin-

| **Interviewbasiert mit der Reflective-Functioning-Scale** | |
|---|---|
| Adult Attachment Interview (AAI) | (Fonagy et al., 1998) |
| Parent Development Interview (PDI) | (Slade et al., 2004) |
| Child Attachment Interview and Child-Reflective-Functioning-Scale | (Grienenberger et al., 2005; Ensink et al., 2013a) |
| Brief Reflective Functioning and Panic Focused Interview | (Rudden et al., 2006; 2009) |
| Computerized Text Analysis Version of Reflective Functioning | (Fertuck et al., 2012) |
| Therapietranskripte | (Hörz-Sagstetter et al., im Review; Josephs et al., 2004) |
| **Auswertungen von narrativem Material** | |
| Grille de l'eboration verbale de l'affect | (Bouchard et al., 2008) |
| Story Stems Intentionality Scale | (Hill et al., 2007) |
| Levels of Emotional Awareness Scale | (Lane et al., 1990) |
| Thematic Apperception Test | (Luyten et al., 2011a) |
| Therapist Mental Activity Grid | (Normandin & Ensink, 2014) |
| **Computergestützte objektive Tests** | |
| Movie for the Assessment of Social Cognition (MASC) | (Dziobek et al., 2006) |
| Facial Emotional Expression Labelling | (Kessler et al., 2002) |
| Reading the Mind in the Eyes | (Baron-Cohen et al., 2001) |
| **Interaktionsbeobachtungen** | |
| Maternal-Mind-Mindedness | (Meins & Fernyhough, 2006) |
| Maternal Accuracy Paradigm | (Sharp et al., 2006) |
| **Fragebögen** | |
| Interpersonal Reactivity Index | (Davis, 1983) |
| Psychological Mindedness Scale | (Shill & Lumley, 2002) |
| Reflective Functioning Questionnaire | (Fonagy & Ghinai, 2008) |
| Mentalization Stories Test for Adolescents | (Vrouva & Fonagy, 2009) |
| Parental Reflective Functioning Questionnaire | (Luyten et al., 2009) |
| Mentalization Questionnaire | (Hausberg et al., 2012) |
| Attribution of Complexity Scale | (Fletcher et al., 1986) |

*Tabelle 2: Ausgewählte Messinstrumente zur Erhebung von Mentalisierung*

dungsbeziehungen. Die Autoren schlussfolgern, dass die Vergabe eines unidimensionalen Wertes dennoch gerechtfertigt ist.

Aufgrund der Auswertung von Reflective Functioning am AAI ist die Erhebung von Mentalisierungsfähigkeiten sehr aufwändig. Das Interview selbst dauert ein bis zwei Stunden, das für die Auswertung transkribiert werden muss. Damit entsteht für eine RF-Kodierung ein Arbeitsaufwand von ca. 15 Stunden. Aus Gründen der Forschungsökonomie, des Interesses an weiteren entwicklungspsychologischen Facetten und Gegenstandsbereichen wurden neben dem Goldstandard-Erhebungsinstrument inzwischen eine Reihe von Untersuchungsinstrumenten entwickelt oder auf das Forschungsfeld Mentalisierung angewendet, die weitere Aspekte von Mentalisierung empirisch erfassen. Es lassen sich dabei (narrative) interview- oder performance-basierte, objektiv-computergestützte und Selbstberichtmethoden unterscheiden. Eine weitere Dimension stellt der bindungsbezogene Kontext der Erhebung dar. Da es sich bei Mentalisierung um eine Fähigkeit handelt, die die Anwendung einer Theorie des Geistes in Bezug auf emotional bedeutsame Beziehungen zentral stellt, sind klassische kognitive ToM-Tests nicht angemessen, um Mentalisierung zu erfassen, und werden hier daher nicht in die Liste der Erhebungsmethoden aufgenommen. Stattdessen werden Verfahren erwähnt, die eine Integration von Kognition und Affekt voraussetzen. Tabelle 2 stellt eine ausgewählte Übersicht der aktuell verfügbaren Methoden dar und orientiert sich an und ergänzt bereits vorhandene Listen nach Luyten und Kollegen (2011b). Alle erwähnten Methoden beziehen sich vorrangig auf explizite Formen des Mentalisierens. Die Erfassung implizit automatischer Mentalisierung bedarf einer zusätzlichen Methodenentwicklung bzw. der Einbettung der bestehenden Methoden in experimentelle Settings, die z. B. kontrolliert Stress induzieren und/oder weitere Instrumente der neurophysiologisch/neuropsychologischen Forschung integrieren (z. B. Eyetracking, EEG, fMRI, etc.) (vgl. Kapitel 3). Fragebögen können im Selbstbericht nicht dasselbe erfassen wie narrative und beobachterzentrierte Auswertungsverfahren, da sie nicht die Fähigkeiten, sondern die Selbsteinschätzungen der Befragten erheben. Eine Ausnahme hiervon stellen szenariobasierte Fragebögen dar wie der »Mentalization Stories«-Test für Adoleszente von Vrouva und Fonagy (2009). Eine weitere Alternative stellen Fragebögen dar, die das Mentalisierungsinteresse erheben, wie z. B. die Attribution of Complexity Scale (Fletcher et al., 1986), die als Skala des Mentalisierungsinteresses auch deutschsprachig vorliegt (Zimmermann & Taubner, 2010).

# 2. Die Entwicklungslinie der Mentalisierung

Die Mentalisierungstheorie konzipiert sich in einem Gegensatz zu den psychologischen und psychoanalytischen Theorien, die sich eher der cartesianischen Denktradition verpflichtet fühlen und einen angeborenen introspektiven Zugang zu den eigenen Intentionen behaupten (vgl. Cavell, 2000). Der mentalisierende Zugang zum eigenen Selbst wird im Rahmen der Mentalisierungstheorie als eine entwicklungspsychologisch erworbene Fähigkeit angesehen, an der Individuen scheitern können (Fonagy et al., 1993). Ausgehend von Anna Freuds (1965) Theorie der Entwicklungslinien, entwickelte Kennedy (1979) eine Entwicklungslinie der Einsicht als eine Ich-Funktion des Selbstgewahrseins. Einsicht sei ein Bündel aus Ich- und Über-Ich-Funktionen. Das Konzept von Kennedy wurde in den letzten Jahren durch Fonagy und seine Arbeitsgruppe als Mentalisierungstheorie neu konzipiert und darüber hinaus sowohl in eine Entwicklungstheorie als auch in eine Theorie des Selbst eingeordnet. Die Entwicklung des Erlebens und Zuganges zum Selbst ist dabei zentraler Bestandteil der Entwicklungstheorie der Mentalisierung. Das Selbst als Urheber (agency) bezeichnet das subjektive Selbst oder »I« in der Kategorienbezeichnung nach William James (1890) im Kontrast zum »Me« oder empirischen Selbst, welches die Fähigkeiten und eher objektiven Eigenschaften repräsentiert, wie z.B. hat rote Haare, singt gut und tanzt gerne. In Anlehnung an Dennetts (1983) Theorie der intentionalen Systeme, nach der Eltern ihrem Kind von Geburt an Intentionen zuschreiben, vertreten Fonagy und Kollegen (2002) die Annahme, dass zwischen dem Säug-

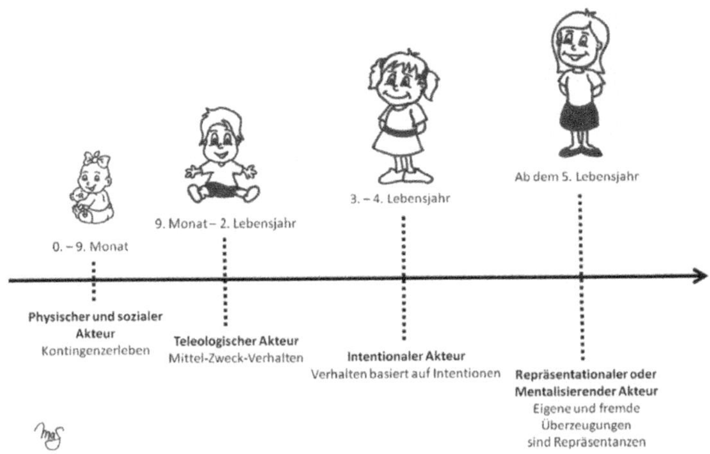


*Abbildung 3: Entwicklungslinie des Selbst als Urheber*

ling und der Bezugsperson ein intersubjektiver Prozess gemeinsamer Erfahrung stattfindet, durch den sich die Mentalisierung entwickelt. Bindungsbeziehungen stellen das Bindeglied zwischen dem Erwerb der Mentalisierungsfunktion und der Entwicklung eines integrierten Selbst dar, da die Bindungsdyade(n) als Ausgangspunkt und interpersoneller »Trainingsrahmen« zum Erlernen und Verfeinern eines mentalistischen Zugriffs auf die soziale Umwelt zu sehen sind (Allen et al., 2008). Fonagy und Kollegen (2002) verstehen die Funktion von Bindung als genuin auf die Affektregulierung gerichtet, da die zentrale Bindungsbeziehung zwischen dem Säugling und der Bezugsperson an sich ein affektives Band darstellt. In der Zeit nach Bowlby haben Bindungstheoretiker die Rolle der Affekte und der Affektregulierung unterschiedlich aufgefasst, wobei sie gemeinsam das Ziel hatten, das Auftauchen eines Selbstgefühls durch den Übergang von der Co-Regulierung mit der Bezugsperson in eine Selbstregulierung zu betrachten. Diese Fähigkeit, emotionale Zustände zu regulieren, spielt »eine grundlegende Rolle für die Entfaltung eines Gewahrseins des eigenen Selbst und dessen Urheberschaft« (Fonagy & Target, 2003, S. 365). Im Folgenden soll kursorisch auf einige der wesentlichen Entwicklungslinien hinsichtlich der Selbstentwicklung und des Erwerbs der Mentalisierungsfunktion eingegangen werden, die in fünf Stufen eingeteilt werden, wobei die beiden ersten Stufen zeitgleich verlaufen (s. Abbildung 3): das Selbst als 1) physischer, 2) sozialer, 3) teleologischer, 4) intentionaler und 5) mentalisierender Akteur.

## 2.1 Das Selbst als physischer und sozialer Akteur – Geburt bis neunter Monat

Stern (1985) schlussfolgert auf der Grundlage von experimentellen Säuglingsstudien, dass Selbstempfindungen des Säuglings bereits präverbal existieren im Sinne eines einfachen (nicht reflexiven) Gewahrseins, das Subjektivität organisiert. Damit verbunden sei ein präverbales Erleben von Urheberschaft, körperlicher Kohäsion und zeitlicher Kontinuität. Laut Stern suchen Säuglinge von Geburt an nach sensorischer Stimulierung und zeigen dabei ein zentrales Bedürfnis zur Bildung und Prüfung von Hypothesen über die Welt, d. h., sie suchen nach übereinstimmenden und kontrastierenden Mustern. Bezugspunkt der ersten organisierenden, subjektiven Erfahrung ist nach Stern der Körper des Säuglings sowie eine Integration der verschiedenen sensorischen Erlebnisse. Nach dem heutigen Wissensstand ist von einer sehr frühen komplexen Fähigkeit des Säuglings auszugehen, die es ihm ermöglicht, »Kontingenzen«, d. h. Zusammenhänge, Bedingtheiten und Ähnlichkeiten zwischen Reizereignissen zu erleben, die entweder Folgen der eigenen Motorik sind (perfekte Kontingenz) oder aus anderen Quellen stammen (unvollkommene Kontingenz) (Gergely, 2002). Befindet sich beispielsweise ein Kuscheltier mit Klingelfunktion in Reichweite eines Neugeborenen, so ist es diesem ein großes Vergnügen, das Kuscheltier mit den eigenen Bewegungen zum Klingeln zu bringen. Tatsächlich findet das Neugeborene die eigene Aktivität, im Grunde eine sehr frühe Erfahrung der Selbstwirksamkeit, auch interessanter, als wenn eine Bezugsperson das Tier zum Klingeln bringt. Experimentelle Studien konnten zeigen, dass Säuglinge in den ersten drei Lebensmonaten perfekte Kontingenzen bevorzugen, d. h. selbst erzeugte Vorgänge, und sich erst ab dem vierten Lebensmonat unvollkommenen Kontingenzen zuwenden, also von anderen erzeugte Vorgänge (Gergely & Watson, 1999). Der Begriff des physischen Selbst oder Akteurs bezeichnet daher die Annahme, dass Säuglinge bereits in den ersten Lebensmonaten erkennen, dass das eigene Selbst eine physische Entität darstellt, die kausal Veränderungen der angrenzenden Umwelt herbeiführen kann.

Parallel zum Selbst als physischem Akteur befindet sich der Säugling bereits vorgeburtlich in einem sozial-emotionalen Austausch mit seinen Bindungspersonen und kann daher als sozialer Akteur bezeichnet werden. Trotz der ausgeprägten perzeptuellen Differenzierungsmöglichkeiten ist der Säugling hinsichtlich seiner Affektregulierung von seinen primären Bezugspersonen abhängig. Eine positive Affektabstimmung zwischen Säugling und Bezugsperson in den ersten neun Lebensmonaten führt dazu, dass allmählich mentale Repräsentationsstrukturen die Funktion des direkten emotionsregulierenden Einflusses mütterlicher und väterlicher Interaktionen ersetzen (Gergely, 2002). Dies stellt den ersten Meilenstein in der Entwicklung von Mentalisierung dar. Fonagy und Kollegen (2002) zählen Gefühle zu den frühesten mentalen Zuständen. Im Gegensatz zum intersubjektiven Modell (Meltzoff & Gopnik, 1993) nehmen sie an, dass ein Säugling weder einen introspektiven Zugang zu seinen inneren Gefühlszuständen noch zu denen anderer hat. Es ist auf der Grundlage der aktuellen Forschung noch unklar, was und wie ein Säugling genau affektiv erlebt. Fonagy und Kollegen (2002) gehen daher davon aus, dass Basisemotionen zwar nonverbal gezeigt werden können, jedoch nur implizit als prozedurales Wissen vorliegen. Sie vertreten die These, »daß der dispositionelle Inhalt von Emotionen zuerst durch die Beobachtung der Affektausdrücke anderer Menschen und durch die Verknüpfung der Ausdrücke mit den jeweiligen Situationen und Verhaltensweisen erlernt wird, die sie begleiten« (ebd., S. 160).

### 2.1.1 Die soziale Biofeedback-Theorie

Gergely und Watson (1996) haben das Konzept der sozialen Biofeedback-Theorie entwickelt, das die Kontingenzfähigkeit des Säuglings mit spezifischen Affektregulationserfahrungen beim Aufbau sekundärer Kontrollstrukturen für primäre Selbstzustände in Verbindung bringt. Sie bedienen sich dabei der klassischen Biofeedback-Theorie, die empirisch zeigen kann, dass es über ein gezieltes von außen kom-

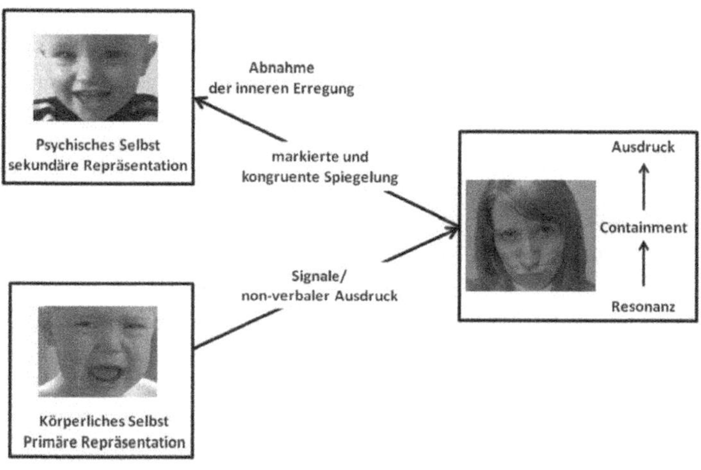


*Abbildung 4: Die soziale Biofeedback-Theorie*

mendes Feedback (z. B. Höhe der Herzfrequenz) möglich ist, Kontrolle über eigene Körperzustände zu erlangen, die zunächst verborgen sind (wie z. B. den eigenen Blutdruck effektiver zu regulieren). Diese Idee wurde nun auf den Säugling übertragen, der zunächst primäre, körpernahe und affektive Zustände erlebt, aber diese nicht verstehen und daher auch nicht regulieren kann. Durch eine angeborene Verhaltensfähigkeit kann der Säugling jedoch seine primären Selbstzustände wie z. B. Affekte zum Ausdruck bringen. Bei der Fürsorgeperson löst der Affektausdruck des Säuglings im Normalfall eine Resonanz aus (in Kapitel 4 wird auf Gründe für das Scheitern der frühen Affektregulation eingegangen). Der Affekt des Säuglings wird von der Bindungsperson aufgenommen und mentalisiert. In der Abbildung 4 wird das Modell der sozialen Biofeedback-Theorie an dem Beispiel eines verzweifelten Affektes des Säuglings illustriert. Die Verzweiflung räsoniert vielleicht mit der Fürsorgeperson derart, dass diese versteht, dass das Kind hungrig ist. Dann würde wie abgebildet die Bindungsperson tröstend auf den Säugling eingehen und ebenfalls non-verbal vermitteln, dass sie den Affekt aufgenommen hat (kongruente Spiegelung) und dass sie eine Idee hat, wie der Verzweiflung begegnet werden kann (Containment,

Markierung). Affektspiegelung, insbesondere negativer Affekte, dient einerseits der Online-Regulierung der inneren mentalen Zustände des Säuglings, andererseits ist sie die Grundlage einer Internalisierung sekundärer Repräsentanzen genau jener primären Gefühlszustände. Der Säugling erlernt den dispositionellen Inhalt seiner Emotionen also durch die Verknüpfung der Beobachtung von Affektausdrücken anderer mit den jeweiligen Kontexten und seinen inneren Zuständen. Seine als »automatisch« zu verstehenden Primäremotionen werden so mit sekundären Kontrollstrukturen verbunden, die im Laufe seiner Entwicklung die Sensibilisierung, Identifizierung, Repräsentanz und somit Kontrolle des eigenen inneren Zustands ermöglichen. Nach Gergely und Watson (1996) wird der Säugling gemäß der Kontingenzmaximierungshypothese nach erfolgter Affektspiegelung seinen negativen Affekt reduzieren, um die Auswirkungen auf das elterliche Verhalten zu beobachten, was vermutlich zu einer Abschwächung (Regulierung) seines negativen Affektes führt. Parallel dazu versetzt die Entdeckung eines hohen Grades an Kontingenz im Sinne einer Kausalwirksamkeit (»Ich bewirke etwas im Affektausdruck meiner Bindungsperson«) – wie bei den Auswirkungen der Motorik – den Säugling in eine positive Erregung, was den negativen Affekt ebenfalls abschwächt. Es wird davon ausgegangen, dass der Säugling den eigenen Affekt graduell selbst reduzieren und sich damit als aktiver Urheber seiner positiven Affektveränderung erleben kann.

Die Selbstattribuierung des gespiegelten Affektes gelingt durch ein spezifisches Wahrnehmungsmerkmal, das die Bezugsperson in ihrem Spiegelungsverhalten manifestiert, was als Markierung bezeichnet wird (Fonagy et al., 2002). Entsprechend der universellen Tendenz gegenüber Babys einen übertriebenen Ausdruck zu zeigen (z.B. die Ammensprache), markieren Bezugspersonen, zumindest in einem sicheren Bindungskontext, automatisch ihre Affektspiegelung, indem sie eine übertriebene Version des kindlichen Affektausdruckes darbieten. In einem Prozess der referenziellen Entkoppelung wird die vom Säugling beobachtete Affektäußerung von der Bezugsperson abgetrennt und sich selbst zugeschrieben. Die gelungene frühe Affektspiegelung zeichnet sich dadurch aus, dass der Affekt des Säuglings akkurat und markiert gespiegelt wird. Markierung bedeutet auch, dass die Bezugsperson über die innerpsychischen Befindlichkeiten ihres Babys reflektieren kann, davon nicht überwältigt wird und eine angemessene Antwort auf die Bedürfnisse und den Kummer des Babys findet. Affekt-Containment setzt voraus, dass die Bezugsperson in ihre markierte Affektspiegelung eines negativen Affektes einen gegenteiligen Affekt subtil beimischt, z. B. Furcht mit Gelassenheit kombiniert. Sie leistet so ein Affektcontainment, in dem sie nicht nur die Affektäußerung des Säuglings interpretiert, sondern auch ein handhabbares Regulationsangebot bereithält. Damit vermittelt sie, dass Affekte veränderbar sind und das Selbst nicht überfluten müssen. Jüngste neurowissenschaftliche Studien legen die Vermutung nahe, dass abhängig vom Bindungstyp der Bezugsperson differenzielle Reaktionen auf Affektäußerungen des Säuglings zu erwarten sind, je nachdem, welche Emotionen dessen Gesicht zeigt. Damit einhergehend ließen sich Unterschiede neuronaler Aktivitätsmuster feststellen und in einen Zusammenhang mit unterschiedlicher Sekretion des mutterschaftsassoziierten Neuropeptids Oxytozin bringen, welches von enormer Bedeutung für Fürsorgeverhalten ist (Strathearn et al., 2008, 2009).

## 2.2 Das Selbst als teleologischer Akteur – neun Monate bis zweites Lebensjahr

Ungefähr ab dem neunten Lebensmonat findet im Säugling eine soziokognitive »Neunmonatsrevolution« statt, die eine neue Qualität des Verstehens des Selbst und der sozialen Umwelt ermöglicht (Tomasello, 1999). Der Säugling beginnt neue Verhaltensweisen gemeinsamer Aufmerksamkeit, wie Blickverfolgung, soziale Rückversicherung, nachahmendes Lernen und imperative und deklarative Gesten zu zeigen (Moore & Corkum, 1994). Darüber hinaus kann der Säugling nunmehr zielgerichtete, koordinierte Mittel-Zweck-Verhaltensweisen ausführen und auch das Verhalten anderer als zielorientiert und rational interpretieren. Das Baby nimmt damit einen teleologischen Standpunkt im Sinne einer »naiven Theorie rationalen Handelns« ein, welche sowohl Menschen als auch unbelebten Objekten gegenüber wirksam wird. Daher wird der Säugling in dieser Lebensphase als teleologischer Akteur bezeichnet (Gergely & Csibra, 1997). Teleologische Mittel-Zweck-Erkenntnisse setzen kein Verständnis von intentionalen mentalen Zuständen voraus, sondern beinhalten lediglich die Repräsentationen einer zielgerichteten Verhaltensorganisation. Diese Repräsentationen sind quasi präsymbolisch, da sie eher mentalen Modellen entsprechen, die eine Vorhersage und nicht eine Modifizierung von Verhalten ermöglichen (Fonagy et al., 2002). Dabei wird eine rationale Beziehung zwischen Aktion, Zielzustand und Realität hergestellt, die auf mentale Interpretationen verzichtet. Eine teleologische Interpretation von kausalem Verhalten kann sich demnach auf die wahrgenomme Realität stützen und die mentale Repräsentation eines Akteurs außer Acht lassen. Dies gewährt dem Säugling ein adäquates Verständnis seiner Wahrnehmung. Erst bei imaginären (fiktiven oder kontrafaktischen) Realitäten versagt dieser Mechanismus. Daher kann es eine intakte realitätsfundierte Urteilsfähigkeit ohne ein mentalistisches Verständnis von intentionalem Verhalten geben, die jedoch zu problematischen Folgen in sozialen Beziehungen führt, wenn nicht ab einem gewissen Alter ein Übergang zum intentionalen und später mentalisierenden Standpunkt stattfindet (ebd.). Die These einer unabhängigen Teleologie wird durch Forschungsergebnisse zum kindlichen Autismus gestützt (Aldridge et al., 2000): Autistische Kinder können Handlungen als zielgerichtet interpretieren, ohne dabei zwangsläufig Annahmen über den mentalen Zustand des anderen zu haben, sodass Fonagy und Kollegen (2002) schlussfolgern, dass es eine zusätzliche menschenspezifische Anpassungsleistung in Form eines mentalistischen intentionalen Blickwinkels gibt. Zunächst kann z. B. das vermeintliche Zeigen des Säuglings als erfolgloser Versuch angesehen werden, einen Gegenstand mit der Hand zu erreichen. Erst die mentalistische Interpretation der Bezugsperson, die den Greifversuch als Ausdruck eines Wunsches beantwortet, schafft den Boden für die Intentionalität des Kindes.

Im Verlauf des zweiten Lebensjahres entwickeln sich allmählich Als-ob-Handlungen und später das Als-ob-Spiel (Leslie, 1987). Der Modus des Als-ob (pretend mode) eröffnet dem Kind Zugang zu Prozessen und Informationen, die in anderen bewussten Modi nicht zugänglich wären. Das Als-ob-Spiel basiert auf zwei Kernaspekten: Einerseits setzt das »So tun als ob« eine symbolische Repräsentation von Gegenständen, Handlungen oder Ereignissen voraus, andererseits verlangt eine Als-ob-Handlung eine explizite Markierung, um sich von einer realistischen Handlung zu unterscheiden. Aufgrund der Verfügbarkeit sekundärer

Repräsentationen und der damit zusammenhängenden Fähigkeit, Repräsentationen von der Realität abzukoppeln, kann das Kleinkind zumindest partiell Gefühle und Gedanken von ihren Referenten ablösen und damit auch verändern. Dies eröffnet einen innerpsychischen Raum, der als Mentalisierungsvorläufer betrachtet werden kann (Marans et al., 1991).

### 2.2.1 Externalisierungen im Als-ob-Spiel als Affektregulation

Das Als-ob-Spiel ermöglicht dem Kind eine neue Form der Affektregulierung, die auf der Externalisierung negativer Affekte basiert. Externalisierungen sind in der klinischen Forschung unter dem Begriff der primitiven Abwehrmechanismen zusammengefasst (z.B. Agieren, Projektion, projektive Identifikation). Die Externalisierung im Rahmen des Als-ob-Spiels meint hingegen, dass negative Affekte nicht länger als dem eigenen Selbst zugehörig erlebt werden, sondern als Teil der äußeren Realität erfahren werden. Fonagy und Kollegen (2002) trennen daher zwischen »defensiven Externalisierungen« (Abwehrprozessen), die die Realität verzerren, und »markierten oder symbolischen Externalisierungen« wie dem Als-ob-Spiel, symbolischen Zeichnungen, Theater und Tagträumen. Markierte Externalisierungen koppeln den Affekt von der Realität ab. Der Affekt wird als nicht wirklich, sondern als unwirklich und repräsentational verstanden. Eine Markierung ist, wie beschrieben, übertrieben im Ausdruck und weist keine realistischen negativen Konsequenzen auf. Die Autoren verdeutlichen ihren Standpunkt durch eine Anlehnung an die bekannte Freud'sche Beobachtung des Garnrollenspiels seines Enkels (1920): In der Als-ob-Spielsituation externalisiert das Kind im »fort« der Garnrolle den negativen Affekt, der mit der schmerzlichen Trennung von der Mutter verbunden ist, im »da« der Garnrolle das Ungeschehenmachen des schmerzlichen Gefühls. Die Als-ob-Version unterscheidet sich von der realen Situation durch die Umkehr von passiv zu aktiv und die Möglichkeit, die Situation zu kontrollieren und den Ausgang im Sinne der Wunscherfüllung zu modifizieren, statt sich ihr ausgeliefert zu fühlen. Ab diesem Zeitpunkt ist die physische Anwesenheit der Mutter als Ort der Externalisierung negativer Affekte entbehrlich, im Gegensatz zur vorherigen Ebene des

Selbst als physischer Akteur. Das Kind kann im Als-ob-Spiel externalisierte Zustände in Abwesenheit der Mutter herstellen. Die Autoren verstehen den Vorgang des Garnrollenspiels als eine emotional korrigierende Erfahrung, da die positiven Gefühle von Urheberschaft und Wiedervereinigung den negativen Gefühlen entgegenwirken, die mit der Ursprungssituation assoziiert sind.

Das Als-ob-Spiel als markierte Externalisierung in einer fiktiven Welt stellt folglich einen erfolgreichen Umgang mit schmerzlichen Gefühlen und deren »Umschrift« dar. Zunächst stehen nur markierte Externalisierungen zur Verfügung, die ein äußeres Medium nutzen. Später können symbolische Externalisierungen auch rein innerlich in Form von Tagträumen eingesetzt werden, um die Regulation von Affektzuständen zu bewirken (Fonagy et al., 2002). Das Kind erreicht mit markierten Externalisierungen ein Gefühl der Sicherheit in einer fiktiven Welt und reguliert damit negative Affekte.

## 2.3 Das Selbst als intentionaler Akteur im dritten bis vierten Lebensjahr

Das Selbst des Kleinkindes kann ab einem Alter von zwei Jahren als intentionaler Akteur bezeichnet werden, das zukünftiges Verhalten vorhersagen kann, weil es nunmehr über die Fähigkeit verfügt, intentionale mentale Zustände zu repräsentieren (Wellman & Philips, 2000). Kleinkinder beginnen in diesem Alter, anderen Menschen Intentionen wie Wünsche oder Gefühle zuzuschreiben, und können so intentionale mentale Zustände sowie mentale Verursachung repräsentieren (Fonagy et al., 2002). Sie beginnen auch damit, anderen Personen subjektive Zustände zuzuschreiben, die sich von den eigenen Gefühlen unterscheiden können, und erkennen Kausalbeziehungen zwischen verschiedenartigen intentionalen Zuständen in Form von Wünschen. Diskrepante Wünsche zwischen verschiedenen Personen können dabei früher erkannt werden als unterschiedliche Überzeugungen. Ein einfacher wunschbezogener ToM-Test kann beispielsweise zeigen, dass Kinder durchschnittlich ab etwa 18 Monaten einer anderen Person einen Snack anbieten, den sie selbst nicht präferieren (meistens Brokkoli), wenn sie vorher gelernt haben, dass diese Person Brokkoli lieber mag als Kekse. Jüngere Kinder bieten immer Kekse an, da sie von ihren eigenen Vorlieben noch nicht zurücktreten können (Repacholi & Gopnik, 1997). Kinder beginnen somit bereits vor dem zweiten Lebensjahr, andere als Träger von generalisierten und beständigen intentionalen Zuständen zu konzeptualisieren. In der Folge lernt das Kind, über die wiederholte Begegnung mit intentionalen Aktivitäten und Haltungen von den Bezugspersonen und von Peers auf eigene generalisierte intentionale Eigenschaften zu schließen. Dadurch entwickelt es ein kategoriales Selbstkonzept, mit dem das Verhalten von Interaktionspartnern und das eigene Verhalten mit einer »naiven Theorie des Mentalen« erklärbar werden. Das psychische Erleben ist zunächst dual: Einerseits begreift das Kind sich im Modus der psychischen Äquivalenz (realitätsorientiert, aber nicht mentalisierend), andererseits begreift es sein psychisches Erleben im Modus des Als-ob (mentalisierend, aber nicht realitätsorientiert).

Der Modus der psychischen Äquivalenz (psychic equivalence) dominiert das Erleben des intentional denkenden Kleinkindes: Eigene Gedanken werden als real, wahrhaftig und mit denen Anderer identisch betrachtet, da Gedanken für das Kleinkind Kopien der Realität darstellen. Eigene Gefühle und Wünsche können innerhalb dieses Modus nicht als repräsentational betrachtet, sondern nur als Teil der physikalischen Realität wahrgenommen werden. Das kindliche Erleben ist zwar realitätsorientiert, erscheint aber konkretistisch: »Im Modus der psychischen Äquivalenz gibt es kein repräsentationales Konzept des Wunsches; vielmehr nimmt das Kind eine direkte Verbindung zwischen einer Person und einem realen Objekt an, ohne eine innere Repräsentation zu postulieren« (Fonagy, 2006, S. 126). Damit hat auch die Sprache noch keinen symbolischen Charakter (Astington, 2001). Ohne die Fähigkeit zur Mentalisierung haben jegliche innerpsychische Phänomene wie z. B. Fantasien und Prozesse eine der äußeren Realität vergleichbare Qualität und somit einen direkten, nicht veränderbaren und übermächtigen Einfluss auf das Kind und die Anderen, was intensive Angst auslösen kann.

Das kindliche Spiel nimmt in diesem Alter eine zentrale Rolle für die Entwicklung des kindlichen Denkens, der emotionalen Erfahrung sowie der Integration der dualen Modi ein. Erwachsene übernehmen im kindlichen Spiel eine entscheidende Vermittlerrolle: Um die beiden

*Abbildung 5: Illustration des Wechselns vom Als-ob- in den Äquivalenzmodus*

Modi des psychischen Funktionierens (Als-ob und psychische Äquivalenz) zu integrieren, muss das Kind immer wieder im Sicherheit bietenden Spiel die Gelegenheit haben, den eigenen mentalen Zustand wahrzunehmen, diesen im Anderen repräsentiert zu sehen und den Rahmen der äußeren Realität anzuerkennen, welcher vom Erwachsenen oder älteren Geschwisterkind vermittelt wird (Target & Fonagy,

1996). Das Kind verfügt zwar bereits über symbolisches Denken in dem Sinne, dass ein Gegenstand (Banane) etwas Anderes (Telefon) repräsentieren kann. Was das Kind nicht besitzt, sind aber Symbole für seine innerpsychischen Befindlichkeiten im Sinne von metakognitivem Wissen oder Repräsentanzen zweiter Ordnung, die den repräsentationalen Charakter seiner mentalen Welt widerspiegeln. Auch während des Spiels kann das Kind aus dem Modus des Als-ob in den Modus der psychischen Äquivalenz wechseln, was starke negative Affekte mit sich bringen kann, wie die folgende Bildergeschichte eindrücklich veranschaulicht (vgl. Abbildung 5).

## 2.4 Das Selbst als repräsentationaler oder mentalisierender Akteur ab dem fünften Lebensjahr

Im Zeitraum ab dem fünften Lebensjahr erreicht die Selbstentwicklung im Kontext normaler Entwicklung die Ebene des repräsentationalen oder mentalisierenden Akteurs durch eine Integration des Modus des Als-ob und des Modus der psychischen Äquivalenz. Das Kind kann nunmehr seine eigenen und fremden Überzeugungen als repräsentational verstehen, d. h., es weiß, dass Überzeugungen falsch sein können, da sie nur Repräsentationen der Realität darstellen (s. auch Kapitel 1.1). Damit ist die Integration des dualen Modus des psychischen Erlebens in den Modus des Mentalisierens gelungen (Fonagy et al., 2002). Das »Abkoppeln« der Vorstellungen von der Wirklichkeit beruht auf der Erfahrung der Reflexion eigener psychischer Zustände durch die Bezugsperson. Diese zeigt dem Kind eine alternative Sichtweise, die sich eben nicht in dessen Vorstellung befindet. Das Kind hat dadurch die Fähigkeit zur Mentalisierung erlangt und kann verschiedene Perspektiven in Bezug auf menschliches Verhalten einnehmen. Hier ist zu betonen, dass Kinder zuerst verstehen, dass Menschen unterschiedliche Gefühle haben, und erst später andere mentale Zustände, wie Überzeugungen, mentalisieren können (Fonagy & Target, 2003).

Im Spiel können sich zunächst progressive und regressive mentale Funktionsweisen abwechseln, d. h., im Spiel kann auch das kleine Kind bereits mentalisieren, jedoch müssen reale Welt und Als-ob-Welt klar voneinander getrennt werden, was einerseits durch Übertreibung im Spiel markiert wird und sich andererseits über die Aushandlung ausgefeilter Spielregeln verdeutlicht. In dem geschützten Spielraum demonstriert der Erwachsene oder das ältere Kind, dass die Realität über das Spiel ausgeschlossen werden kann, aber gleichzeitig im Spiel reale innerpsychische Erfahrungen stattfinden können (Fonagy et al., 1996). Diese Erfahrungen organisieren und vermitteln zwischen den zwei Modi des psychischen Funktionierens (Als-ob und Äquivalenz), sodass das Kind nach und nach seine mentalistische Haltung beibehält, d. h., sich aus der psychischen Äquivalenz löst und dabei den Kontakt zur Realität hält. Diese Als-ob-Spiele übernehmen gewissermaßen durch die Verbalisierung mentaler Zustände die Funktion der früheren Affektspieglung und stellen somit den zweiten Meilenstein in der Entwicklung von Mentalisierung dar. Um die beiden Modi des psychischen Funktionierens zu integrieren, muss das Kind immer wieder vorrangig im Sicherheit bietenden Spiel die Gelegenheit haben, den eigenen mentalen Zustand wahrzunehmen, diesen im Anderen repräsentiert zu sehen und den Rahmen der äußeren Realität anzuerkennen, welcher vom Erwachsenen oder älteren Geschwisterkind vermittelt wird (ebd.):

> »Voraussetzung [für die Entwicklung von Mentalisierung, ST] ist die spielerische Einstellung der Mutter. Der mentale Zustand des Kindes muss genügend klar und exakt repräsentiert werden, damit dieses ihn erkennen kann; gleichzeitig muss er so spielerisch sein, dass das Kind von seinem Realitätsgehalt nicht überwältigt wird. Auf diese Weise kann es letztlich die Repräsentationen seiner inneren Realität durch die Mutter als Ausgangsbasis für sein eigenes symbolisches Denken benutzen, das heißt für die Repräsentation der Repräsentation [...]. Indem das Kind die Psyche der Mutter benutzt, gelingt es ihm, *mit der Realität zu spielen*« (ebd., 2002, S. 272).

Der Erwachsene bewegt sich natürlich nicht nur im familiären Raum, sondern ist eingebettet in weiter gehende soziale und kulturelle Bezüge, die zusammen mit den eigenen Beziehungserfahrungen mit der Großelterngeneration ihre Realität konstituieren. Besonders Lorenzer (1972) hat in seiner Sozialisationstheorie auf diese doppelte Perspektive hingewiesen: Mehrgenerationen-Erfahrungen und gesellschaftliche

Bedingungen reichen, vermittelt über die Erwachsenen, in die dyadischen und triadischen Beziehungen hinein und müssen bei theoretischen Überlegungen berücksichtigt werden (vgl. auch Reinke, 1999). Die gesellschaftlich-soziale Perspektive findet im Mentalisierungsansatz bislang jedoch kaum Berücksichtigung.

Der Entwicklungsschritt zwischen dem nicht-repräsentationalen zu einem repräsentationalen Modus der psychischen Realität findet nicht zufällig zum Zeitpunkt der ödipalen Phase statt. Für von Klitzing (2002) stellt der Ödipuskomplex eine Kulmination triadischer und polyadischer Beziehungskonstellationen dar, zu denen ein Säugling ab der Geburt fähig sei. Daher kritisiert er Fonagy und Kollegen, die sich in ihrer Darstellung der Entwicklung von Mentalisierung zu sehr auf die frühe Mutter-Kind-Dyade beschränken würden. Meines Erachtens stellt von Klitzings Anregung keinen Widerspruch, sondern eine Ergänzung des Mentalisierungskonzeptes dar, wenn er in der Auswertung seiner prospektiven Längsschnittstudie zu dem Schluss kommt, »dass gelungene Triadifizierungs- und Triangulierungsprozesse wesentliche Katalysatoren von Mentalisierungsprozessen des Kindes sind« (ebd., S. 884). Denn auch Target und Fonagy (2003) betonen die Bedeutsamkeit der Objektrepräsentanz des Vaters, die sich parallel zur Objektrepräsentanz der Mutter entwickle, sowie die Wichtigkeit des triadischen Prozesses für die Entwicklung von Beziehungsrepräsentanzen. Das ödipale Kind ist zunehmend mit den Gedanken und Gefühlen eines Dritten (zumeist des Vaters) konfrontiert und setzt sich gleichzeitig mit seinen Wünschen gegenüber diesem im Vergleich zu seiner primären Bezugsperson auseinander. Gedanken und Fantasien, die im Als-ob-Modus und in Unkenntnis der Wünsche des Anderen noch »ungefährlich« gespielt werden konnten, können nunmehr durch ihre mögliche Aktualisierung angstbezogene Affekte auslösen. Dies gilt insbesondere für destruktive Gefühle, die mit ödipalen Wünschen verbunden sind. Im Normalfall werden diese Wünsche einerseits durchgearbeitet und andererseits mittels Verdrängung radikal begrenzt. Das »erfolgreiche Durcharbeiten der ödipalen Situation begründet eine Öffnung des Denkens in einen triangulären Raum, welcher, wie wir und andere vorgeschlagen haben, durch das Spielen mit der Realität entstehen kann« (Target & Fonagy, 1996). Wenn innerpsychische Konflikte jedoch die kindliche Psyche überfordern, verharrt das Kind in

Teilbereichen seines psychischen Erlebens aufgrund der damit einhergehenden Abwehrprozesse im Modus der psychischen Äquivalenz, in dem Gedanken und faktische Realität übereinstimmen. Zum Beispiel kann ein traumatischer Verlust einer Bezugsperson verleugnet werden, indem z. B. der Großvater oder Therapeut an die Stelle des Vaters tritt, d. h., nicht den Vater *repräsentiert*, sondern der Vater *ist* (vgl. den Fall »Rebecca«, Fonagy, 1995).

Das Erreichen der Stufe der Mentalisierung ermöglicht eine Kontinuität im Selbsterleben, da eine Anpassung des psychischen Erlebens (z. B. eine emotionale Neubewertung) möglich ist. Die Handlungen Anderer erlangen eine Bedeutung auf der Basis der Zuschreibung von innerpsychischen Befindlichkeiten und sind somit vorhersehbar. Damit ist das Kind nicht länger an eine unmittelbare emotionale Reaktion seiner Bezugsperson gebunden und kann Reaktionen seines Gegenübers auf dessen mentale Befindlichkeiten zurückführen. Die Realitätsprüfung wird weiter etabliert, d. h. die Unterscheidung zwischen innerer und äußerer Realität, wobei diese als miteinander verbunden erlebt werden kann und nicht länger als identisch im Rahmen psychischer Äquivalenz oder getrennt im Rahmen des Als-ob-Modus. Mit der Fähigkeit ausgestattet, den Realitätsgehalt der eigenen mentalen Befindlichkeiten überprüfen zu können, kann ein Individuum sein Innerpsychisches und damit seine Affekte, Impulse und Aufmerksamkeitsprozesse regulieren. Durch eine integrierte Mentalisierungsfähigkeit erhöht sich das intersubjektive Funktionsniveau und das Gefühl für die Bedeutsamkeit des eigenen Lebens.

## 2.5 Mentalisierung in der Adoleszenz

In der Adoleszenz müssen Bindungsqualitäten und frühkindliche Formen der Objektbeziehungen zwischen Eltern und Kind auf soziale Institutionen und Peers übertragen und adaptiv aktualisiert werden. Die Adoleszenten verändern dabei ihre Identität, Selbstwahrnehmung und ihre sozialen Beziehungen. In den Beziehungen zu Gleichaltrigen und aufgrund der wachsenden persönlichen Unabhängigkeit von den primären Bezugspersonen können Adoleszente progressive Entwicklungen durchlaufen und müssen dabei immer komplexere soziale Erfahrungen verarbeiten. Die Forschung hinsichtlich sozialer Kognitionen jenseits der Kindheit ist zum jetzigen Zeitpunkt als lückenhaft einzustufen. Gleichwohl sind in dieser Lebensphase mit ihren bedeutsamen sozialen, psychischen und neurobiologischen Veränderungen sowohl quantitative als auch qualitative Veränderungen sozialer Kognitionen zu erwarten. Es wird davon ausgegangen, dass sich das soziale Verständnis von der Präadoleszenz in die Adoleszenz hinein kontinuierlich weiterentwickelt und differenziert, sodass nicht nur das Repräsentationale der eigenen Überzeugungen verstanden wird, sondern auch die Tatsache, dass andere Personen unter den gleichen Bedingungen zu anderen Schlussfolgerungen gelangen können (Carpendale & Chandler, 1996). Strukturelle und funktionale bildgebende Verfahren belegen zudem, dass die Veränderungen des Umgangs mit der neuen sozialen Komplexität auch neurobiologisch erfassbar sind. Studien zeigen, dass zu den unterschiedlichen Lebensabschnitten (Kindheit, Adoleszenz, Erwachsenenalter) bei der Durchführung von Mentalisierungsaufgaben jeweils unterschiedliche Schwerpunkte des neuronalen Netzwerks aktiviert sind (Blakemore, 2008). Darüber hinaus ist das Gehirn besonders in der Adoleszenz strukturellen Veränderungen ausgesetzt, die auch Hirnregionen zum sozialen Verständnis betreffen (Nelson et al., 2005). Aus Sicht der sozial-kognitiven Neurowissenschaft wird kritisiert, dass die empirischen Methoden der ToM-Forschung nicht altersangemessen seien, da bereits Fünfjährige standardisierte »False-Belief«-Tests bestehen (Wimmer & Perner, 1983). Hierbei entstünden sogenannte Deckeneffekte, die zur Folge haben, dass individuelle Unterschiede in der ToM-Fähigkeit nicht mehr abgebildet werden. Somit sei fälschlich davon ausgegangen worden, dass die ToM in diesem Lebensalter ausgereift sei. Erst kürzlich wurde ein neuer altersangemessener ToM-Test entwickelt, bei dem auch Erwachsene Fehler machen und darüber hinaus der Online-Gebrauch sozialer Kognitionen erfasst wird (Keysar et al., 2003). Der Test erhebt die Fähigkeit, sich von der eigenen egozentrischen Perspektive zugunsten einer Perspektivenübernahme des Gegenübers zu entfernen. In einem Vergleichsgruppendesign mit Kindern, Adoleszenten und Erwachsenen konnten Dumontheil und Kollegen (2010) zeigen, dass eine altersabhängige kontinuierliche Verbesserung der Fähigkeit der Perspektivenverschränkung bis ins frühe Erwachsenenalter messbar ist.

Fonagy und Kollegen (2002) haben sich zunächst auf der Grundlage klinischer Studien zum Schicksal der Mentalisierung in der Adoleszenz geäußert und sehen den Anstieg psychopathologischer Erkrankungen in dieser Lebensphase eng mit der Mentalisierungsfähigkeit verbunden. Darüber hinaus vermuten sie, dass die Anforderungen der Adoleszenz im Sinne der Loslösung der affektiv hochbesetzten elterlichen Beziehungen hin zu Peer- und romantischen Beziehungen mit einem Rückzug von Mentalisierung oder einer Hypermentalisierung einhergehen könnten. Mentalisierung ist als eine dynamische Fähigkeit konzipiert, die in Abhängigkeit von personalen und affektiven Bedingungen in einem unterschiedlichen Ausmaß zur Verfügung steht (Fonagy & Luyten, 2009). Es wird davon ausgegangen, dass Adoleszente besonders anfällig sind, bereits bei milderem Stress ihre Mentalisierungsfähigkeit verlieren zu können. Dann kann es passieren, dass sie sich selbst und andere nicht mehr verstehen können und sie andere als entwertend, verletzend und demütigend erleben. Dieses Erleben kann in der Folge ein agierendes Verhalten auslösen, welches das Gegenüber kontrollieren oder eine Flucht von diesem Erleben ermöglichen soll.

Diese Annahme konnte in einer aktuellen Studie an 98 jugendlichen Schülern und Schülerinnen aus Deutschland (Cropp et al., in Vorbereitung) nicht bestätigt werden. Hier zeigte sich, dass Jugendliche in der mittleren Adoleszenz (15 bis 18 Jahre) einer Gemeindestichprobe während eines Adult Attachment Interviews das gleiche Mentalisierungsniveau (durchschnittliches Reflective Functioning) erreichen wie Erwachsene in nicht-klinischen Stichproben. Zumindest in einer Interviewsituation ohne Peer-Druck können Adoleszente daher ähnlich gut über Bindungsbeziehungen nachdenken wie Erwachsene. Das Ergebnis ergänzt die aktuelle Adoleszenzforschung, die zeigen kann, dass Adoleszente lebensphasentypische Konflikte unter Beibehaltung der Beziehung zu den Eltern lösen und auch in der Adoleszenz die Bindung zu den Eltern höchst bedeutsam bleibt. Allerdings zeigte sich in der Normalstichprobe der Adoleszenten ein Geschlechtseffekt, in dem Sinne, dass Mädchen signifikant höhere Werte auf der RFS erreichen als männliche Adoleszente (Cropp et al., in Vorbereitung). Im Rahmen einer US-amerikanischen Studie konnte ebenfalls ein geschlechtsspezifischer Effekt aufgezeigt werden, da der Zusammenhang zwischen expliziten Mentalisierungsfähigkeiten und Sprachkompetenzen nur bei den männlichen Teilnehmern messbar war, während bei den weiblichen Adoleszenten Sprache und Mentalisierung unabhängig waren (Rutherford et al., 2012). Diese Ergebnisse verweisen möglichweise auf geschlechtsspezifisch unterschiedliche oder zumindest geschlechtsabhängig zeitversetzte Entwicklungspfade der Mentalisierung in der Adoleszenz und zeigen den dringenden Forschungsbedarf in diesem Feld auf. In Bezug auf Mentalisierungsveränderungen in Schwellensituationen (beruflicher Einstieg, Elternschaft, Menopause etc.) und zu Mentalisierung im Alter (z. B. Bezüge zu Demenz und anderen Erkrankungen, die sich erst im späteren Lebensalter manifestieren) liegen bislang weder Konzepte noch empirische Befunde vor.

# 3. Mentalisierung als multidimensionale und dynamische Fähigkeit

Hat ein Individuum die Fähigkeit des Mentalisierens erreicht, so steht sie diesem in unterschiedlichem Ausmaß zur Verfügung, jeweils in Abhängigkeit von der Bedürfnislage und sowohl situativen als auch beziehungsabhängigen Elementen. Da Mentalisierung sowohl Anteile eines Persönlichkeits-»Traits« als auch Anteile eines Persönlichkeits-»States« enthält, wird sie in den theoretischen Bezugsrahmen der Theorie der dynamischen Fertigkeiten (dynamic skills theory) (Fischer & Farrar, 1987; Fischer et al., 1990) eingebettet. Mentalisierung kann daher als ein Kontrollsystem in der Organisation des Selbst betrachtet werden, welches nicht im engeren Sinne ein Teil der Persönlichkeit ist, sondern eine Eigenschaft der Gesamtheit aus Person und Situation.

In jüngster Zeit ist das Konzept der Mentalisierung einer Revision und damit einhergehend einer Erweiterung und Vertiefung unterzogen worden. Daraus resultiert vor allem eine neue Sichtweise, die Mentalisierung als multi-dimensionales Konstrukt begreift und bestrebt ist, dieses durch Forschungsergebnisse der Neurowissenschaften, hier insbesondere auf dem Gebiet der sozialen Kognitionen, zu untermauern. Damit wird auch das Selbst in einen erweiterten Kontext gestellt, der Folgen frühkindlicher Bindungserfahrung auf neurobiologischer Ebene betrachtet. Fonagy und Luyten (2009) haben anhand eines stressabhängigen Schaltmodells (biobehaviour switch model) auf den Zusammenhang zwischen Stress, Bindung und Mentalisierung hingewiesen. Im Folgenden werden drei konzeptuelle Schwerpunkte des multidimensionalen Konstrukts von Mentalisierung und die jeweils damit assoziierten empirischen Befunde erörtert:

a) Mentalisierung ist multidimensional mit jeweils distinkten neuronalen Netzwerken, die den kognitiven Prozessen dieser einzelnen Domänen zugrunde liegen,
b) jüngste Forschungsergebnisse verlangen nach einer Reformulierung des Mentalisierungskonzeptes hinsichtlich seiner Kontext- und Beziehungsspezifität und
c) psychosoziale und neurobiologische Befunde unterstreichen die Notwendigkeit eines Schaltmodells, dass die Interaktionen zwischen Bindungsaktivierung, Affektregulierung und Veränderungen der Mentalisierungsfähigkeit integrierend erfasst.

Auf die genannten drei Bereiche wird nach einem Exkurs zur Bedeutung von Mentalisierung für die Affektregulierung im Folgenden getrennt eingegangen.

## 3.1 Affektregulierung und mentalisierte Affektivität

Die Affektregulierung ist ein Prozess der Modulation von Affekten (z.B. durch Hemmung), der auf verschiedenen Ebenen stattfindet: von der homöostatischen Regulierung außerhalb des Bewusstseins bis zur bewussten Selbstregulierung (Fonagy et al., 2002). Der Begriff des Unbewussten wird in diesem Zusammenhang nicht im Sinne des dynamisch Unbewussten psychoanalytischer Theoriebildung benutzt. Stattdessen greifen die Autoren die Theoriesysteme der kognitiven Theorie auf, die zwischen automatisch-unbewussten und kontrolliert-bewussten Prozessen unterscheiden: »In contrast, deliberative or controlled processes refer to voluntary and conscious operations which are flexible and modifiable, can be governed by higher-order cognitive goals, and can override automatisms« (Gergely & Watson, 1996).

Affektregulierung und Mentalisierung sind Prozesse, die sich gegenseitig beeinflussen, da die erfolgreiche Affektregulierung durch Bindungspersonen die Grundlage der Entwicklung von Mentalisierung darstellt. Mit Entwicklung der Mentalisierung ist das Individuum nicht länger von einer interpersonalen oder verhaltensbasierten Affektregulierung abhängig, sondern kann Affekte und das Selbst intrapsychisch regulieren und Emotionen für sich als bedeutsame Hinweise nutzen. Fonagy und Kollegen (2002) differenzieren drei Ebenen der Affektregulation:

1. Auf der niedrigsten Stufe steht das Gleichgewicht des Organismus im Vordergrund (Homöostase). Bei dieser Form der Affektregulierung werden affektive Zustände überwiegend unbewusst und handlungsnah verändert, um beispielsweise das Überleben zu sichern.
2. Auf der zweiten Stufe können Affekte kommuniziert statt agiert werden. Das bedeutet, dass der affektive Zustand im aktuellen Erleben kognitiv zugänglich wird und damit Entscheidungsprozessen unterworfen werden kann.
3. Die dritte und höchste Stufe der Affektregulierung ist die »mentalisierte Affektivität«. Sie erlaubt dem Erwachsenen, seine Affekte bewusst zu erleben, während des affektiven Zustands zu reflektieren, den eigenen Emotionen Bedeutung zu geben und dementsprechend emotionsbewusst und sinnstiftend zu handeln.

Mentalisierte Affektivität als höchste Stufe der Affektregulation bedeutet eine spezifische Form von Mentalisierung, bei der während der Aufrechterhaltung einer Emotion über diese reflektiert wird (Online-Affekt-Mentalisierung). Im Kontrast zur klassischen Affektregulation, bei der kognitive Aspekte »über die Emotion gelegt« werden im Sinne einer Bewertung und teilweise einer intellektuellen Distanzierung, geht es bei der mentalisierten Affektivität um das Bedeutungserleben des Affektes im Licht der repräsentationalen Welt eines Individuums, d. h., aktuelle Emotionen werden durch die Linse der vergangenen Erfahrungen (real und fantasiert) betrachtet (Jurist, 2010). Die Besonderheit ist also, dass der Akteur während der mentalisierten Affektivität auf sein affektives Erleben Bezug nimmt, in diesem Affektzustand verbleibt oder in ihn zurückkehrt. Auf diese Weise können eigene Affekte und das Affekterleben komplexer verstanden werden und es kann zu Einsichtserfahrungen kommen (Taubner, 2008b). Jurist (2005) kritisiert die allgemeine Emotionsforschung dahingehend, dass die Tatsache, dass Individuen oft nicht wissen, was sie fühlen, zu wenig Berücksichtigung findet. Dies beschreibt er mit dem Begriff der aporetischen Gefühle. Emotionen können schwer fassbar, missverständlich und widersprüchlich sein, sodass eine ständige Neuinterpretation von Emotionen unausweichlich erscheint. Daher setzt die mentalisierte Affektivität das Vertrautsein und Wohlbefinden mit dem eigenen subjektiven Erleben voraus und bewirkt Einsicht durch lebendige affektive Erfahrung, z. B. neue Bedeutungen desselben Affektes zu erkennen und folglich die eigenen Affekte in ihrer Komplexität und Tiefe zu ergründen und zu verstehen. Die Fähigkeit der mentalisierten Affektivität hilft nicht nur bei der näheren Ergründung der eigenen Affekte, sondern erlaubt auch deren Reinterpretation (ebd., 2008).

Allen, Fonagy und A. W. Bateman (2008) präzisieren drei konstituierende Elemente der mentalisierten Affektivität, wobei innerhalb dieser Aufgliederung weiter zwischen elementaren und komplexen Formen unterschieden wird: 1) Identifikation, 2) Modulation und 3) Kommunikation. Die Identifikation der eigenen Affekte besteht elementar im Erkennen der Basisemotionen. In der komplexeren Variante kommt die Erkenntnis der Affektschattierungen hinzu im Sinne der Fähigkeit zur inneren Verbalisierung von Ambivalenz und Konflikt sowie einer Erhellung der Bedeutung des aktuellen Affektes für Beziehungen im Hinblick auf Gegenwart und Vergangenheit. In der komplexeren Form kann also mit der Affektidentifizierung auch die Beziehung zwischen den Affekten ergründet werden, wenn z. B. mehrere Emotionen gleichzeitig auftreten, beispielsweise in Form von Wut und Trauer bei einer Enttäuschung. Die Modulation des Affektes bedeutet basal eine Regulierung der Intensität (Verstärkung, Verringerung, Aufrechterhaltung), der Dauer oder eine subtilere Anpassung eines Affektes in einem kontinuierlichen Bewertungsprozess. Wichtig ist, dass Regulation eben nicht nur Einschränkung des Affektes bedeutet, sondern manchmal auch eine zeitweise Verstärkung in Kontexten, wo eine Verstärkung vom Individuum gewünscht wird oder situativ angemessen ist, z. B. Traurigkeit während einer Beerdingungszeremonie. In der komplexen Form der Affektmodulation können die Bedeutungen von Affekten umgedeutet werden, sodass die Komplexität des eigenen Affekterlebens zunimmt. Dies geschieht beispielsweise, wenn das aktuelle affektive Erleben vor dem Hintergrund vergangener affektiver Erfahrungen neu bewertet wird. Die Affektkommunikation oder der Affektausdruck schließlich ermöglicht das Äußern von Affekten nach Innen und Außen. In ihrer elementaren Form werden sie gehemmt oder zugelassen. Dies kann sich auch auf einen rein innerlichen Ausdruck beschränken (kognitiv bewusste Repräsentation), wobei der äußere Affektausdruck verborgen wird. In der komplexeren Affektkommunikation wird der Affekt zum Element eines Dialogs mit sich selbst oder anderen. Es besteht dabei die Möglichkeit, bei der Äußerung von Affektausdrücken zu bestimmen, ob auf andere Rücksicht genommen wird oder nicht.

## 3.2 Die Multidimensionalität von Mentalisierung

Bereits im einleitenden Kapitel wurde verdeutlicht, dass Mentalisierung als integratives Brückenkonzept verschiedene Dimensionen sozialer Kognitionen bündelt. Für eine präzisere Erfassung der einzelnen Aspekte von Mentalisierung im klinischen als auch im empirischen Gebrauch des Mentalisierungskonzeptes schlagen Luyten und Kollegen (2011b) vier Dimensionen von Mentalisierung vor, die sich entlang der folgenden Polarisierungen erstrecken:

1. automatisch (implizit) vs. kontrolliert (explizit)
2. internal fokussiert vs. external fokussiert
3. selbstorientiert (Selbst) vs. fremdorientiert (Andere)
4. kognitiv vs. affektiv

Implizit-automatische soziale Kognitionsprozesse werden mit phylogenetisch älteren neuronalen Netzwerken assoziiert. Die damit in Verbindung gebrachten Hirnstrukturen umfassen die Amygdalae, Basalganglien, ventromediale präfrontale Kortizes und den rostralen anterioren cingulären Kortex. Hier stattfindende soziale Kognitionsprozesse sind reflexartig, schnell, eher spiegelnd und frei von bewusst-reflektierter Intentionalität. Im Gegensatz dazu werden den medial und lateral präfrontalen Kortizes sowie den medialen Temporallappen eher explizit-kontrollierte Modi von Mentalisierung zugeordnet (Satpute & Lieberman, 2006; Lieberman, 2007; Uddin et al., 2007). Letztere kortikale Regionen sind phylogenetisch jünger und verarbeiten soziale Stimuli weitaus langsamer, da ihrer Aktivierung repräsentationale und verbale Prozesse zugrunde liegen, die mit Bedeutungsattributionen, zielgerichteter Aufmerksamkeit und damit bewusster Gewahrwerdung mentaler Phänomene einhergehen. Affektregulierung bedarf typischerweise reflexiver Bottom-up- und reflektierter Top-down-Prozesse, wobei abhängig von Kontext, Stresslevel und emotionaler Erregtheit jeweils eine der beiden gegenübergestellten Mentalisierungsstrategien zu dominieren scheint (s. u.).

Eine zweite dimensionale Unterscheidung lässt sich anhand des Gegenstands der Mentalisierungsaktivität vollziehen, der sowohl interner als auch externer Herkunft sein kann. Luyten und Kollegen (2011b) kontrastieren hier Mentalisierungvorgänge auf der Basis extern ablesbarer Aspekte des Selbst oder Anderer (direkt beobachtbares Verhalten) gegenüber Schlussfolgerungen bezüglich innerer mentaler Zustände. Hierbei scheinen die jeweiligen Verarbeitungsprozesse dieser unterschiedlichen Informationsquellen ebenfalls verschiedenen neuronalen Korrelaten zu entsprechen. Mediale präfrontale Areale, die mit dem biografischen Gedächtnis assoziiert werden, verarbeiten Aspekte sozialer Kognition, die sich auf »mentale Innenwelten« beziehen, während frontoparietale Hirnregionen eher auf Externes fokussierte Stimuli verarbeiten (Sapute et al. 2006).

Ein dritter Aspekt, Subdimensionen von Mentalisierung zu konzeptualisieren, ist Luyten und Kollegen (2011b) zufolge in der Unterscheidung zwischen dem Selbstfokus und dem Bezug auf Andere zu sehen. Diese beiden Facetten sind jedoch nicht als streng dichotom zu betrachten, sondern bedingen einander eher (Fonagy & Luyten, 2009). Ein tiefgreifendes, kohärentes Selbstverständnis entwickelt sich – wie beschrieben – nur im interaktionellen Raum über das Zuschreiben mentaler Zustände an das sich entwickelnde Kind. Empirische Befunde von Bildgebungsuntersuchungen legen zudem nahe, dass hier nicht nur ontogenetisch zwei Systeme eng verwandt sind, sondern auch anatomisch die dem Mentalisieren über Selbst und Andere zugrunde liegenden neuronalen Netzwerke weitgehend identisch sind (Lieberman, 2007; Uddin et al., 2007). Eine entwicklungspsychologisch bedingte Funktionseinschränkung von Mentalisierung, die um einen der beiden hier beschriebenen Pole zentriert ist, kann als ätiopathogenetischer Faktor gesehen werden, der als spezifisch für ein Krankheitsbild oder zumindest einen Cluster von Psychopathologien angesehen wird und von einer Dissoziation oder Unausgewogenheit der neuronalen Systeme begleitet wird (vgl. Blatt & Luyten, 2009).

Schließlich lässt sich eine vierte Differenzierung zwischen eher kognitiven oder eher affektiven Komponenten von Mentalisierung vornehmen. Die theoretische Grundlage für kognitive Aspekte bildet vor allem die Theory-of-Mind-Forschung, meist operationalisiert in Form von »False-Belief«-Experimenten, in denen die vom Entwicklungsstand eines Kindes abhängige Fähigkeit untersucht wird, die Überzeugungen anderer als falsch zu erkennen, wenn diese tatsächlich irrtümlich sind (Saxe, 2006). Affektive Mentalisierung (Jurist, 2008) hingegen umfasst das Verstehen und Regulieren von Affekten (z.B. affektive Empathie oder Emotionsdifferenzierung). Auch hier lassen sich Parallelen auf konzeptioneller Ebene finden, die Auffassung von Intentionalität ist beispielsweise beiden Konstrukten (kognitive ToM und Empathie) inhärent (Blakemore et al., 2007), jedoch zeichnen sich wiederum Ansätze zweier verschiedener neuronaler Verarbeitungsnetzwerke ab. Der ventromediale präfrontale Kortex hat laut Luyten und Kollegen (2009) eine herausragende Bedeutung während affektiver Mentalisierung, indem mentale Repräsentanzen von Selbst und Anderen als affektgeladen markiert werden, um anschließend mit eher kognitivem Informationsgehalt (wie z.B. »Belief-desire«-Schlussfolgerungen oder kognitiver Perspektivenübernahme) integriert zu werden. Ein Misslingen dieser Integrationsleistung lässt sich wiederum mit verschiedenen psychischen Krankheitsbildern in Verbindung bringen, wie z.B. Depression (Blatt & Luyten, 2009) oder der Borderline-Persönlichkeitsstörung (Fonagy & Luyten, 2009). Die Frage, ob und zu welchem Grad eine andauernde Unausgewogenheit dieser beiden Aspekte eine eher dynamische Abwehrstrategie oder ein entwicklungsbedingtes Defizit darstellt, ist weithin ungeklärt.

In einer normalen Entwicklung von Mentalisierung wird von einer Ausgeglichenheit zwischen den Polen der Mentalisierungsdimensionen ausgegangen. Bei einer polarisierten Anwendung von Mentalisierung wird hingegen von einer devianten Mentalisierungsfähigkeit ausgegangen, wie sie im Folgenden anhand von klinischen Mentalisierungsprofilen beschrieben werden wird.

### 3.2.1 Mentalisierungsprofile für die Beschreibung klinischer Praxis

Für die klinische Praxis haben die eher forschungsorientierten Operationalisierungen von Mentalisierung, wie die unter 1.4 beschriebene

Reflective-Functioning-Scale, einige Nachteile, da sie oftmals nicht ohne Training einsetzbar sind, auf transkribierten Interviews basieren und lediglich ein allgemeines Niveau der Mentalisierung erheben, welches abhängig von Situation, Affekt und dem Gegenüber variieren kann. Daher kann ein allgemeines Niveau an Mentalisierung zwar für die Therapieindikation hilfreich sein, aber allein aus praktischen Gründen sind die methodisch streng kontrollierten Auswertungsmethoden für Kliniker kaum einsetzbar, um therapeutische Prozesse zu beschreiben. Die revidierte und erweiterte Fassung des Mentalisierungsbegriffs begründet die Erstellung von Mentalisierungsprofilen (Abbildung 6), die für die klinische Praxis relevant und leicht einsetzbar sind (Luyten et al., 2011b; Fonagy et al., 2010). Eine Profilbildung ermöglicht eine Verortung von Patienten anhand der verschiedenen Mentalisierungsdimensionen. Um ein solches Profil zu verfassen, sollten kompensatorische und sich gegenseitig verstärkende Beziehungen zwischen den einzelnen Polaritäten berücksichtigt werden – speziell bei ausgeprägten Diskrepanzen sowohl innerhalb als auch zwischen den jeweiligen Dimensionen. Zusätzlich sollte erfasst werden, wie schnell Patienten von kontrollierter zu automatischer Mentalisierung wechseln und wie schnell schließlich reflektierende Sichtweisen wieder die Oberhand gewinnen. Des Weiteren sollten das Verwenden und die Beschaffenheit von Prämentalisierungsmodi (z. B. Äquivalenzmodus) in eine umfassende Beurteilung einfließen, was im nächsten Kapitel näher erläutert wird. Da bis auf Weiteres kein globales Instrument zur Erfassung der einzelnen Aspekte reflexiver Funktion zur Verfügung stehen wird, ermöglicht das Profil eine Übersicht der Kapazitäten eines Patienten bzw. dient der klinisch-qualitativen Verlaufsbeurteilung von Therapieprozessen.

Zur Veranschaulichung werden zwei Beispiele von Mentalisierungsprofilen herangezogen, die prototypisch zwei verschiedene Persönlichkeitsstörungen beschreiben: die Borderline-Persönlichkeitsstörung (BPS) und die antisoziale Persönlichkeitsstörung (ASPS) (vgl. Abbildung 6) (eine detaillierte Aufarbeitung der Erkenntnisse der Mentalisierungsforschung zu Borderline und Gewalttätigkeit erfolgt in Kapitel 5). Patienten mit einer BPS zeichnen sich oftmals durch sehr geringe Fähigkeiten im Bereich der Berücksichtigung interner Stimuli zum Verständnis von Mentalem aus, was in Therapieformen, die Achtsamkeit fördern, gezielt bearbeitet wird. Im Gegensatz dazu sind sie sehr gut dar-

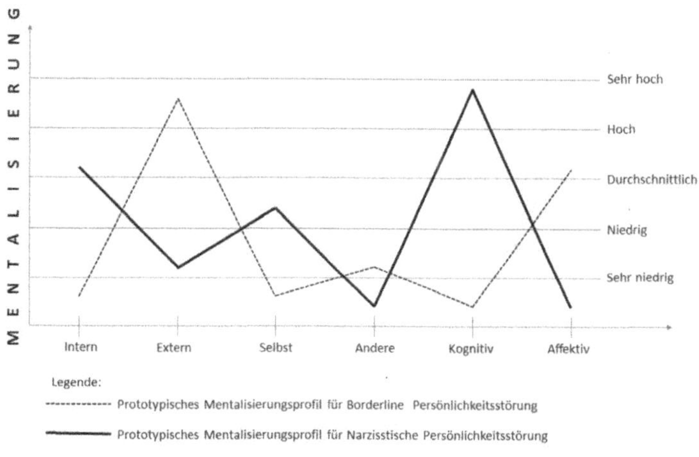


*Abbildung 6: Prototypische Beispiele für Mentalisierungsprofile*

in, mentale Befindlichkeiten aus externalen Stimuli herauszulesen, wie z.B. kleinste mimische oder andere körperbezogene Veränderungen. Dies könnte in Verbindung stehen mit einer Hypervigilanz aufgrund von Missbrauchserfahrungen. Der Zugang zu den eigenen Emotionen, Wünschen etc. ist bei BPS sehr erschwert und auch die explizite Reflexion anderer ist oftmals verzerrt, wenn auch der Zugang zum Mentalen anderer etwas besser gelingt als zum eigenen Selbst. Der Fokus der mentalen Exploration liegt häufig auf den Emotionen, während Kognitionen schlechter mentalisiert werden können, und zumeist misslingt eine Integration von Kognition und Affekt. Patienten mit ASPD weisen prototypisch ein anderes Mentalisierungsprofil auf. Sie schlussfolgern stärker aus internen Stimuli, während sie external ablesbares Verhalten schlechter mentalisieren können. Die Fähigkeit, eine psychologische Theorie über sich selbst auszubilden, ist für Patienten mit ASPS leichter als das Ausbilden einer solchen über Andere, was vermutlich mit dem starken Selbstbezug und der verzerrten Wahrnehmung anderer zusammenhängt. Studien konnten zeigen, dass Patienten mit ASPS über verschiedene Altersgruppen hinweg überdurchschnittliche ToM-Fähigkeiten aufweisen, was im Mentalisierungsprofil durch die starke Ausprägung des kognitiven Zugangs verdeutlicht wird. Gleichzeitig konnten deutliche Defizite im affektiv-empathischen Bereich für diese Patientengruppe dokumentiert werden, weshalb ein niedriger Wert für die affektive Mentalisierung vergeben wird (A.W. Bateman et al., 2013).

## 3.3 Die Wechselwirkungen zwischen Stress, Aktivierung des Bindungssystems und Mentalisierung

Zur verbesserten Beschreibung von Mentalisierung als dynamische Fähigkeit wurde das stressabhängige Schaltmodell eingeführt (Bio-Behavioural-Switch-Model), das die Wechselwirkung zwischen Stress, Aktivierung des Bindungssystems und dem Wechsel von expliziter vs. impliziter Mentalisierung beschreibt (Luyten et al., 2011b; Taubner et al., 2010a). Mit der Erweiterung des Mentalisierungskonzeptes um das Zusammenspiel von Stress und differenzieller Bindungsaktivierung haben Luyten und Fonagy (2009) die Theorie des Entkoppelungsphänomens (Fonagy & Target, 2007) basierend auf Mayes (2000, 2006) fortentwickelt und um das stressabhängige Schaltmodell ergänzt (s. Abbildung 7). Mayes ging davon aus, dass bei steigendem emotionalen Arousal kontrollierte und explizite Hirnprozesse im Präfrontalkortex durch einen Schalter (switch) in automatische und implizite Prozesse im posterioren Kortex sowie in subkortikalen Arealen wechseln, um die persönliche Stresserregung zu regulieren. Einerseits erfüllen diese Systeme die Aufgabe, den Kortex vor Überstimulation zu beschützen, andererseits ermöglichen sie die Koordination zwischen Aufmerksamkeits-, Exekutiv- und sensorischen kortikalen Systemen. Luyten und Kollegen (2011b) ergänzen das Modell dahingehend, dass sie das emotionale Arousal in Abhängigkeit von der Intensität des Bindungsstresses und den individuellen bindungsmusterbezogenen Bewältigungsstrategien definieren (Mikulincer & Shaver, 2007). Bei einem zu starken Bindungsstress erfolgt nach diesem Modell ein Umschalten von eher präfrontal akzentuierten, kontrollierten und exekutiven Funktionsmodi zu einem eher automatischen Prozessieren von mentalen Befindlichkeiten.

Dies geht dem Modell zufolge mit einer Verlagerung von Aktivierungsmustern von kortikalen hin zu subkortikalen Hirnarealen einher. Dadurch nimmt die Komplexität und Flexibilität der Reflexionsfunk-

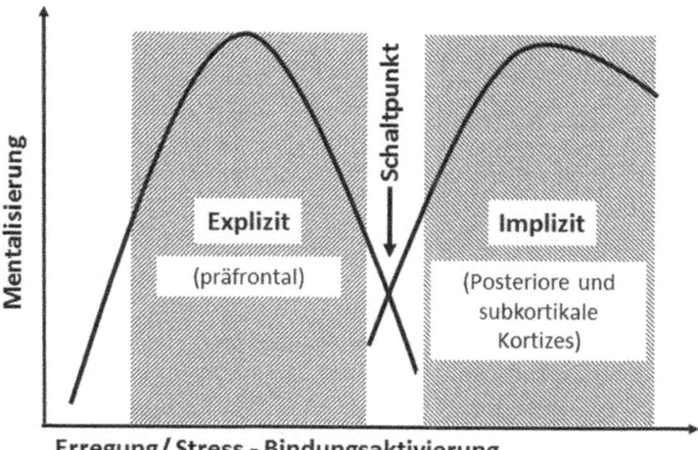


*Abbildung 7: Stressabhängiges Schaltmodell der Mentalisierung (eigene Darstellung, angelehnt an Taubner et al., 2010a; Luyten et al., 2011b)*

tion ab, sodass mit steigendem Bindungsstress schließlich weniger reife Funktionsmodi wie psychische Äquivalenz, Als-ob- oder teleologischer Modus zum Einsatz kommen, die entwicklungsgeschichtliche Vorläufer der Mentalisierungsfunktion sind (Allen et al., 2008). Diese letztgenannten sind im Erwachsenenalter als maladaptive Versuche zu verstehen, soziale Kognitionsleistungen während einer Bindungssystemaktivierung durch einen Rückgriff auf weniger reife und integrierte Mentalisierungsmodi zum Verständnis intra- und interpersonaler Vorgänge aufrechtzuerhalten. Dies bedeutet, dass in Situationen starker emotionaler Belastung, wie z. B. einem Streit mit dem Partner, Individuen ab einem spezifischen Belastungsgrad nicht mehr auf ihre sonst vorhandenen Mentalisierungsfähigkeiten zurückgreifen können und vielleicht Dinge tun oder sagen, über die sie sich später wundern bzw. die sie bedauern.

Für dieses theoretische Modell gibt es inzwischen eine Reihe empirischer Untersuchungen, die zeigen können, dass emotionale Anspannung und psychosozialer Stress besonders dann zu einer Hemmung reifer Mentalisierung führen, wenn sie mit Bindungsbeziehungen zu tun haben (Moriguchi et al., 2006; Lieberman, 2007; Fonagy & Luyten,

2009). Eine kürzlich veröffentlichte Studie konnte dieses Phänomen neurobiologisch untermauern (Nolte et al., 2013). Die Studie wurde an 18 gesunden Erwachsenen durchgeführt, die während der Aufnahme einer funktionalen Magnet-Resonanz-Tomografie (fMRT) einen Mentalisierungstest durchführten, der darin besteht, die Affektausdrücke anhand von fotografierten Augenpaaren zu erkennen (»Reading the Mind in the Eyes«-Test) (Baron-Cohen et al., 2001). Nach dem ersten Durchlauf wurden die Teilnehmer mit einer kurzen Vignette konfrontiert, die ein selbsterlebtes belastendes Bindungserlebnis zum Gegenstand hatte (z. B. eine Trennung, einen Verlust). Die Konfrontation mit diesem Erlebnis wurde als bindungsbezogener Stress operationalisiert. Danach sollten die Teilnehmer den Mentalisierungstest erneut durchführen und wurden vor dem dritten Durchlauf mit einer autobiografisch relevanten Vignette konfrontiert, welche allgemeinen und nicht bindungsbezogenen Stress auslösen sollte (z. B. einen Flug verpassen, durch ein Examen durchfallen). Beide Stressvignetten wurden in einem Vorinterview erfragt, hatten daher einen individuellen Bezug und wurden dann standardisiert präsentiert. In den Ergebnissen zeigte sich, dass nur nach bindungsbezogenem und nicht nach allgemeinem Stress eine Verschlechterung der Werte für den »Reading the Mind in the Eyes«-Test gemessen wurde. Im Kontrast der beiden Stressarten zeigte sich im fMRT eine reduzierte Gehirnaktivität in den Regionen, die mit Mentalisierung in Verbindung gebracht werden können: dem linken posterioren superioren temporalen Sulcus (STS), dem linken inferioren frontalen Gyrus (IFG) und der linken temporoparietalen Junction (TPJ). Nolte und Kollegen (2013) schlussfolgern daher, dass bindungsbezogener Stress auf spezifische Weise die mit sozialer Kognition in Zusammenhang stehenden Hirnregionen beeinflusst.

Die stressabhängige Aktivierung des Bindungssystems und der damit einhergehende Zusammenbruch höhergradiger Mentalisierungsleistungen scheint darüber hinaus einem differenziellen Muster zu folgen, und zwar in Abhängigkeit vom individuellen Bindungstyp. Ein niedriger Schwellenwert für dieses Phänomen, also ein niedriger Stressreiz als auslösendes Moment, kann bei verstrickt-gebundenen Individuen (im Vergleich zu solchen mit sicherer Bindung und unsicher-vermeidender Bindung) gefunden werden. Bei unsicher-ambivalenter Bindung ist eine Hyperaktivierung des Bindungssystems charakteristisch. Diese führt zu panischem Streben nach Unterstützung und Trost, das sich in anhänglichem und forderndem Verhalten gegenüber der Bindungsperson manifestiert (Mikulincer & Shaver, 2007). In kritischen Beziehungskontexten verwenden Personen mit ambivalent-verstrickten inneren Arbeitsmodellen von Bindung ihre Mentalisierungsfähigkeiten geradezu übersprunghaft und exzessiv, um Andere und deren Emotionen zu »lesen« und permanent nach deren psychischer Erreichbarkeit abzufragen. Arbeitsmodelle vermeidend oder distanziert Gebundener hingegen zeigen Merkmale einer Deaktivierungsstrategie, die Bindungsbedürfnisse negiert, die eigene Autonomie unterstreicht und Stressreaktionen unter Kontrolle halten will. Stark vermeidend-gebundene Menschen bevorzugen, die eigenen mentalen Zustände sowie die anderer nicht weiter in Betracht zu ziehen, und greifen vorherrschend auf einen kognitiven hypoaktiven Mentalisierungsstil zurück. Dieser scheinbar adaptive Mechanismus kann als Versagen mentalisierter Affektivität bezeichnet werden. Ein deutliches Oszillieren zwischen diesen beiden Strategien, in Verbindung mit einer Hyperaktivierung des Bindungssystems, ist kennzeichnend für ungelöste Bindungstraumata (A. W. Bateman & Fonagy, 2004).

Empirische Studien zeigen, dass Bindungsangst, welche mit unsicher-ambivalenten inneren Arbeitsmodellen in Verbindung gebracht wird, mit schlechteren kognitiven Leistungen in Zusammenhang steht, wenn die Teilnehmer positive oder negative Affekte induziert bekommen. Dagegen zeigen Individuen mit höheren Ausprägungen von Bindungsvermeidung keine Einbußen in ihren allgemeinen kognitiven Fähigkeiten nach einer Emotionsinduktion (Mikulincer & Sheffi, 2000; Pereg & Mikulincer, 2004). Eine differenzielle vom Bindungsstil abhängige Reaktion der Mentalisierungsfähigkeit auf bindungsbezogene Emotionen konnte ebenfalls kürzlich in einer Studie mit 150 Psychologie-Studierenden nachgewiesen werden (Taubner et al., in Vorbereitung). In dieser Studie wurde untersucht, wie sich zwei randomisiert zugewiesene bindungsbezogene Affektinduktionen (Erinnern an ein negatives vs. ein positives persönliches Bindungserlebnis der letzten zwei Jahre) auf die Mentalisierungsfähigkeiten auswirken. Dazu wurde ein Test zur Erfassung sozialer Kognitionen, der Movie for the Assessment of Social Cognition (MASC) (Dziobek et al., 2006), in der Mitte unterbrochen und nach der Erinnerungsaufgabe fortgesetzt.

| **Negative Bindungserinnerung bei hoher Bindungsängstlichkeit** | **Positive Bindungserinnerung bei hoher Bindungsvermeidung** |
|---|---|
| Vor ein paar Jahren verließ ich meinen Freund, dem ich mich sehr nahe gefühlt hatte. Es war nicht so, dass ich ihn nicht mehr liebte, nur habe ich bemerkt, dass unsere Schwächen nicht zusammenpassten und wir uns gegenseitig kaputt machten. Zumindest war ich am Ende. Jetzt fällt es mir sehr schwer, einen normalen Umgang mit ihm zu pflegen, weil ich ihn noch immer liebe. Es macht mich unendlich traurig, dass es so enden musste, obwohl wir einander so liebten. Im Moment wünsche ich mir einfach, meine Gewohnheiten über Bord zu werfen, damit wir Freunde sein können. Aber es macht mich so traurig, all die Jahre, die wir mit einander hatten, wegzuwerfen. Vielleicht ist es besser, so zu fühlen, als gar nichts zu empfinden. | Mein Freund und ich unternahmen einen Roadtrip durch Amerika von New York nach Miami. Es war schön, weil wir die ganze Zeit zusammen verbrachten und unsere Sorgen daheim in Deutschland vergessen konnten. Wir hatten nur uns und die Reise. Es waren tolle Ferien. Natürlich blieben Streitereien nicht aus, aber nur, weil einer seinen Kopf durchsetzen wollte oder weil der eine dem anderen auf die Nerven ging, es stressig war, auch weil wir nur die Route, aber nicht die Übernachtungen geplant hatten. Trotz allem war es das wert, weil wir letztendlich intensive Stunden zusammen verbracht haben, uns näher kamen, auch in sexueller Hinsicht. Am Ende war es sehr harmonisch und ich will die Zeit nicht missen. Es waren drei entspannende, auf-regende Wochen voller großartiger Eindrücke und Konzentration auf unsere Beziehung. Er ist ein toller Mensch. |

*Tabelle 3: Beispiele für ein positives und ein negatives Bindungsnarrativ als bindungsbezogene Affektinduktion*

Der MASC ist ein objektiver videobasierter Test, der Verzerrungen der sozialen Kognition erheben kann. Während der Testdurchführung betrachten die Teilnehmer einen 15-minütigen Kurzfilm, der 46 Mal unterbrochen wird. Bei jeder Unterbrechung wird eine Frage zu den mentalen Befindlichkeiten der Protagonisten des Kurzfilms gestellt. Dabei werden standardisierte Antworten vorgegeben, von denen eine korrekt ist, eine keine Theory-of-Mind (ToM), eine eine verflachte und eine übertriebene ToM enthält. Für richtige Antworten wird jeweils ein Punkt vergeben, sodass insgesamt 46 Punkte erreicht werden können. Thematisch dominieren im MASC Themen von Freundschaft und Partnerschaft. Beim Vergleich der Performanz vor und nach der Unterbrechung zeigte sich für die gesamte Gruppe kein Unterschied, d.h., dass die experimentelle Manipulation keine Effekte aufwies. Tatsächlich zeigte sich jedoch ein Moderationseffekt der Bindungsstile der

Teilnehmer in dem Sinne, dass sich Personen mit hoher Bindungsängstlichkeit nach der negativen Bindungserinnerung im Mentalisierungstest verschlechterten, was im Einklang mit den theoretischen Vorannahmen ist. Zur Illustration sind in Tabelle 3 zwei typische Erinnerungsnarrative einer bindungsängstlichen Person sowie einer bindungsvermeidenden Person aufgeführt. Die Autoren schlussfolgern, dass bei den Bindungsängstlichen eine Bedrohung der Verfügbarkeit einer Bindungsperson zu einer Einschränkung der Mentalisierungsfähigkeit führen kann.

### 3.3.1 Regression auf prämentalisierende Denkmodi

Nachfolgend sollen diejenigen Denkmodi beschrieben werden, auf die zurückgegriffen wird, wenn reifere Formen der Mentalisierung dem Individuum nicht zur Verfügung stehen. Es handelt sich hierbei um ein allgemeinpsychologisches Modell, d. h., dass unabhängig von klinischen Phänomenen ein starker bindungsbezogener Stress zu einem Versagen explizit kontrollierter Reflexion führen kann. Im Sinne adaptiver Funktionen ist es auch nachvollziehbar, dass es Situationen gibt, in denen ein Verlassen explizit reflexiver Mentalisierung funktional ist, z. B. in lebensbedrohlichen Situationen, aber auch beim sexuellen Lusterleben. Allen, Fonagy und A. W. Bateman (2008) haben verschiedene Modi der Wahrnehmungsverarbeitung beschrieben, die dem Mentalisieren entwicklungspsychologisch vorausgehen bzw. beim Versagen von Mentalisieren aktiviert werden (vgl. auch Taubner et al., 2010a; Schultz-Venrath & Doering, 2013): der teleologische, der Äquivalenz- und der Als-ob-Modus (vgl. Abbildung 8). Das Erleben und Denken in den verschiedenen Modi soll am Beispiel des Films *Silver Linings* von David Russell aus dem Jahr 2012 illustriert werden. Der Film handelt von einem jungen Lehrer namens Pat Solitano (gespielt von Bradley Cooper), der seine Frau Nikki mit einem Kollegen beim Sex unter der Dusche erwischt, während dabei das Hochzeitlied von Pat und Jenny von einer CD abgespielt wird (*My Cherie Amour* von Stevie Wonder). Pat verliert bei dieser Entdeckung die Kontrolle und prügelt den Kollegen krankenhausreif. Dafür wird er mit einer Gefängnisstrafe verurteilt, die aufgrund einer zu diesem Zeitpunkt erstmals diagnostizierten bipolaren Störung in einen Psychiatrieaufenthalt umgewandelt wird. Nach

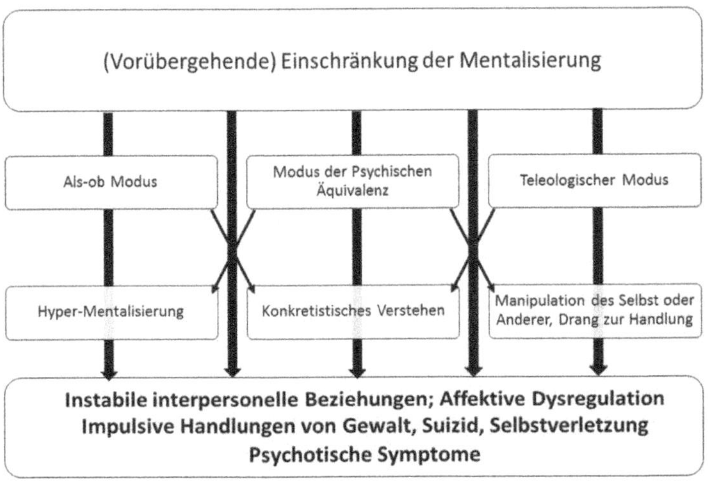


*Abbildung 8: Einschränkungen der Mentalisierungsfähigkeit durch die Aktivierung prämentalisierender Funktionsmodi*

acht Monaten dort zieht er zurück zu seinen Eltern und will sein altes Leben zurück, vor allem möchte er seine Frau Nikki zurückgewinnen, zu der er aufgrund einer gerichtlichen Anordnung jedoch keinen Kontakt herstellen darf. Sein bester Freund stellt ihm die junge Witwe Tiffany vor (gespielt von Jennifer Lawrence, die für diese Rolle mit einem Oscar ausgezeichnet wurde), die in der Nachbarschaft ebenfalls als emotional instabil gilt. Zwischen Pat und Tiffany entsteht eine zunächst eher instrumentelle und komplizierte Freundschaft, deren Verlauf im Folgenden unter dem Blickwinkel der prämentalisierenden Funktionsmodi nachgezeichnet wird.

Die entwicklungspsychologisch niedrigste Stufe der prämentalisierenden Denkmodi stellt der teleologische Modus dar, der seinen Ursprung in einer Lebensphase hat, in der Säuglinge bereits einfache Handlungen mit Zielen verbinden können, jedoch noch keine Intentionen als Grundlage der Handlungen und Ziele attribuieren. Zu diesem Zeitpunkt ist der Säugling noch abhängig von einer erwachsenen Pflegeperson, um eigene emotionale Zustände zu regulieren. In der Regression des Erwachsenen auf den teleologischen Modus muss ebenfalls die Umwelt »funktionieren«, um eigene innere Spannungszustände zu mindern. Dies kann einen sehr drängenden und manipulativen Charakter annehmen. Bereits am Anfang des Filmes wird deutlich, dass Pat die Klinik mit einer grundlegend teleologischen Haltung verlässt, die in einem starken Kontrast zu dem steht, was mit mentalisierter Affektivität gemeint ist. Er möchte sich nicht mit seinen Affekten auseinandersetzen, sondern sein Leben über äußerliche Veränderungen in den Griff bekommen. Ein starker Wunsch wird deutlich, die letzten Monate durch das Wiederherstellen des alten Zustands einfach auszulöschen. Es gibt keinen Hinweis auf eine innerliche Auseinandersetzung mit seinen Gefühlen zu seiner Frau, die ihn betrogen hat. Es werden keine innerlichen Fragen gestellt, z. B. ob sich die beiden tatsächlich nahe gestanden haben. Sehr deutlich wird nur, dass der aktuelle Zustand von Pat so nicht gewünscht wird. Daher beginnt Pat mit einem Fitnessprogramm, das seiner Frau signalisieren soll, dass er seine Gefühle genauso wie seinen Körper im Griff hat. Noch deutlicher wird der anfangs teleologische Modus des Erlebens nach dem ersten Treffen mit der Witwe Tiffany. Pat fühlt sich offenbar zu ihr hingezogen, was ihm innere Konflikte bereitet, da er sich in dieser Situation keine Gefühle für jemand anderen als seine Frau vorstellen kann. Als er nach Hause kommt, kann er aufgrund dieser konflikthaften Gefühle nicht einschlafen und wälzt sich unruhig im Bett hin und her, wobei er immer wieder auf seinen Ehering starrt. In den frühen Morgenstunden steht er schließlich vor dem Ehebett seiner Eltern und verlangt, dass seine Mutter ihm das Hochzeitsvideo von ihm und Nikki heraussuchen solle. Seine innere Erregung ist so stark und gleichzeitig so diffus, dass es hier keinen Aufschub geben kann, sondern sofort eine äußere Lösung durch einen Dritten (Mutter und Hochzeitsvideo) herbeigeführt werden muss. Die Situation eskaliert schließlich in einer Schlägerei zwischen Pat und seinem Vater, die erst von der Polizei als handelndem Dritten reguliert werden kann. In dieser Szene zeigt sich eindrücklich, wie »ansteckend« der teleologische Modus sein kann, sodass auch Dritte (Mutter und Vater) auf dieses prämentalisierende Niveau fallen können und der Blick für die Lösung eines inneren Problems auf wenige äußere Veränderungen eingeengt erscheint. Dahinter liegt das subjektive Erleben, dass innere Zustände nur durch Handlungen oder körperliche Eingriffe beeinflusst werden können. Dies hat zur Folge, dass nur real Beobachtbares von Bedeutung ist – Gedanken, Gefühle, Wünsche etc. treten in den Hintergrund. Dies wird auch beim zweiten Treffen zwischen Pat und Tiffany deutlich. Aufgrund seiner Ziele bezüglich Nikki darf die Begegnung zwischen ihm und Tiffany kein romantisches Date sein. Er bestellt daher abends in dem Restaurant ein Müsli, so als würde das ausreichen, um die das Treffen begleitenden Gefühle zu begrenzen.

Die nächste entwicklungspsychologische Stufe stellt der Äquivalenz-Modus dar, auf der mentale Befindlichkeiten im Sinne von Intentionen im eigenen Selbst erlebt und auch anderen attribuiert werden. In dieser Phase wird jedoch der repräsentationale Charakter mentaler Befindlichkeiten nicht erkannt oder erlebt. Stattdessen existiert ein Psyche-Welt-Isomorphismus, d. h., die innere Welt und die äußere Realität werden als identisch erlebt. Negative Gedanken und Gefühle werden daher als real und potenziell als schrecklich erlebt, z. B. im Rahmen von Panikanfällen, Albträumen und Flashbacks. Bei einer Regression auf diese Stufe besteht darüber hinaus eine Intoleranz gegenüber alternativen Perspektiven. Der Modus der psychischen Äquivalenz wird bei Pat immer wieder an den Stellen deutlich, wenn er irritiert darüber ist, dass andere divergierende Einstellungen oder Haltungen haben. Darüber hinaus wird die psychische Äquivalenz für den Zuschauer sehr eindrücklich, wenn Pat Flashbacks erlebt und die traumatische Situation wieder durchlebt, als er den Kollegen und seine Frau unter der Dusche erwischte und selbst zum brutalen Täter wurde. Flashbacks sind vermutlich die extremsten Formen psychischer Äquivalenz, da hier zwischen Erinnerung und der aktuellen Realität nicht unterschieden werden kann. Bei Pat werden die Flashbacks durch das Lied *Mon Cherie Amour* getriggert. In Situationen höchster emotionaler Anspannung hört er das Lied innerlich, was dann zu einer sichtbaren Derealisation führt, in die der Zuschauer mitgenommen wird. Während eines solchen Flashbacks kommt es zu dem ersten positiven Kontakt zwischen Tiffany und Pat. Sie kann in dieser Situation erkennen, dass Pat von seinem psychischen Erleben überwältigt wird, und holt ihn in die Realität zurück, indem sie benennt, dass das Lied nicht zu hören sei und dass er sich überlegen solle, ob er sich sein weiteres Leben lang von einem Lied (= unverarbeiteten traumatischen Gefühlen) beherrschen lassen will. Sie macht ihm daraufhin ein Angebot, das ihn in das Erleben mentaler

Selbsturheberschaft zurückführen könnte, indem sie trotz des gerichtlichen Kontaktverbotes Briefe von ihm heimlich an Nikki übergeben würde.

Diese Wendung führt zur dritten prämentalisierenden Stufe, dem Modus des Als-ob, der entwicklungsgeschichtlich parallel zum kindlichen Spiel einsetzt. Auf dieser Stufe des psychischen Erlebens können mentale Befindlichkeiten spielerisch von der Realität entkoppelt werden. Beim Erwachsenen bedeutet eine Regression auf den Als-ob-Modus, dass seine innere Welt von der äußeren Realität entkoppelt ist und somit Gedanken und Gefühle keine Brücke zwischen Innen und Außen bilden. Dies kann dazu führen, dass Individuen im Modus des Als-ob endlose Gespräche über Gedanken und Gefühle führen, ohne dass diese zu Veränderungen führen, was als Hypermentalisierung bezeichnet wird. In Bezug auf das Filmbeispiel beginnt Pat eine Briefkonversation mit Nikki, und kann im Rahmen der Briefe erstmals über seine Gefühle, Wünsche und sein Bedauern reflektieren. Er findet schließlich heraus, dass Tiffany die Briefe nicht weiterleitet und selbst beantwortet, sodass die Auseinandersetzung zwischen ihm und seiner Frau nur im Als-ob stattgefunden hat. Tatsächlich entsteht im Film jedoch am Ende eine Verbindung zwischen dem Als-ob und der Realität, die Pat schließlich einen reflexiven Zugang zu den Bedeutungen der eigenen Gefühle ermöglicht. Abbildung 8 fasst die möglichen Aktivierungen prämentalisierender Funktionsmodi und deren Konsequenzen im Sinne von Hypermentalisierung, konkretistischem Verstehen und manipulativem Agieren zusammen. In einem klinischen Kontext bildet diese (temporäre) Einschränkung der Mentalisierungsfähigkeit einerseits die Grundlage, um verschiedene Symptome und Syndrome zu verstehen (vgl. Kapitel 5), andererseits wird das Achten auf das Verlassen von Mentalisierung als zentrale Methode in der Mentalisierungsbasierten Therapie genutzt (vgl. Kapitel 7).

# 4. Das Scheitern der Entwicklung von Mentalisierung

Der Ansatz, Mentalisierungseinschränkungen zum Verständnis psychischer Störungen heranzuziehen, ist dem Feld der Entwicklungspsychopathologie zuzuordnen, welche eine Zusammenführung der Klinischen und der Entwicklungspsychologie darstellt (vgl. Beauchaine & Hinshaw, 2008). Die Entwicklungspsychopathologie widmet sich insbesondere der Frage, welche Determinanten chronische Psychopathologie und Einschränkungen sozialer Fähigkeiten in der Lebensspanne bedingen, die dringend für ein besseres Verständnis psychischer Störungen benötigt werden (Skodol et al., 2007). Repräsentative Bevölkerungsstudien zeigen, dass bei einer steigenden Anzahl kritischer Lebensereignisse auch die Wahrscheinlichkeit größer wird, eine Fehlanpassung in der Kindheit, der Jugend und dem Erwachsenenalter zu entwickeln (Felitti et al., 1998; Maugham & Rutter, 2001). Allein die Anzahl der Kategorien verschiedener kritischer Lebensereignisse erwies sich in repräsentativen Studien als ein signifikanter Prädiktor für eine schlechte gesundheitliche Entwicklung, frühes Sterben und Risikoverhalten (z.B. Rauchen) (Anda et al., 1999). Systematische Längsschnittstudien zeigen verschiedene Risikofaktoren für psychische Störungen, die mit der Qualität der Eltern-Kind-Beziehung zusammenhängen. Scheidung der Eltern, Verlust eines Elternteils, physischer und sexueller Missbrauch waren dabei die stärksten Prädiktoren für eine Fehlentwicklung (Loeber & Dishion, 1984; Olweus, 1984; Patterson & Stouthamer-Loeber, 1984; Loeber & Stouthamer-Loeber, 1986; Farrington, 1995; Rutter et al., 1998;

Pfeiffer et al., 1999; Heck & Walsh, 2000; Loeber et al., 2002, 2003; Moffitt et al., 2002; Moffitt, 2003). Risikofaktoren können dabei von sogenannten Schutzfaktoren gegenbalanciert werden, wie z. B. Intelligenz oder eine gute Beziehung zu einem Erwachsenen (Lösel & Bender, 2003).

Die Risiko- und Schutzfaktorenforschung wurde dafür kritisiert, dass sie relativ theoriefrei immer länger werdende Listen von Prädiktoren erstellt, die jedoch nur statistische Zusammenhänge darstellen und keine spezifischen kausalen äthiopathologischen Störungsmodelle ermöglichen (Rutter, 2003). In dem geforderten Sinne tritt die Mentalisierungstheorie an, um durch einen starken Theorierahmen das Wissen um bestehende Störungsmodelle psychischer Erkrankungen zu erweitern, indem kausale Entwicklungspfade beschrieben und Behandlungsansätze darauf aufgebaut werden, wie Kazdin (1997) dies für erfolgreiche Therapien gefordert hat (vgl. Kapitel 7). Im Rahmen des Mentalisierungsansatzes wird davon ausgegangen, dass der charakteristische Anstieg psychopathologischer Erscheinungen in der Adoleszenz teilweise mit einer mangelhaften Entwicklung der Mentalisierungsfunktion zusammenhängt (Fonagy et al., 2002). Erst in dieser Lebensphase werden Steuerungs- und Affektregulierungsprobleme aufgrund der veränderten Anforderung an die Selbststeuerung des Adoleszenten sichtbar, die ihren Ursprung jedoch bereits in der Kindheit haben. In der Kindheit werden diese Selbststeuerungsprobleme oftmals durch die Erwachsenen kompensiert, was in der Adoleszenz nicht mehr in gleicher Weise möglich ist (Fonagy & Target, 2004). Daher werden adoleszente Zusammenbrüche nicht nur als Ausdruck krisenhafter Identitätsfindung und phasentypischer Entwicklung angesehen, sondern auch als Folge einer früheren Entwicklungsstörung, die während der Kindheit verborgen war. Zusammengefasst werden psychische Störungen daher als Ausdruck eines Fehlens oder einer verzerrten Mentalisierungsfähigkeit betrachtet (Fonagy et al., 2002). Das folgende Kapitel stellt eine entwicklungspsychopathologische Perspektive auf das Scheitern von Mentalisierung ins Zentrum. Nach einer Einführung über frühe, teilweise subtile Abstimmungsprobleme in der Eltern-Kind-Beziehung und deren Folgen für die Entwicklung von Mentalisierung wird spezifisch auf Traumatisierungen und deren Folgen in Bindungsbeziehungen eingegangen.

## 4.1 Einschränkungen in der Entwicklung von Mentalisierung

Wie im zweiten Kapitel für die normale Entwicklung von Mentalisierung im Kontext einer ausreichend guten Eltern-Kind-Beziehung geschildert, spiegelt die Betreuungsperson den Affekt des Kindes im günstigen Fall kongruent und markiert wider. Dies setzt einerseits voraus, dass die Fürsorgeperson den Affekt des Kindes richtig erkannt hat (Kongruenz) und vom Affekt des Kindes nicht überwältigt wurde (Containment). Das hat den kurzfristigen Effekt, dass eine erfolgreiche interpersonale Affektregulierung stattfindet und das Kind sich der Exploration zuwenden kann. Langfristig entsteht so eine kognitive Repräsentation des Affektes im Kind durch das wiederholte Erleben eines akkuraten und affektregulierenden sozialen Biofeedbacks. In der Folge entsteht ein symbolisches Repräsentationssystem für mentale Zustände, durch das eigene Affekte erlebt und reflektiert werden können, sodass das Kind nicht mehr auf die Affektregulation durch andere angewiesen ist, sondern sich selbst regulieren kann (vgl. Kapitel 3). Da jedoch keine Spiegelung perfekt sein kann, sondern eben nur *gut genug*, verbleiben Lücken im Selbst, zu denen wir keinen Zugang finden können. Fonagy und Target (2003) nennen dies in Anknüpfung an Winnicott das fremde Selbst (alien self), welches bei intakter Mentalisierungsfähigkeit narrativ überbrückt werden kann. Alle nicht gespiegelten inneren Zustände des Kleinkinds erhalten den Status des Nichterlebbaren und können daher als die zentralen Bestandteile des von Freud konzipierten dynamischen Unbewussten bezeichnet werden. Sowohl bei den sexuellen als auch den aggressiven Impulsen misslingt die Spiegelung häufig auch unter guten Entwicklungsbedingungen, was die Autoren damit begründen, dass diese inneren Zustände einerseits zu chaotisch oder fragmentarisch sind, um gespiegelt zu werden bzw. im erwachsenen Gegenüber einen Widerwillen (vielleicht sogar biologischen Ursprungs) auslösen (vgl. Fonagy, 2008; Target, 2013). Somit bleiben besonders die aggressiven und sexuellen Zustände unverdaut und ohne symbolische Repräsentation.

Diese nicht-mentalisierten Zustände können potenziell die psychische Kohärenz bedrohen, auch wenn es aus Fonagys Sicht wenig wahrscheinlich ist, dass diese Inhalte unter genügend guten frühen

Bedingungen das Unbewusste verlassen. Target (2013) führt weiter aus, dass ein Nicht-Mentalisieren sexueller und aggressiver Inhalte von schützendem Charakter sei, was darüber hinaus ebenfalls für das sexuelle Lusterleben zentral sei. Anders ist es, wenn ein Kind mit traumatisierenden frühen Umwelten konfrontiert wurde, die dem Bewusstsein all jene psychischen Zustände zugänglich machen, die normalerweise unbewusst blieben. Ich möchte dies um einen weiteren Gedanken ergänzen: Gerade bei Patienten mit einer eher gehemmten Aggression, was typisch für die affektiven Erkrankungen bei besserem Strukturniveau ist, scheint mir, dass eine Verwechselung zwischen feindseliger und assertiv-selbstbehauptender Aggression vorliegt, was vermutlich auf eine nicht-kongruente Spiegelung zurückgeführt werden kann. Damit meine ich, dass Bindungsfiguren assertive Aggressionsäußerungen im Sinne von Exploration und Selbstbehauptung als feindselige Äußerungen fehlinterpretieren und entsprechend inkongruent spiegeln. Dies führt dann beim Subjekt zu einer Verwechselung von assertiver und feindseliger Aggression, sodass Impulse der Selbstbehauptung schnell als schambesetzt empfunden werden und daher eine Hemmung erfahren (Taubner, 2014b).

Der Erwerb der Mentalisierungsfähigkeit hängt somit entscheidend von der Qualität der frühen Affektregulierung und deren weiterer Ausdifferenzierung ab. Dazu bedarf es einer möglichst hohen Bindungssicherheit, die vermittelt durch eine mentalisierende Haltung der Bezugsperson die Entwicklung der Mentalisierung beim Kind in besonderer Weise unterstützt (Fonagy et al., 2002). Wenn die Bezugsperson jedoch vom Affekt des Säuglings überwältigt wird, den Affekt missinterpretiert oder eine gravierend inadäquate Betreuung oder sogar Missbrauch und Vernachlässigung vorliegen, so hat dies negative Konsequenzen für das Gelingen der Affektregulation, dem Ausbilden eines Respräsentanzensystems sowie der Mentalisierungsfähigkeit, was im Folgenden erläutert wird.

### 4.1.1 Die Folgen von misslingender Affektspiegelung

Unzulänglichkeiten der frühen Bezugspersonen, adäquat auf negative Affekte des Säuglings reagieren zu können, können einerseits auf deren Abwehrprozesse zurückgeführt werden, mit denen sie besonders auf negative Affekte reagieren (Fonagy et al., 1991). Andererseits stellt sich eine misslingende frühe Interaktion zumeist als interaktionelles Problem dar, wenn z. B. ein schwieriges kindliches Temperament auf eine dysfunktionale Familie trifft (Moffitt et al. 2002). Da der Säugling selbst noch nicht über reife Abwehrstrategien verfügt, wird er negative Affekte durch direktes Verhalten zu regulieren versuchen. Dabei stehen ihm nur rudimentäre Verhaltensprogramme zur Verfügung wie Vermeidung, Kämpfe, Einfrieren und selbstverletzendes Verhalten (Fraiberg et al., 1985).

Wenn sichere Bindung das Resultat eines erfolgreichen Affekt-Containments ist, entspricht eine unsichere Bindung einer Identifizierung des Säuglings mit dem Verhaltensresultat der Abwehr der Betreuungsperson (Fonagy et al., 2002). Abweichende Stile der Affektspiegelung können charakteristische pathologische Folgen nach sich ziehen. Es werden drei verschiedene Aspekte misslungener früher Affektregulation unterschieden, deren Charakteristika aus der komplexen Interaktion zwischen Säugling und den primären Bezugspersonen resultieren: 1) die fehlende Markierung des gespiegelten Affektes, 2) die inkongruente Spiegelung und 3) die fehlende Spiegelung.

*Fehlende Markierung* – Bezugspersonen, die mit einem schwierigen kindlichen Temperament konfrontiert sind und/oder die negativen Affektausdrücke des Kindes nicht tolerieren können, sondern von diesen überwältigt werden, spiegeln dem Säugling eine realistische und somit den Affekt verstärkende Version seines negativen Ausdrucks. Dies ist zum Beispiel dann der Fall, wenn eine Verzweiflung des Kindes auf eine akute oder unbearbeitete Verzweiflung der Bezugsperson trifft. Über den Mechanismus der Affektansteckung wird dann eine so starke Verzweiflung in der Bindungsperson ausgelöst, dass diese zwar in Resonanz mit dem Affekt des Kindes tritt, diesen jedoch nicht containen kann und das Kind in der Folge mit der ungebremsten Wucht des Verzweiflungsaffektes konfrontiert, z. B. das Kind unter Tränen anschreit. Die Folgen unmarkierter Affektspiegelungen sind, dass der Affekt nicht von der Betreuungsperson entkoppelt wird, sondern dieser selbst zugeschrieben wird. Es findet daher keine kognitive repräsentationale Verankerung des negativen Affekts beim Säugling statt. Ist dies die überwiegende Interaktionsform bei negativen Affekten, so führt dies in der Konsequenz zu Defiziten in der Selbstwahrnehmung und zur Affektkontrolle in Bezug auf diese Affekte. Gleichzeitig erfolgt durch den der Bezugsperson zugeschriebenen negativen Affekt eine Intensivierung des Affektes des Säuglings, sodass statt eines Containments eine kumulative Minitraumatisierung des Säuglings stattfindet (Fonagy et al., 2002). In der weiteren Entwicklung kann das Kind eine Art »Blindheit« gegenüber Markierungen entwickeln, die zu einer Verwechselung von Als-ob-Modus und Realität führen. Diese unmarkierte Spiegelung tritt insbesondere bei Müttern mit einer Borderline-Persönlichkeitsstörung auf, die häufig in ihrem Bindungsmuster als bindungsverstrickt klassifiziert werden (Patrick et al., 1994; Fonagy et al., 1996).

*Fehlende Kongruenz der Affektspiegelung* – Eine fehlende Kongruenz in der Affektspiegelung bedeutet, dass die Bezugsperson zwar markiert spiegelt, den Affekt des Säuglings aber missinterpretiert. Dies kann aufgrund einer Reaktivierung und projektiven Abwehr eigener ungelöster Konflikte geschehen oder wenn die Affektausdrücke des Kindes schwierig zu verstehen sind. Zum Beispiel könnte eine Mutter, die beruflich sehr angespannt ist und deshalb ein Schuldgefühl gegenüber ihrem Kind empfindet, eine lautstark geäußerte positive Erregung des Kindes aufgrund ihrer eigenen Anspannung missverstehen. Durch die Projektion ihres Schuldgefühls auf den Säugling, verwechselt die Mutter möglicherweise die libidinöse Erregung mit einer aggressiven Äußerung »Warum denkst du an die Arbeit, du sollst jetzt nur für mich da sein!« und spiegelt daraufhin den vermeintlich aggressiven Affektausdruck in markierter Weise. Es erfolgt durch die Markierung eine referenzielle Entkoppelung des inkongruenten Affektausdruckes von der Mutter. Der inkongruente Affekt wird vom Säugling aufgrund einer genügend hohen Kontingenz mit seinem tatsächlichen Gefühlszustand als sekundäre Repräsentanz verankert. Damit wird eine verzerrte sekundäre Repräsentanz des gespiegelten primären Affekts internalisiert, was zu einer verzerrten Wahrnehmung der eigenen Gefühlszustände führt. In der Folge können pathologisch verzerrte Selbstrepräsentanzen entstehen, die von Winnicott (1965) als »Falsches Selbst« beschrieben wurden.

*Fehlende frühe Affektspiegelung* – Eine fehlende frühe Affektspiegelung hat zur Folge, dass der Säugling keine sekundären Repräsentanzen seiner primären Affekte internalisieren kann. Somit bleibt der Zugang zu seinem Inneren undifferenziert. In der weiteren Entwicklung besteht die Tendenz zur Verwechselung zwischen mentalen Zuständen und Realität. Das Kind erreicht nicht die Integration des dualen Modus psychischen Funktionierens, sondern arretiert im Modus der psychischen Äquivalenz (Fonagy et al., 2002). Bezugspersonen von desorganisiert-gebundenen Kleinkindern reagieren auf kindlichen Distress häufig mit feindselig hilflosem, dissoziiertem, desorganisiertem, ängstlichem oder angsterregendem Verhalten mit dem Resultat, dass diese Kinder ihre eigenen Erregungszustände als Gefahrensignal erleben: sie riskieren, allein gelassen zu werden, und dies veranlasst sie automatisch zu teleologischem, nicht-mentalisierendem Funktionieren. Tronick (1978) konnte die Reaktion von Säuglingen auf ausbleibende affektive Reaktionen mit seinem »Still-Face«-Experiment untersuchen, bei dem eine Bindungspersonen in einer Face-to-Face-Interaktion mit einem Säugling angewiesen wird, für ca. eine Minute ein unbewegtes Gesicht zu machen. Die Videodokumentation des Experimentes konnte eindrucksvoll auf die Not und schließlich die Resignation von Säuglingen hinweisen, die dann entsteht, wenn die Bindungsperson nicht mehr affektiv zur Verfügung steht (Weinberg & Tronick, 1996). Längerfristiger dissoziativer Rückzug der Bindungsperson, wie er bei schwer traumatisierten und depressiven Müttern beobachtbar ist, wird mit einer dissoziativen Reaktion des Kindes beantwortet (Liotti, 2004). Der Säugling macht die Erfahrung, dass sein tatsächlicher innerer Zustand nicht erkannt wird, sein Affekt wird nicht reguliert und das Kind verinnerlicht das Bild seines Selbst als angsterregendes, monströses Etwas.

## 4.2 Abstimmungsprobleme zwischen Eltern und Kind in der Phase der Konsolidierung von Mentalisierung

Zur Veranschaulichung der Auswirkungen von Abstimmungsproblemen zwischen Eltern und Kindern auf die Entwicklung von Mentalisierung in späteren Lebensphasen werde ich aus der kinderanalytischen Behandlung eines siebenjährigen Mädchens berichten, die von ihren Eltern aufgrund von Schulverweigerung und drängenden suizidalen

Wünschen vorgestellt wurde. Hier zeigt sich, dass neben der frühen Affektregulierung die Begleitung des kindlichen Spiels und die Moderation zwischen Äquivalenz und Als-ob-Modus entscheidend von der Qualität der Eltern-Kind-Beziehung sowie den eigenen Mentalisierungsressourcen der Eltern abhängt.

> Die Eltern berichten im Erstgespräch, dass ihre Tochter Marta sehr leide und jeden Abend weine, weil sie nicht in die Schule gehen, sondern nur mit der Mutter zusammen sein wolle. Tagsüber führe sie oft Selbstgespräche und hüpfe dann monoton auf einer imaginären Linie entlang. Sie erscheine dann ganz selbstversunken ohne Kontakt zur Außenwelt und hüpfe bis zur völligen physischen Erschöpfung, was vermutlich als Versuch angesehen werden kann, diffuse Erregungszustände körperlich zu regulieren. Die Mutter berichtet unter Tränen, dass ihre Tochter manchmal sterben möchte, weil sie sich nutzlos, ungeliebt und fehl am Platze fühle. In solchen Momenten komme es vor, dass Marta die Mutter bitte, sie zu töten. Die Mutter wisse nicht, was sie falsch gemacht habe. Sie sei selbst in Therapie wegen ihrer eigenen schweren Kindheit und im Vergleich dazu hätte es Marta sehr gut. Auf meine Frage, ob die beiden eine Ahnung hätten, warum es Marta so schlecht gehe, berichtet die Mutter von einer schweren Krebserkrankung des Vaters, die diagnostiziert worden sei, als Marta drei Jahre alt war. Die Chemotherapie habe sich über zwei Jahre hingezogen, sei zwar erfolgreich verlaufen, habe die Familie aber sehr mitgenommen. Nach Genesung des Vaters sei dann die Mutter schwer depressiv geworden und in einer Psychosomatischen Klinik sechs Wochen stationär behandelt worden. Es wird deutlich, dass Marta in der Phase des Überganges zwischen dem dualen Modus des psychischen Erlebens und dem mentalisierenden Modus mit sehr ängstigenden Erfahrungen konfrontiert war, die eine spielerische Einstellung im Umgang mit Mentalem vermutlich stark eingeschränkt haben, da es tatsächlich um Leben oder Tod ging.
>
> Marta selbst wirkt bereits in den ersten Kontakten sehr diskrepant in ihrer Entwicklung, besonders Sprache und Emotionalität fallen stark auseinander. Einerseits redet sie sehr erwachsen und altklug, berichtet z. B. im Erstgespräch, dass sie empört sei,

dass ihre Mutter deren eigene schwere Misshandlungen durch die Großmutter mit ihr besprochen habe. Andererseits verwechselt sie ein erleichtertes Lachen der Eltern, dass ich kurzfristig einen Therapieplatz anbieten kann, mit einem Auslachen, sodass Marta im Befundgespräch plötzlich auf dem Boden liegt und weint. Trotz ihrer beeindruckenden Sprachfähigkeit, kann sie den emotionalen Gehalt dieser Situation nicht einschätzen. Wie sich immer wieder zeigen wird, ist sie in Beziehungskontexten sehr misstrauisch und vermutet sehr schnell Ablehnung und Entwertung, was sie häufig aggressiv beantwortet und damit Beziehungsteufelskreise herstellt, in denen sie tatsächlich abgelehnt wird.

Die Einleitungsphase der Therapie zeichnet sich vorrangig durch ein Quälen der Therapeutin aus. In Rollenspielen spielt sie die große Schwester, die mich als kleine Schwester in ein Verlies sperrt. Die Szene im Kerker ist zum Gruseln real, wenn sie mir beschreibt, wie Käfer über meine Haut laufen und es feucht und kalt ist. Meine Hilferufe im Spiel übers Handy an die Eltern werden von ihr höhnisch beantwortet. Ich fühle eine tiefe Verzweiflung, sinke nieder und möchte in meiner Wertlosigkeit nur noch sterben und bin froh, als die Stunde zu Ende ist. Besonders in dieser Stunde wird mir deutlich, wie belastend die psychische Realität von Marta ist, da die Linie zwischen dem Modus des Als-ob im Spiel und der psychischen Äquivalenz so brüchig ist. Darüber hinaus wird sie anscheinend immer wieder von einem vernichteten Alien Self bedrängt, dass sie in der Therapie an mir ausagieren kann, was sie sehr entlastet.

In den Gesprächen mit den Eltern wird deutlich, dass diese seit den schweren Erkrankungen die Leichtigkeit des Spiels und des Fantasierens verloren haben, wenn sie sie jemals hatten, da beide frühe zurückweisende und traumatisierende Erfahrungen in ihren Familien durchlebt haben. Alles ist bitterernst und wenn eine Schulhausaufgabe nicht klappt, entsteht in den Eltern eine Katastrophenstimmung dahingehend, dass das Kind am Leben scheitern wird. Manchmal eskalieren die Konflikte um die Hausaufgaben oder münden in Gleichgültigkeit, was beide als Muster ihrer eigenen Eltern erkennen.

Nach dem realen Tod des Großvaters kommt es bei Marta zu einer depressiven Dekompensation. Sie zieht sich in den Als-ob-Modus zurück und fixiert den Wunsch, nicht erwachsen zu werden (die Peter-Pan-Lösung), damit im Rahmen dieser magischen Lösung die Mutter nicht sterben wird und sie niemals allein sein muss. Die Patientin nutzt in dieser Phase der Therapie die Hängematte im Behandlungsraum als Regressionsangebot und sucht zunächst körperliche Grenzerfahrungen im wilden Schaukeln. Über einen langen Zeitraum dominiert ein Spiel die Sitzungen: Der Kapitän (Patientin) befindet sich in einem Boot (Hängematte) und das böse Meer (Therapeutin) versucht, sie aus dem Boot zu kippen, weil der Kapitän das Meer beleidigt hat. Ich schaukele sie bis zu meiner körperlichen Erschöpfung und manchmal tut ihr dabei der Rücken weh, aber sie fordert mich auf, immer weiterzumachen. Wenn ich aus Sorge um uns beide stoppe, also den Als-ob-Raum verlasse, droht sie mit dem Therapieabbruch, tritt mich und droht verzweifelt damit, mich »in echt« zu töten. Diese Phase ist für mich sehr aufwühlend, weil die Patientin ihre Ängste um die Schwersterkrankung des Vaters und den Kuraufenthalt der Mutter wieder durchlebt und mich in ihren Aufruhr psychisch und körperlich mitnimmt. Gleichzeit externalisiert sie das strafende und unbarmherzige Alien Self jetzt ganz auf die Therapeutin. Die Phase erreicht ihren Höhepunkt in einer Stunde, in der sie weinend ankommt und nicht zu beruhigen ist. Marta kann nichts benennen, nur dass sie nach der Stunde nicht zum Judo wolle. Ich schaukele sie sanft in der Hängematte, gebe ihr die Uhr und sie sagt mir schluchzend jede Minute der letzten Viertelstunde an. Im Wartebereich weint sie weiter. Ich rufe die Mutter an und verabrede mit ihr, dass Marta nach Hause darf und nicht zum Sport muss. Im Gegensatz zu den sonst trotzigen Tränen hatte ich das Gefühl, dass Marta erstmals seit langer Zeit in Kontakt mit ihren Verlustängsten ist. In der folgenden Stunde ist sie dann wie ausgewechselt, ganz strukturiert und gibt mir sogar die Hand zur Begrüßung.

Es entsteht eine Spielsequenz, in der sie Fragen zum Verhältnis von Als-ob und Realität stellt. Ihre neuen Erkenntnisse erfüllen

> sie mit großem Staunen und Vergnügen. Sie tut so, als ob sie zwischen den Griffen des Kickertisches eingeklemmt sei und als ich spielerisch darauf eingehe, löst sie auf, dass sie gar nicht eingeklemmt sei. Dann fragt sie: »Hast du das wirklich geglaubt, dass ich eingeklemmt oder traurig bin?« Und ich beantworte, dass ich zwar auf ihr Spiel eingegangen bin, es aber als Spiel erkannt habe. Die Differenzierung zwischen Realität und Als-ob eröffnet ihr eine neue Spieldimension. Sie entdeckt die Pistolen und nun sind wir für lange Zeit im Wilden Westen und ich werde immer wieder als böser Bandit erschossen. Sie spielt ein Mädchen, das nicht lange fackelt und schießt mir immer wieder ins Herz. »Könnte ich dich wirklich erschießen, dann müsste ich nicht mehr hierher kommen!« und nach einer Pause »Ich will dich aber nicht wirklich töten!« Durch das Tötungsspiel reduziert sich ihre Angst vor dem Tod. Ihre Eroberung des Als-ob-Raumes ermöglicht ihr Ironie, erstmals erzählt sie mir einen Witz (*Was haben Wolken, Geschwister und Ehemänner gemeinsam? Man freut sich, wenn sie sich verziehen …*).

In dem Fallbeispiel wird deutlich, dass Eltern ihre Kinder in eigene unbearbeitete traumatische Gefühle verstricken können, selbst wenn sie sich bewusst vorgenommen haben, bessere Eltern zu sein als die eigenen. Fraiberg (1985) hat dies mit dem Begriff der Gespenster in der Kindererziehung (ghosts in the nursery) bezeichnet. Martas Mutter hatte im Verlauf der Therapie die Fantasie, sie hätte ebenfalls eine Krebserkrankung (Hirntumor), was sich nach einer Untersuchung als nicht begründet herausstellte. Bevor sie sich der Untersuchung stellte, weinte sie nächtelang und versetzte die Kinder so in Todesängste. Es zeigt sich also, dass in der Phase der Integration von Äquivalenz und Als-ob-Modus einerseits die spielerische Einstellung der Eltern bedeutsam ist sowie die Fähigkeit, negative Affekte zu containen, um die Entwicklung von Mentalisierung zu ermöglichen. Wird eine Familie durch Schicksalsschläge belastet und kann die eigenen Mentalisierungsfähigkeiten nicht mehr zur Begleitung der schwierigen eigenen Gefühle und der Gefühle des Kindes nutzen, so erscheint eine professionelle Begleitung wie die einer analytischen Kindertherapie hilfreich zu sein, um das familiale Mentalisierungsklima wiederherzustellen.

## 4.3 Mentalisierungshemmungen und ein fragiles Selbst als Folge von Traumatisierungen im Bindungskontext

Dysfunktionale Bindungsbeziehungen können in eine fragile Selbstorganisation münden, was entscheidend von der Entwicklung der Mentalisierungsfähigkeit beeinflusst wird. Eine frühe misslungene Affektspiegelung im Kontext einer unsicheren bzw. desorganisierten Bindung stellt eine Vulnerabilität dar, die durch traumatisierende Erfahrungen in Bindungskontexten weiter verstärkt werden kann. Insbesondere bei der desorganisierten Bindung widersprechen sich das »primäre Selbst« des Kindes und die über die Bezugsperson internalisierten Selbstrepräsentanzen, da die primären Selbstzustände nicht akkurat gespiegelt werden, sondern die Bindungsperson das Kind in eigene Selbstzustände verstrickt. Unter diesen Umständen ist der Säugling gezwungen, die mütterlichen Repräsentationen als Kern seines Selbst zu internalisieren. Diese Strukturen bleiben jedoch fremd, da sie keine Verbindung zu ihm aufweisen (Fonagy & Target, 1995). Durch eine fehlende sensible Umwelt kann das Kind keine akkuraten sekundären Repräsentanzen seiner Selbstzustände internalisieren. Winnicott (1967) hat das treffend formuliert, dass das Kind in den Augen der Mutter nicht sich selbst, sondern nur die Mutter findet. Eine extreme Folge der Internalisierung der elterlichen Affektzustände kann die dauerhafte Entfremdung des Kindes von seinem eigenen emotionalen Erleben sein, da es seine Gefühlswelt nicht angemessen repräsentieren kann und sein Selbsterleben um den fremden Selbstanteil herum konstruiert, was im Falle schwerer Persönlichkeitsstörungen zu einer Entfremdung vom Kernselbst führt (Bleiberg, 1984). Damit bleiben die Affektzustände des Kindes seinem Bewusstsein unzugänglich, was subjektiv als Leere und Desorganisation erlebt wird. Die mentalen Repräsentanzen bilden zudem einen unerträglichen Fremdkörper im Selbst des Kindes, da sie nicht die kindlichen Selbstzustände, sondern die der Bezugsperson repräsentieren (vgl. Abbildung 9). Dies hat zur Folge, dass die »Re-externalisierung dieser Selbstanteile auf Bindungsfiguren zum Organisator des gesamten Bindungsverhaltens wird« (Fonagy et al., 2002, S. 64). Diese fremden Selbstanteile sind elterliche Missrepräsentationen der kindlichen Selbstzustände, die häufig feindselige Affekte beinhalten. In

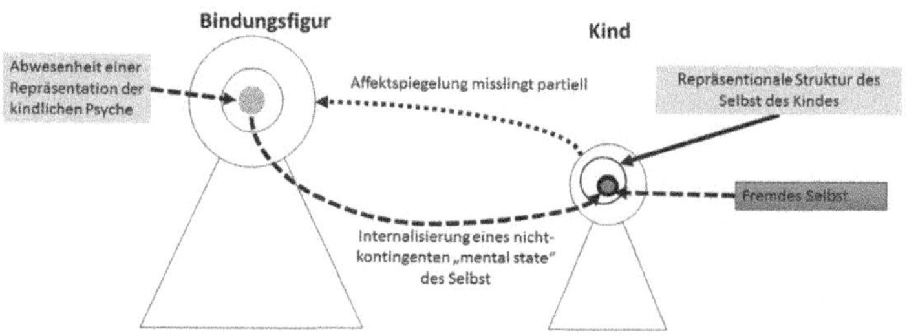


*Abbildung 9: Die Internalisierung fremder Selbstanteile in die repräsentationale Struktur des Kindes*

Stresssituationen oder anderen Situationen eines Zusammenbruchs reflexiver Funktionen kann es passieren, dass diese feindseligen fremden Selbstanteile die Psyche des betroffenen Individuums dominieren und zu einer Affektdysregulation beitragen. Besonders bei Selbstwertregulationsstörungen kann dies zu einem narzisstischen Zusammenbruch führen, welcher oftmals mit selbst- oder fremdverletzendem Verhalten einhergehen kann.

Die reife Mentalisierung kann eine Integration internalisierter fremder Selbstzustände in eine kohärente Selbststruktur ermöglichen. Es handelt sich hierbei um einen vorbewussten Prozess, der zwischen den eigenen Erfahrungen und Handlungen Zusammenhänge und psychische Bedeutungen herstellt. Mit der etablierten Fähigkeit zur Mentalisierung begreift das Kind z. B. feindseliges Verhalten seiner sozialen Umwelt nicht als Hinweis auf etwas Böses in ihm, da es die innerpsychischen Befindlichkeiten hinter diesem Verhalten verstehen kann. Kann es ein zurückweisendes Verhalten auf eine Depression der Mutter zurückführen, also auf ihren emotionalen Zustand, so kann sein Selbstbild unbeschädigt bleiben. Das fremde Selbst entwickelt sich vor allem dann pathologisch, wenn spätere Traumatisierungen es im Kontext von Abwehrprozessen aktivieren und die Entwicklung von Mentalisierung untergraben:

> »Das fremde Selbst ist vor allem dann perniziös, wenn spätere traumatische Erfahrungen in der Familie oder Peergruppe das Kind zwingen, sich von Schmerz zu dissoziieren, indem es das fremde Selbst zur Identifizie-

> rung mit dem Angreifer benutzt. In diesen Fällen werden die Lücken im Selbst vom Bild des Angreifers kolonisiert; das Kind nimmt sich selbst als destruktiv und, im Extremfall, als monströs wahr« (ebd., S. 20).

Der Keim des fremden Anderen ermöglicht zunächst die psychische Bewältigung des Traumas im Sinne eines psychischen Überlebens, was durch die Identifizierung mit dem mentalen Zustand des Peinigers gelingt, die dem Opfer ein Gefühl von Kontrolle über die Situation ermöglicht. So erstarkt der fremde Andere im Selbst und wird aufgrund des Fehlens der Reflexionsfunktion nicht erkannt. Das Bild des Angreifers behindert die Entwicklung und Konstanz eines kohärenten Selbstbildes und muss beständig externalisiert werden, weil es dem Selbst nicht entspricht und darüber hinaus verfolgend ist. Die dazu nötigen massiven und realitätsverstellenden Abwehrmechanismen dienen dem basalen Bedürfnis nach Selbstkontinuität. Aufgrund der Wirkmächtigkeit des oben beschrieben fremden Selbst (alien self) haben diese jungen Menschen allerdings eine übermächtige Erwartung, dass alle um sie herum ihnen Unrecht tun werden und sie selbst abgelehnt und am Ende immer verletzt werden.

Die Externalisierung fremder Selbstanteile, die dann im anderen gehasst, entwertet und bekämpft werden können, dient der Kohärenz des Selbst. Damit dies gelingt, muss der andere physisch anwesend sein. Selbstkohärenz wird somit über die Externalisierung fremder Selbstanteile illusionär erzeugt, womit aber das Potenzial einer wirklichen Beziehung verloren geht, weil der andere sich wie ein Selbstanteil verhalten muss (Bleiberg, 1994).

Misshandlungserfahrungen in Familien können die Entwicklung von Mentalisierung auf multiple Weise unterwandern. Zum einen ist die Misshandlung selbst vermutlich ein Ausdruck dessen, dass das misshandelnde Elternteil zumindest zeitweise nicht in der Lage ist, die Psyche des Kindes zu mentalisieren (Allen, 2013). Missbrauchende Eltern, die entweder aufgrund eines Nicht-Könnens oder Nicht-Wollens keinen Zugang zur kindlichen Erfahrungswelt finden, sind vermutlich eine Entmutigung, sich mit den psychischen Befindlichkeiten anderer und mit sich selbst auseinanderzusetzen. Damit unterwandern sie die Entwicklung von Mentalisierung ihrer Kinder (Fonagy & Luyten, 2009). Misshandlungen in Bindungskontexten können daher dazu führen, dass die Mentalisierungsfähigkeit eine generelle Hemmung erfährt (im Sinne eines Entwicklungsdefizits) oder aber nur fragmentarisch genutzt werden kann, um z. B. potenzielle Misshandlungssituationen vorherzusagen. Es ist gefährlich für das in der Entwicklung befindliche Selbst, den mentalen Zustand eines misshandelnden Anderen anzuerkennen, da dieser möglicherweise von Gefühlen wie starkem Hass oder mörderischer Lust geprägt ist. Das Kind müsste sich bei bewusster Wahrnehmung solcher Gefühle, sollte ein Elternteil der Aggressor sein, als wertlos und hassenswert empfinden und gleichzeitig seinen eigentlich fürsorglichen elterlichen Bindungspersonen eine Intentionalität im Sinne permanenter Gefahr zuschreiben. Daher könnte die Erfahrung von Missbrauch zu einer Art phobischen Vermeidung des Nachdenkens über emotionale Reaktionen führen, da die Individuen fürchten mit unerträglichen Gedanken und Gefühlen konfrontiert zu werden, die das Trauma aktivieren (Schwarz, 2002; Briere et al., 2010). Die Hemmung der Mentalisierung ist deshalb als ein adaptiver Bewältigungsversuch anzusehen, mit dessen Hilfe sich das Kind einem Nachdenken über die misshandelnde Bindungsperson verweigert. Durch die gehemmte Mentalisierung kann das Gefühl der Selbst-Urheberschaft von Handlungen ebenfalls stark beeinträchtigt sein. Dies kann zur Folge haben, dass die Bedeutsamkeit eigener Intentionen übertrieben zum Ausdruck gebracht werden muss (z. B. in Ungehorsam, Aggression), damit die Selbst-Urheberschaft behauptet wird (Fonagy et al., 2002).

Ein junger Mann berichtet im Bindungsinterview darüber, dass er aufgrund von schweren Misshandlungen im Alter von neun Jahren vom Jugendamt fremdplatziert worden sei. Zuvor hätte er mit seiner Mutter zusammengelebt, die ihr Kind bereits im Alter von acht Jahren manchmal bis zwei Uhr nachts auf die Straße schickte, damit sie sich in der Wohnung prostituieren konnte. Die Mutter hätte wechselnde Partner gehabt, die teilweise schwer körperlich missbräuchlich gegen das Kind vorgingen. Er berichtet, dass er viele Verletzungen an Armen und Beinen gehabt hätte, für die sich jedoch niemand interessiert hätte, z. B. Lehrer in der Schule. Die Interviewerin fragt, ob er heute Angst hätte, dass ihm das wieder passieren könnte, was er verneint. Er berichtet dann darüber, wie sich die Misshandlungen seiner Meinung nach auf seine Entwicklung ausgewirkt hätten: »Damals konnte ich mich nicht wehren, heutzutage wehre ich mich! Habe mich halt durchgeschlagen durchs Leben.« Er verdeutlicht, ohne dies reflektieren zu können, dass er die Rolle des Angreifers übernommen hat, um nicht selbst in Gefahr zu geraten und wieder zum Opfer zu werden. Hier wird deutlich, wie eine transgenerationale Weitergabe von Gewalttätigkeit funktioniert. Es ist dem jungen Mann nicht möglich, sich mit den massiven Vernachlässigungen und Misshandlungen seiner Kindheit auseinanderzusetzen. Statt den Schmerz darüber zu spüren und die damit verbundene Angst, schlägt er zu, bevor er geschlagen wird. Er berichtet von starken Aggressionsproblemen und hat eine Ahnung, dass dies keine dauerhafte Lösung sein kann, da er bereits aufgrund verübter Körperverletzungen vor Gericht gestanden hat. Er kann sich jedoch nicht mentalisierend damit auseinandersetzen, da er diese Fähigkeit zumindest während des gesamten eineinhalbstündigen Bindungsinterviews nicht zeigen konnte. Auch wenn er scheinbar Metaphorisches sagt, er habe sich »durchs Leben durchgeschlagen«, so scheint dies ganz konkret gemeint zu sein. Er ist in einer Welt des Verhaltens gefangen, wo es nur die Schläger und die Geschlagenen gibt.

Die Beeinträchtigung der Reflexionsfähigkeiten misshandelter Kinder wurde in zahlreichen Studien nachgewiesen (Schneider-Rosen & Cicchetti, 1991; Beeghly & Cicchetti, 1994) sowie eine verzögerte ToM-Entwicklung (Cicchetti et al., 2003; Pears & Fisher, 2005). Im Hinblick auf die Mentalisierungsfähigkeit konnten Taubner und Curth (2013) an einer Gemeindestichprobe von 97 Adoleszenten zeigen, dass Missbrauchserfahrungen (körperlich und sexuell) mit niedrigeren Werten auf der Reflective-Functioning-Scale einhergingen. Darüber hinaus wurde der Zusammenhang zwischen aggressivem Verhalten und traumatischen Erfahrungen durch die Mentalisierungsfähigkeit erklärt, d. h., dass Traumaerfahrungen nur dann mit erhöhter Aggression in Zusammenhang standen, wenn die Mentalisierungsfähigkeit niedrig war. Der Zusammenhang zwischen Traumatisierungen und niedriger Mentalisierungsfähigkeit in der Kindheit konnte durch eine aktuelle Studie an 96 Kindern weiter bestätigt werden (Ensink et al., 2014). Kinder mit missbräuchlichen sexuellen Erfahrungen hatten im Vergleich zu einer Kontrollgruppe signifikant niedrigere Werte auf der Child-Reflective-Functioning-Scale. Darüber hinaus hatten diejenigen mit innerfamiliären sexuellen Missbrauchserfahrungen signifikant niedrigere Ausprägungen als Kinder mit außerfamiliären Missbrauchserfahrungen.

Das Kind, dem ständig Traumatisierungen drohen, muss die äußere Welt und die von ihr ausgehenden Gefahren so konzentriert beobachten, dass die Etablierung der Vorstellung eines eigenen lebhaften und komplexen inneren psychischen Raumes ausbleibt. Zwar erforscht das chronisch misshandelte Kind die innerpsychischen Befindlichkeiten seiner Bindungsfigur, jedoch nicht, um sich selbst zu ergründen, sondern um Bedrohungen des eigenen Selbst abwenden zu können. Es entsteht daher eine Diskrepanz zwischen der Mentalisierungsfähigkeit bezüglich der Bezugsperson und dem eigenen Selbst, die sich als Fragmentierung des dynamischen Systems der Mentalisierung begreifen lässt. Spätere intime Beziehungen aktivieren die primären Beziehungsrepräsentanzen, die von nicht-reflektierenden inneren Arbeitsmodellen beherrscht werden. Dies ist gleichbedeutend mit einer Regression auf prämentalisierende Funktionsmodi (Fonagy et al., 2002). Als Folge können innerpsychische Befindlichkeiten nur vage und schematisch verwendet werden, was eine potenzielle Verwundbarkeit in intimen Beziehungen bedeutet. Eine Bewältigung der traumatischen Affekte würde jedoch genau die Mentalisierungsfähigkeiten erfordern, die die Person nicht entwickeln konnte:

> »Das missbrauchte oder traumatisierte Kind, das sich der mentalen Welt entzieht oder in sie verstrickt ist, erwirbt niemals eine angemessene Kontrolle über die repräsentationale Welt der inneren Arbeitsmodelle. Häufig entwickeln sich Beziehungsmodelle, die keine Hilfe darstellen; die innere Welt des Kindes und Erwachsenen wird vom negativen Affekt beherrscht. Gefangen in einem Teufelskreis aus paranoider Angst und exzessiven Abwehrmanövern, verstrickt sich das Individuum unentwirrbar in eine innere Welt, die von gefährlichen, bösen, gedanken- und seelenlosen Objekten beherrscht wird. Es hat sich von ebenjenem Prozess abgekoppelt, der es aus seinem Dilemma befreien könnte – von der Fähigkeit, darüber nachzudenken, weshalb Menschen bestimmte Dinge tun und was in ihnen vorgeht« (ebd., S. 479).

Daher erscheint es sinnvoll, Mentalisierung in diesen Fällen zunächst gezielt zu fördern, bevor an den Inhalten der Repräsentanzen oder einsichtsorientiert gearbeitet werden kann, was in Kapitel 6 und 7 weiter ausgeführt werden wird.

# 5. Mentalisierungseinschränkungen bei spezifischen psychischen Störungen

Im folgenden Kapitel werden die Borderline-Persönlichkeitsstörung, die Störung des Sozialverhaltens sowie die Depression und Panikstörung in Bezug auf deren Zusammenhänge zu Einschränkungen der Mentalisierungsfähigkeit beschrieben. Dabei liegt der Schwerpunkt auf einer Darstellung der empirischen klinischen Studien zur Mentalisierung der genannten psychischen Störungen sowie daraus abgeleiteter Störungsmodelle, die auf der Mentalisierungstheorie basieren. Den Abschluss jedes Abschnitts bildet eine Zusammenstellung der Änderungen von Mentalisierungsfähigkeiten nach einer Psychotherapie im Hinblick auf die behandelten Erkrankungen. Hierbei findet eine Beschränkung der Darstellung auf diejenigen Untersuchungen statt, die Mentalisierung als Reflective Functioning (RF) als Veränderungsvariable eingesetzt haben. Eine breitere Diskussion von RF als Schlüsselfaktor psychischer Veränderung im Sinne einer Moderator- oder Mediatorvariable findet im nachfolgenden Kapitel 6 statt.

Die bisherige empirische Forschung zeigt, dass Menschen mit gewalttätigem Verhalten (z. B. in Verbindung mit einer antisozialen Persönlichkeitsstörung oder einer Störung des Sozialverhaltens) besondere Beeinträchtigungen der Reflexionsfunktion aufweisen. Auch Patienten mit einer Borderline-Persönlichkeitsstörung weisen geringe oder verzerrte Mentalisierungsfähigkeiten auf. Dahingehend scheinen affektive Erkrankungen wie Depression und Panikstörungen eher mit symptombezogenen Einschränkungen der Mentalisierung einherzugehen und nicht mit einer generellen Hemmung der Fähigkeit, über sich und andere in affektiven Bindungsbeziehungen nachzudenken. Es liegen darüber hinaus auch erste Studien zur Bedeutung von Mentalisierung bei Psychosen, Essstörungen, Posttraumatischer Belastungsstörung, Autismus und Abhängigkeitserkrankungen vor, die in diesem Kapitel jedoch nicht vertieft werden, da bei ihnen entweder noch keine ausgearbeiteten Störungsmodelle in Bezug auf die Rolle der Mentalisierung vorliegen und/oder die hierfür vorliegenden störungsspezifischen therapeutischen Ansätze bislang nicht auf Mentalisierung fokussieren. Eine Zusammenstellung der klinischen Forschung mit der Reflective-Functioning-Scale findet sich in einem aktuellen systematischen Review von Katznelson (2014).

## 5.1 Mentalisierung und Borderline-Persönlichkeitsstörung

Laut dem *Diagnostic and Statistical Manual for Mental Disorders* der Amerikanischen Psychiatrischen Vereinigung (DSM-5) (American Psychiatric Association, 2013) zeichnet sich die Borderline-Persönlichkeitsstörung (BPS) durch ein tiefgreifendes Muster von Instabilität aus, das sowohl in zwischenmenschlichen Beziehungen, im Selbstbild und in den Affekten wirksam wird. Mindestens fünf der folgenden Kriterien müssen für die Diagnose einer BPS erfüllt sein:

1. verzweifeltes Bemühen, tatsächliches oder vermutetes Verlassenwerden zu vermeiden,
2. instabile, aber intensive Beziehungen mit Wechseln zwischen Idealisierung und Entwertung,
3. Identitätsstörung, d.h., Selbstbild und/oder Selbstwahrnehmung sind instabil,
4. Impulsivität (z.B. Geldausgeben, Sexualität, Drogen),
5. Suizidalität und/oder Selbstverletzungen,
6. affektive Instabilität infolge ausgeprägter Reaktivität der Stimmungen,
7. chronische Gefühle von Leere,
8. unangemessene, heftige Wut und/oder Schwierigkeiten, Wut zu kontrollieren, sowie

9. vorübergehende paranoide Vorstellungen und/oder dissoziative Symptome.

Patienten mit einer BPS weisen in Studien, die narrativ-orientierte Forschungsinstrumente nutzen, häufig desorgansierte Bindungsmuster auf. Wenn Selbstberichtsinstrumente genutzt werden, die die Kategorie der Desorganisation nicht erfassen können, so dominieren unsichere, besonders ängstliche Bindungsstile (Levy, 2005). In Bezug auf ätiologische Faktoren zeigt sich, dass problematisches frühes Betreuungsverhalten (z. B. Vernachlässigung und aversives Verhalten) der stärkste prospektive Prädiktor für die Entwicklung von BPS (Johnson et al., 2006) sowie für eine bereits früh gestörte Mutter-Säuglingskommunikation ist (Lyons-Ruth et al., 2005). Kritische Lebensereignisse, die bei BPS-Patienten retrospektiv erfasst werden, betreffen oftmals Traumatisierungen im Bindungskontext wie frühe Trennungen, der Verlust eines Elternteils und Missbrauchserfahrungen (Yen et al., 2002; Levy, 2005).

### 5.1.1 Empirische Ergebnisse zur Borderline-Persönlichkeitsstörung und Mentalisierung

Empirisch konnte gezeigt werden, dass Patienten mit BPS tatsächlich signifikant niedrigere Mentalisierungsfähigkeiten im Vergleich zu nicht-klinischen Stichproben aufweisen (Fonagy et al., 1996; Levy et al., 2006; Fischer-Kern et al., 2010). Kontrollgruppenstudien mit BPS-Patienten und nicht-klinischen Stichproben konnten belegen, dass RF unabhängig von Geschlecht, Alter, Ethnie und Intelligenz ist (Levy et al., 2006). Die Autoren schlussfolgern, dass die für BPS typischen Probleme im Bereich der Impulsivität und Affektinstabilität mit niedrigen Mentalisierungsfähigkeiten zusammenhängen könnten. In der Cassel-Hospital-Studie (Fonagy et al., 1996) wurde RF bei nicht-psychotischen Patienten mit verschiedenen Achse-I- und Achse-II-Störungen des DSM-IV im Vergleich zu einer nicht-psychiatrischen Kontrollgruppe untersucht. Die gesamte psychiatrische Gruppe erreichte einen RF-Wert von 3,7 ($SD$=1.8) im Vergleich zu einem RF-Wert von 5,2 ($SD$=1.5) in der Kontrollgruppe. Die Studie konnte darüber hinaus zeigen, dass Patienten mit einer Achse-I-Störung höhere Mentalisierungsfähigkeiten aufwiesen als Patienten mit Persönlichkeitsstörungen mit Ausnahme von essgestörten Patienten, deren RF fast so gering war wie die der BPS-Patienten. Die niedrigste RF in der psychiatrischen Stichprobe wies die Gruppe der Patienten mit BPS auf. Der RF-Wert lag hier bei 2,7 (*SD*=1.69). Fischer-Kern und Kollegen (2010) berichteten über 92 Patientinnen mit BPS, die sowohl im Hinblick auf RF, die Anzahl an DSM-IV-Diagnosen als auch die Persönlichkeitsorganisation mit dem Strukturierten Interview zur Persönlichkeitsorganisation (STIPO) (Clarkin et al., 2004) untersucht wurden. Es zeigten sich korrelative Zusammenhänge zwischen der Persönlichkeitsorganisation und RF. Darüber hinaus konnte die Studie die Mentalisierungsdefizite bei Borderline-Erkrankung erneut bestätigen, im Schnitt erreichten die Patienten einen RF-Wert von 2,7 (*SD*=1.2).

Allerdings stellten niedrige RF-Werte für sich genommen keinen Prädiktor für Borderline-Persönlichkeitsstörung dar; in Kombination mit traumatischen Erfahrungen erwies sich RF jedoch als hoch prädiktiv (Fonagy et al., 1996). In einer aktuellen Studie an 122 Patienten mit einer Persönlichkeitsstörung im Vergleich zu 122 Gesunden zeigte sich, dass der Zusammenhang zwischen frühen aversiven Erfahrungen und einer späteren Persönlichkeitsstörung im Sinne einer partiellen Mediation teilweise über die Mentalisierungsfähigkeiten erklärt werden kann (Chiesa & Fonagy, 2014). Das bedeutet, dass frühe Traumatisierungen nur dann zu einer Persönlichkeitsstörung führen, wenn gleichzeitig die Reflexionsfähigkeit eingeschränkt ist. Wie beschrieben, ist die Wahrscheinlichkeit für eine Inhibierung der Reflexionsfunktion oder eine verzerrte Mentalisierung in desorganisierten Bindungsbeziehungen besonders hoch. Dies konnte im Rahmen der Studie ebenfalls gezeigt werden. Der Grad der frühen Traumatisierung hatte eine signifikante Auswirkung auf die Ausprägung der Mentalisierungsfähigkeiten: Die Personen ohne frühe Traumatisierungen erreichten die höchsten Werte auf der Reflective-Functioning-Scale, die Personen mit Vernachlässigungs- oder Missbrauchserfahrungen erzielten niedrigere Werte und Personen mit Missbrauchs- und Vernachlässigungserlebnissen in der Kindheit hatten die niedrigsten Mentalisierungsausprägungen (ebd.).

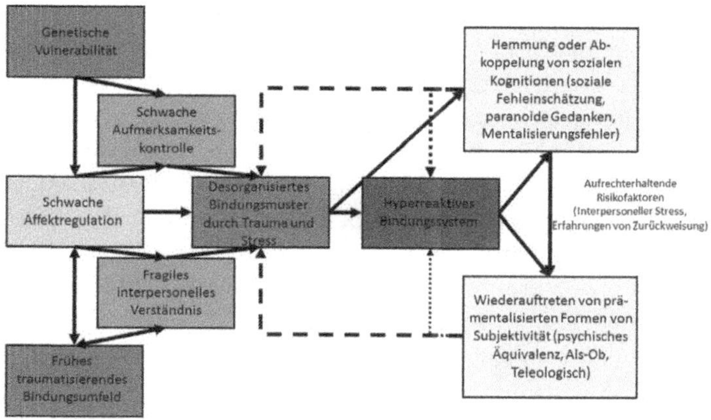


*Abbildung 10: Störungsmodell der BPS unter Berücksichtigung von Mentalisierung und Bindung*

## 5.1.2 Mentalisierungsbasiertes Störungsmodell der Borderline-Persönlichkeitsstörung

In ihrem Störungsmodell von BPS gehen Allen und Kollegen (2011) von einer transaktionalen Dynamik in Bindungsbeziehungen aus, d. h. einer Wechselwirkung zwischen Eltern und Kindern, zwischen sozialer Erfahrung und biologischen Strukturen, die im Rahmen einer komplexen Verursachungskaskade die Entstehung von BPS zu verstehen hilft (vgl. Abbildung 10). Zentral wird dabei die Rolle der Mentalisierung gesehen, die entwicklungsbedingt als defizitär betrachtet wird: Durch eine Wechselwirkung zwischen unsicherer bzw. desorganisierter Bindung und dem Erleben früher Traumatisierungen im Bindungskontext können Mentalisierungsdefizite als Ergebnis von Abwehr- und Adaptationsprozessen von traumatischen Affekten und invalidierenden Lebenswelten gesehen werden (Fonagy et al., 1997, 2007, 2011b). In der Adoleszenz und im Erwachsenenalter treffen die eingeschränkten mentalen Strukturen auf zunehmend komplexere Anforderungen, die das Individuum überfordern. Aufgrund eines hyperreaktiven Bindungssystems in Verbindung mit der Neigung, auf prämentalisierende Denkmodi zu regredieren (Mikulincer & Shaver, 2007), sind insbesondere nahe

Beziehungen bei BPS belastet und erzeugen Beziehungsteufelskreise mit einem hohen Level an interpersonellem Stress sowie befürchteten und eintretenden Zurückweisungserfahrungen. Allen und Kollegen (2011) nutzen zur Beschreibung des Zusammenspiels eingeschränkter psychischer Funktionen mit den altersadäquaten sozialen Anforderungen die folgende Metapher: BPS-Patienten sind wie ein 330-PS-Motor in einem Pappkartonauto. Der Pappkarton steht für die niedrigen Mentalisierungsfähigkeiten, die Impulse und Affekte nicht halten können. Die Mentalisierungstheorie und darauf aufbauende Therapieansätze fokussieren daher insbesondere die Fähigkeit, in Beziehungen reflektieren zu können, damit es BPS-Patienten möglich wird, erfüllende Beziehungen zu führen.

Wie bereits einleitend ausgeführt, führen Misshandlungen oder dissoziatives Verhalten der Eltern nicht nur zu Mentalisierungshemmungen, sondern stellen ebenfalls die Grundlage für die Entwicklung einer dysfunktionalen Theorie des Mentalen dar, wie sie für BPS typisch ist. In desorganisierenden Bindungskontexten signalisieren Betreuungspersonen oftmals widersprüchliche mentale Einstellungen zum Kind, z. B. missbrauchend vs. fürsorglich, und zeigen sich widersprüchlich im Vergleich zwischen privatem und öffentlichem Raum, um z. B. missbräuchliches Verhalten zu verbergen. Daher ist es für ein Kind in solchen Bindungskontexten ungleich schwerer, das Verhalten der Bezugspersonen mentalisierend vorherzusehen. Die permanente Angst vor erneuten Traumatisierungen und damit verbundene Hilflosigkeits- und Ohnmachtsgefühle können auf die Weise bewältigt werden, dass die Identität der misshandelnden Person in getrennte innere Welten mit jeweils widerspruchsfreien Intentionen (verfolgend vs. idealisiert gutartig) aufgespalten wird. So bleibt das Prinzip der mentalen Kohärenz innerhalb der aufgespaltenen Identitäten gewahrt, jedoch auf Kosten der Verzerrung der sozialen Realität. Die Spaltung wird im Gegensatz zu objektbeziehungstheoretischen Ansätzen innerhalb der psychoanalytischen Theoriebildung (vgl. z. B. Kernberg, 1984) als pathologisches Muster der Selbstentwicklung betrachtet und nicht als normale Entwicklungsphase, die das Scheitern der Integration generalisierter Zuschreibungen von Intentionen der Bezugspersonen darstellt (Fonagy et al., 2002 Gergely, 2000). Die Aufspaltung der Objektbilder geht darüber hinaus mit unrealistischen Selbstzuschreibungen einher, die als Rationalisierungen von Misshandlung und Vernachlässigung eingesetzt werden können (Cicchetti & Toth, 1994; Fonagy & Target, 1994; Allen, 1995; 2001).

### 5.1.3 Veränderungen der Mentalisierung durch Psychotherapie bei der Borderline-Persönlichkeitsstörung

Bislang liegen drei Psychotherapiestudien vor, die die Veränderungen von RF bei BPS vor und nach einer Psychotherapie untersucht haben (Fischer-Kern et al., im Review; Levy et al., 2006; Vermote et al., 2010). Levy und Kollegen (2006) verglichen die Effekte von übertragungsfokussierter Psychotherapie mit dialektisch-behavioraler und supportiver Psychotherapie in einer Stichprobe von insgesamt 90 BPS-Patienten. Dabei zeigte sich nach einem Jahr Behandlung, dass nur die Patienten der übertragungsfokussierten Psychotherapie eine Verbesserung der RF von durchschnittlich 2,86 auf 4,11 erreichten, was einer großen Effektstärke entspricht ($d$=0,98), während sich die durchschnittliche RF in den beiden anderen Therapieformen nicht signifikant veränderte (ebd.). Dieses Ergebnis konnte kürzlich in einer Studie an 104 BPS-Patienten repliziert werden, bei der die übertragungsfokussierte Psychotherapie mit einer nicht-manualisierten Psychotherapie durch erfahrene niedergelassene Psychotherapeuten verglichen wurde (Döring et al. 2010). Auch in dieser Studie zeigte sich, dass nach einem Jahr Behandlung nur bei den Patienten, die eine übertragungsfokussierte Psychotherapie erhielten, eine Verbesserung der durchschnittlichen RF von 2,77 auf 3,17 messbar war, was einem kleinen bis mittleren Effekt entspricht ($d$=0,34). In der Vergleichsgruppe zeigte sich für die Veränderung von RF ein Nulleffekt (Fischer-Kern et al., im Druck). In einer weiteren Studie an einer gemischten Stichprobe mit 44 Patienten mit Persönlichkeitsstörungen, von denen 73% dem Cluster B des DSM-IV angehörten, zeigte sich nach einem zwölfmonatigen psychodynamisch orientierten stationären und tagesklinischen Therapieprogramm keine Veränderung der RF (Vermote et al., 2010).

Die Ergebnisse verdeutlichen, dass es möglich ist, die Mentalisierungsfähigkeiten von BPS-Patienten in spezifischen Therapiesettings von einer niedrigen RF in den Bereich einer durchschnittlichen RF zu steigern. Es zeigt sich aber auch, dass nicht alle Psychotherapierichtungen bereits nach zwölf Monaten eine Steigerung der RF erwirken und dass die übertragungsfokussierte Psychotherapie besonders geeignet erscheint, um RF bei BPS zu steigern, was aber in weiteren Replikationsstudien bestätigt werden müsste. Besonders interessant wäre dabei ein Vergleich zwischen der übertragungsfokussierten Psychotherapie und Therapieformen, die explizit die Steigerung von Mentalisierung anstreben, wie z. B. die Mentalisierungsbasierte Therapie (MBT).

## 5.2 Störung des Sozialverhaltens und Mentalisierung

Externalisierende Verhaltensweisen umfassen aggressives, oppositionell-trotziges und hyperaktives Verhalten (Achenbach, 1982), wobei auch antisoziales und gewalttätiges Verhalten miteinbezogen wird. Im DSM-IV werden externalisierende Verhaltensweisen nach Intensität und Art getrennt klassifiziert, z. B. dem Anteil an zerstörerischer Aggression. Weniger schwerwiegende externalisierende Symptome werden als Störung mit oppositionellem Trotzverhalten bezeichnet, während gewalttätiges Verhalten gegenüber Menschen oder Tieren verbunden mit zerstörerischen Handlungen gegenüber fremdem Eigentum als Störung des Sozialverhaltens (SSV) klassifiziert wird (Sass et al., 2003). Die SSV ist in Kindheit und Jugend weit verbreitet, die Prävalenz liegt bei 5–10%, wobei Jungen höher belastet sind als Mädchen (Angold & Costello, 2001). Besonders bei einem frühen Einsetzen dieser Störung kann es in der Folge zu chronisch-antisozialem Verhalten sowie verschiedenen anderen gesundheitlichen Problemen kommen (Moffitt et al., 2002).

Es werden sowohl genetische als auch umweltbezogene Ursachen für gewalttätig-aggressives Verhalten diskutiert. Als umweltbezogene Ursachen werden häufig elterliche Feindseligkeit, Misshandlung und Gewalt bezeichnet (Jaffee et al., 2005). Defizite in der Emotionserkennung und der Verarbeitung von Angst in sozialen Kontexten werden von einigen Autoren als Risikofaktoren für Steuerungsprobleme in der Kindheit und Jugend angesehen, die nicht durch Umweltfaktoren erklärt werden können (Hill et al., 2008). Daher werden unterschiedliche

Entwicklungswege bei der SSV konzeptualisiert: Ein Verlauf beinhaltet verstärkte Wut und reaktive Aggression, während ein anderer mit Furchtlosigkeit und instrumentell-proaktiver Aggression einhergeht. Besonders im angloamerikanischen Diskurs wird für die letztere Gruppe der Begriff der Psychopathie nach Checkley (1941) genutzt, wobei in Bezug auf Kinder und Jugendliche von psychopathischen Tendenzen oder dauerhafter Gefühllosigkeit (callous unemotional traits) gesprochen wird. Der Aspekt der überdauernden Gefühllosigkeit wird als differenzialdiagnostisch bedeutsam für die Prognose und Behandlungsempfänglichkeit von SSV eingeschätzt und wurde daher in die Überarbeitung des DSM-5 als Spezialfall aufgenommen (American Psychiatric Association, 2013).

### 5.2.1 Empirische Ergebnisse zu Mentalisierung und Störung des Sozialverhaltens

Aggressiv-gewalttätiges Verhalten wird mit jeweils unterschiedlichen Verzerrungen der sozialen Kognition in Verbindung gebracht (vgl. die Übersicht von Sharp et al., 2007). Nach dem Modell der sozialen Informationsverarbeitung verläuft die Verarbeitung einer sozialen Interaktion intrapsychisch auf den folgenden voneinander abhängenden Stufen (Crick & Dodge, 1994, vgl. Abbildung 11): Soziale Schlüsselreize werden kodiert und interpretiert, nach einer inneren Zielklärung wird eine Antwort auf den Reiz im Hinblick auf deren Wirkung evaluiert und dann ausgewählt. Die Informationsverarbeitung der verschiedenen Stufen findet vorrangig außerhalb des Bewusstseins statt und geht in Echtzeit sehr schnell vonstatten. Das Individuum greift während der Verarbeitung einer sozialen Interaktion auf eine Wissensbasis zu, die als eine Sammlung relationaler Schemata (M. W. Baldwin, 1992) oder Arbeitsmodelle von Bindung (Bowlby, 1969) bezeichnet werden kann. Die Forschung zum Modell der sozialen Informationsverarbeitung belegt, dass bei Kindern und Jugendlichen mit aggressiv-dissozialem Verhalten für jede Stufe der Informationsverarbeitung Defizite existieren (Yoon et al., 1999). Verzerrungen der sozialen Informationsverarbeitung hinsichtlich der Interpretation der sozialen Signale scheinen vorrangig auf die Gruppe der reaktiv Aggressiven zuzutreffen und werden mit umweltbezogenen Problemen wie z. B. dysfunktionalem Elternverhalten in Verbindung gebracht (Dodge & Coie, 1987). Aversive Bindungserfahrungen können die Entwicklung einer angemessenen inneren Wissensbasis mitmenschlicher Interaktion unterbrechen und zu einer defizitären sozialen Informationsverarbeitung beitragen (McKeough et al., 1994). Verinnerlichte aversive Beziehungserfahrungen wirken dabei als Schemata mit einem feindseligen Inhalt, die bei aggressiven Kindern dazu führen, dass sie im Vergleich zu nicht-aggressiven Kindern stärker auf aggressive Schlüsselreize ihrer sozialen Umwelt fokussieren (Gouze, 1987). Zugleich unterstellen sie anderen Personen, besonders in sozial ambivalenten Situationen, feindselige Absichten (Castro et al., 2002) und reagieren emotional dysreguliert auf den vermeintlichen Angriff (Card & Little, 2006). In diesem Sinne ist eine aggressive Handlung eine Antwort auf eine wahrgenommene Bedrohung. Physischer Missbrauch wird dabei als eine Ursache der falschen Feindseligkeitsattribuierung (hostile attribution bias) von Kindern und Jugendlichen mit Steuerungsproblemen bezeichnet (Castro et al., 2002). Bei proaktiv aggressiven Kindern und Jugendlichen wurde eine fälschliche Feindseligkeitsattribuierung nicht gefunden (Frick et al., 2003). Bei dieser Gruppe werden soziale Informationen also nicht defizitär kodiert, sondern es liegen Anomalien auf den Stufen der Zielevaluation im Sinne der Akzeptanz aggressiver Strategien vor (Mize & Pettit, 2008).

Die Ergebnisse zur sozialen Informationsverarbeitung stehen teilweise im Widerspruch zu den Erkenntnissen der ToM-Forschung, da kein eindeutiger Zusammenhang zwischen ToM und sozialer Kompetenz gefunden werden konnte (Hughes & Ensor, 2008). In einigen Studien schnitten antisoziale Kinder in ToM-Tests sogar besser ab als ihre gleichaltrigen Peers (Sutton et al., 1999). Hierbei ist es jedoch wichtig, die verschiedenen Untergruppen aggressiven Verhaltens, reaktiv und proaktiv aggressiv, getrennt zu betrachten. So zeigen Kinder mit SSV zwar keine Einschränkungen bei standardisierten »False-Belief«-Tests, aber eingeschränkte soziale Perspektiven auf ihren Alltag, was von den Autoren als intakte, aber verzerrte ToM bzw. als »theory of nasty minds« interpretiert wird (Happé & Frith, 1996). Sharp und Kollegen (2007) konnten darüber hinaus zeigen, dass Grundschulkinder mit externalisierenden Verhaltensproblemen eine verzerrte

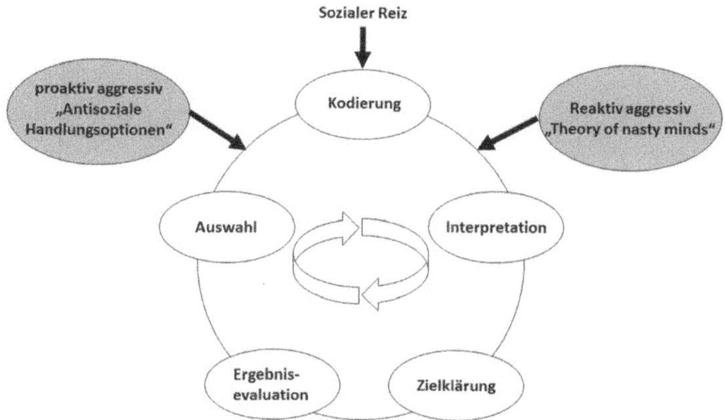


*Abbildung 11: Soziale Informationsverarbeitung im Hinblick auf reaktive und proaktive Aggression*

Mentalisierungskompetenz hinsichtlich ihres Selbstbildes aufweisen, da sie annehmen, von anderen übertrieben positiv gesehen zu werden. In Zwillingsstudien konnte inzwischen belegt werden, dass ToM-Fähigkeiten nur sehr wenig über genetische Zusammenhänge erklärt werden können, sondern vorrangig umweltbezogene Ursprünge haben. Hughes und Ensor (2006) konnten zeigen, dass die ToM-Entwicklung bei Kleinkindern, deren Eltern sich harsch verhalten, verzögert ist, was spätere Verhaltensprobleme vorhersagte.

Für die Untergruppe der instrumentell Aggressiven konnten Blair und Kollegen (1996) in Bezug auf Erwachsene belegen, dass die Fähigkeit, sich in die Handlungsabsichten und das Erleben anderer hineinzuversetzen, nicht von einer affektiven Reaktion begleitet ist. Sowohl Erwachsene mit Psychopathie als auch Kinder mit psychopathischen Tendenzen können mimische Ausdrücke von Angst schlechter erkennen als Kontrollgruppen (Blair & Coles, 2000). Bei Erwachsenen mit Psychopathie konnte in funktionellen Bildgebungsstudien eine verminderte Aktivierung der Amygdala festgestellt werden, was als Beleg für eine empathische Dysfunktion interpretiert wird (Blair, 2006). Dies bedeutet, dass die ToM-Fähigkeit eines Individuums mit Psychopathie von seinen empathischen Fähigkeiten abgetrennt sein könnte (Allen et al. 2008). Wenn Gefühle anderer nicht geteilt werden, vor allem Angst- und Schmerzempfindungen eines Gegenübers, so kann die Hemmung, Andere zu verletzen, stark vermindert sein. Eine Dysfunktion der Amygdala wird darüber hinaus als ursächlich für die generelle Furchtlosigkeit bei Personen mit psychopathischen Tendenzen angesehen (Frick, 2006). Besonders bei proaktiv aggressiven oder psychopathischen Personen wird, im Gegensatz zu reaktiv Aggressiven, ein stärkerer genetischer Beitrag als ursächlich angesehen (Viding et al., 2005).

Der Zusammenhang zwischen aggressivem Verhalten vor dem Hintergrund unsicherer Bindung und niedriger Mentalisierungsfähigkeit konnte in einigen Studien bereits bestätigt werden (Fossati et al., 2009; Taubner & Curth, 2013). In einer Gemeindestichprobe von 97 Adoleszenten zeigte sich, dass der Zusammenhang zwischen körperlichen oder sexuellen Missbrauchserfahrungen in der Kindheit und aggressivem Verhalten in der Jugend vollständig über die Ausprägung der Mentalisierung erklärt werden konnte (Taubner & Curth, 2013). Das Ergebnis verweist darauf, dass früh traumatisierte Jugendliche sich nur dann aggressiv verhalten, wenn sie deutliche Einschränkungen in der Mentalisierungsfähigkeit aufweisen.

In Stichproben mit aggressiven Adoleszenten und Erwachsenen mit chronischem Gewaltverhalten konnten Mentalisierungsdefizite nachgewiesen werden (Levinson & Fonagy, 2004; Taubner et al., 2010b; Möller et al., 2014). Für die Erhebungen bei Erwachsenen gilt, dass Gewalttäter auf der Reflective-Functioning-Scale (RFS) signifikant niedrigere Wertungen im Vergleich zu nicht-gewalttätigen Straftätern erhalten im Sinne der Abwesenheit eines reflexiven Prozesses (Fonagy et al., 1997). Dieses Ergebnis ist auch dann stabil, wenn der Einfluss von Persönlichkeitsstörungen auf die reflexive Kompetenz kontrolliert wird (Levinson & Fonagy, 2004). Für Adoleszente mit einer Störung des Sozialverhaltens liegen bislang drei Pilotstudien vor: Im Rahmen einer qualitativen Studie konnten in Abhängigkeit des Mentalisierungsniveaus verschiedene Denkmuster in der Aufarbeitung der eigenen Gewalttaten herausgearbeitet werden (Taubner, 2008b). In einer Folgestudie konnte zudem gezeigt werden, dass männliche Adoleszente mit SSV niedrigere Mentalisierungsfähigkeiten aufweisen (RF, $M$=1.6) als eine gematchte Kontrollgruppe (RF, $M$=4.6) (Taubner et al., 2010b). In einer weiteren Auswertung zeigte sich zudem, dass diese Jugendlichen signifikant häufiger desorganisierte Bindungsmuster im Vergleich zur Kontrollgruppe aufwiesen, sodass deren aggressives Verhalten in einen Zusammenhang mit einer mangelnden Affektregulation in Bindungskontexten gestellt werden könnte (Taubner & Juen, 2010). Zudem zeigte sich in einer Studie an 104 Adoleszenten einer Gemeindestichprobe, dass der Zusammenhang zwischen Psychopathie und proaktiver Aggression von der Ausprägung der Mentalisierungsfähigkeiten moderiert wurde, d. h., dass psychopathische »Traits« nur dann mit proaktiv aggressivem Verhalten in Verbindung standen, wenn niedrige Mentalisierungsfähigkeiten vorlagen (Taubner et al., 2013b). Die Autoren schlussfolgern, dass Mentalisierung als Schutzfaktor angesehen werden kann, um proaktive Aggression in der Adoleszenz zu verhindern. In einer schwedischen Stichprobe an 42 jungen Gewaltstraftätern zeigte sich erneut eine niedrige Mentalisierungsfähigkeit im Allgemeinen und im Besonderen in Bezug auf die Reflektion des jeweiligen Tatgeschehens (Möller et al., 2014).

### 5.2.2 Mentalisierungsbezogenes Störungsmodell der Störung des Sozialverhaltens

Aus der Sicht der Mentalisierungstheorie wird aggressiv-gewalttätiges Verhalten als Zeichen einer gescheiterten Entwicklung von Mentalisierung und einem damit einhergehenden Versagen eines Gewalt-Inhibierungsmechanismus gesehen. Affektive Mentalisierung anderer stellt die Grundlage für prosoziales Handeln und insbesondere die Inhibierung von Gewalt dar, weil soziale Individuen mitleiden, wenn ihre Mitmenschen in (emotionale) Notlagen geraten (Blair, 1995). Der emotionale Ausdruck von Angst oder Trauer wird nach diesem Modell also helfende Handlungen nach sich ziehen, die beruhigen oder trösten. Nach Blair (2005) existiert eine Hemmschwelle, andere durch Gewaltausübung zu verletzen, da dies dem Gewaltausübenden selbst psychischen Schmerz zufügen würde, besonders wenn er oder sie die Ursache der Schmerzen eines anderen ist. Tatsächlich scheint gewalttätiges Verhalten damit in Verbindung zu stehen, dass der Gewalttätige sein Gegenüber nicht als fühlenden und denkenden Mitmenschen wahrnimmt, was normalerweise die Ausübung von Gewalt hemmt.

Fonagy und Kollegen (2002) haben herausgearbeitet, dass für Kinder in brutalisierten frühen Beziehungen die Hemmung ihrer generellen Mentalisierungsfähigkeiten einen Schutzmechanismus darstellt, da sie nicht über die Motive ihrer Peiniger nachdenken müssen, von denen sie gleichzeitig existenziell abhängig sind. Sie begründen damit ein funktionales und entwicklungsbezogenes Konzept von Aggressivität und Psychopathie, was andere Behandlungsoptionen ermöglicht als rein biologisch begründete Störungsmodelle. Mit einer Hemmung der Mentalisierung findet aus Sicht der Autoren ein Wechsel von der »intentionalen Einstellung« der sozialen Umwelt zugunsten einer »physikalischen Einstellung« statt (Dennett, 1987). Wenn die Handlungen anderer nicht länger auf der Grundlage ihrer Motive, Wünsche, Gefühle und Ziele interpretiert werden, so wird das Verstehen konkretistisch. Eine wütende Stimme wird dann nur noch als laut, eine drohende Handbewegung als erhobener Arm wahrgenommen (Hill et al., 2007). Der spezifische nicht-intentionale Umgang mit angstauslösenden Situationen konnte für Kinder mit externalisierenden Verhaltensstörungen belegt werden. In zwei Studien von Hill und Kollegen (2007; 2008) wurden die Ergebnisse aus ausgewählten Geschichten aus dem *MacArthur Story Stem* (Emde et al., 2003) von externalisierenden Kindern ($N$=41) mit den Geschichten von Kindern einer Kontrollgruppe ($N$=25) verglichen. Die externalisierenden Kinder erzählten signifikant weniger intentionale Geschichten, wenn der Protagonist ein verängstigtes Kind darstellte, und signifikant mehr dysreguliert aggressive Geschichten, wenn sich der Protagonist in einem sozialen Dilemma befand. Der Zusammenhang zwischen unsicherer Bindung und SSV wurde von den intentionalen Fähigkeiten der Kinder vollständig mediiert (Hill et al., 2008). Derryberry und Rothbart (1997) gehen davon aus, dass Kinder, die in Angstsituationen keine Unterstützung und Beruhigung durch ihre primären Bezugspersonen erfahren, vorrangig vermeidende Strategien – ein Ausblenden oder Verleugnen der angstauslösenden Situation – entwickeln, statt innerliche und soziale Bewältigungsmöglichkeiten zu erfahren. Die Autoren beschreiben zwei mögliche Konsequenzen dieser vermeidenden Strategien:

1. Das Kind wird weniger aufmerksam für angstauslösende Informationen und kann nicht effektiv und angemessen mit schwierigen

sozialen Situationen umgehen, sondern entwickelt unangepasste auf Zwang basierende Bewältigungsformen.

2. Das Kind profitiert nicht von den positiven Folgen gefühlter Angst im Sinne von Affektregulation, Impulskontrolle, Empathie und Bewusstheit für Beängstigendes.

Die Ergebnisse verweisen auf die Möglichkeit, dass vermindertes Angsterleben, das besonders bei der Untergruppe der Psychopathie auch neurobiologisch nachweisbar ist (Frick, 2006), tatsächlich eine erworbene Furchtlosigkeit darstellt, worauf die klinisch psychoanalytische Forschung bereits hingewiesen hat (Taubner, 2008b).

Daher kann die oben beschriebene Empathie-Störung (neurobiologisch etwa als Amygdala-Unterfunktion messbar) auch Folge einer spezifischen Angstverarbeitung sein. Somit würde die Ursache von Steuerungsproblemen und dauerhafter Gefühllosigkeit deutlich durch das Verhalten der primären Bindungsfiguren mit beeinflusst. Der Einfluss der Bindungsfiguren konnte ebenfalls in einer Studie an drei- bis fünfjährigen Mittelschichtskindern (Cornell & Frick, 2007) und in einer Studie an elfjährigen aggressiven Kindern (Pardini et al., 2007) gezeigt werden, in denen das Risiko dauerhafter Gefühllosigkeit von elterlichem Erziehungsverhalten moderiert wurde. Die Bindungsrepräsentation als ein Merkmal geronnener früher Bindungserfahrung wirkt sich stärker auf das emotionale Verstehen aus als auf die eher kognitiv konzipierte ToM (Meins et al., 2002). Diese Ergebnisse unterstreichen die Wichtigkeit einer Integration entwicklungspsychologischer Mechanismen in neurobiologischen Thesen zu Psychopathie (Hill et al., 2008). Rein biologische Erklärungsansätze zur Ätiologie von Psychopathie können unter Berücksichtigung der Bindungs- und sozialen Kognitionsforschung somit von integrativen Modellen abgelöst werden, die eine Gen-Umwelt-Interaktion voraussetzen (Jaffee & Price, 2007). So konnten Tierversuche inzwischen auf den Menschen übertragen werden, die belegen, dass die Art des mütterlichen Pflegeverhaltens sowie missbräuchliches Verhalten die Glukokortikoidrezeptor Genexpression beeinflusst, dem die HPA-Achse (Hypothalamus-Hypophysen-Nebennieren-Achse) unterliegt, welche eine zentrale Rolle für die Stressverarbeitung eines Individuums spielt (McGowan et al., 2009). Vermeintlich angeborene Persönlichkeitsmerkmale wie psycho-

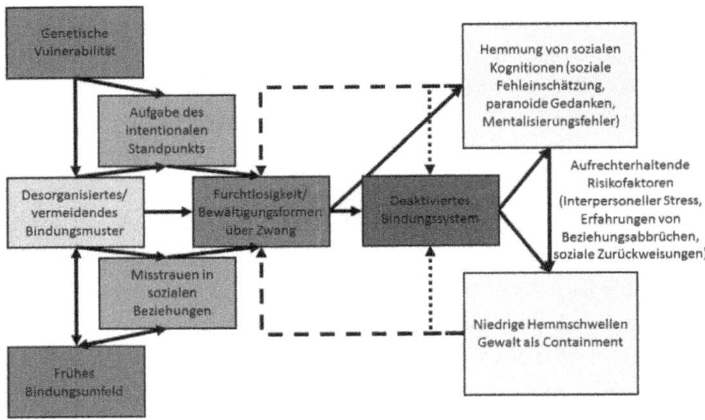


*Abbildung 12: Störungsmodell der SSV unter Berücksichtigung von Mentalisierung und Bindung*

pathische Züge (z. B. Reue- und Gefühllosigkeit) werden in diesem Rahmen als Konsequenz misslungener früher Bindungsinteraktionen verstanden, die in einer Wechselwirkung zu einer genetischen Vulnerabilität und einem schwierigen kindlichen Temperament stehen können (Bakermans-Kranenburg et al., 2008; McGowan et al., 2009). Der sozialen Kognition und insbesondere der bindungsbezogenen Mentalisierung könnte hierbei eine moderierende Funktion zukommen.

Zusammenfassend geht das mentalisierungsbegründete Störungsmodell der SSV davon aus, dass ätiologische Ursachen in einem Zusammenspiel aus genetischer Vulnerabilität und dysfunktionalem familiärem Umfeld zu verorten sind. Die dysfunktionale frühe Bindung zeichnet sich dabei durch eine Brutalisierung des Bindungskontextes und einen besonders wenig feinfühligen Umgang mit den kindlichen Ängsten aus. Dies resultiert in ein Verlassen des intentionalen Standpunktes und somit einer Inhibierung der Mentalisierungsfähigkeit sowie einem umfassenden Misstrauen in sozialen Beziehungen. Darüber hinaus internalisieren Kinder aus brutalen Bindungskontexten das Bild des Angreifers, welches zur Wahrung der Selbstkohärenz externalisiert werden muss. Im Zusammenspiel mit einer fehlenden Mentalisierungsfähigkeit – und die damit zusammenhängenden niedrigen Hemmschwellen andere zu verletzen – und einem in der Tendenz deaktivierten oder desorganisierten Bindungssystem steht Gewalt als Handlungsentwurf zur Verfügung, um negative Affekte körpernah regulieren zu können (vgl. Abbildung 12) (Taubner, 2014a).

### 5.2.3 Veränderungen von Mentalisierung nach einer Psychotherapie bei einer Störung des Sozialverhaltens

In Bezug auf die Veränderungen von Mentalisierung bei SSV nach psychotherapeutischen Interventionen liegen bislang noch keine Ergebnisse vor. Die Veränderung von RF wurde lediglich im Rahmen einer kleinen Stichprobe von 18 Intensivstraftätern vor und nach einem Täter-Opfer-Ausgleich untersucht (Taubner, 2008a). Hierbei zeigte sich, dass im Durchschnitt keine Veränderung der RF messbar war, in Abhängigkeit von der Anzahl der Sitzungen jedoch positive Trends ab 10 Sitzungen deutlich wurden. Aktuell wird ein Manual für eine Mentalisierungsbasierte Therapie für Jugendliche mit einer Störung des Sozialverhaltens pilotiert (Taubner et al., 2015), welches dazu beitragen wird, diese Forschungslücke zu schließen.

## 5.3 Affektive Störungen und Mentalisierung

Neuere Studien weisen darauf hin, dass im Hinblick auf Depression und Angststörungen nicht die generelle Mentalisierungsfähigkeit beeinträchtigt zu sein scheint, sondern kontextspezifische oder symptombezogene Bereiche (Rudden et al., 2006; Taubner et al., 2011). Im Hinblick auf sich teilweise widersprechende Ergebnisse scheint es bedeutsam zu sein, bei den affektiven Störungen zusätzlich das allgemeine Strukturniveau und etwaige komorbide Erkrankungen zu berücksichtigen, da es sich bei der Depression und auch bei Angststörungen um heterogene Störungsbilder handelt (vgl. Taubner et al., 2013c). Im Folgenden werden daher zunächst die zentralen empirischen Ergebnisse zu Panikstörung und Depression dargestellt und im Anschluss daran die mentalisierungsbezogenen Störungsmodelle im Hinblick auf Patientengruppen mit einer Hauptdiagnose von Panik oder Depression, ohne bedeutsame andere komorbide Achse-I-Erkrankungen, wie z. B. Psychose oder Persönlichkeitsstörung, die sich erheblich auf das Mentalisierungsniveau auszuwirken scheinen.

### 5.3.1 Depression und Mentalisierung

Nach Schätzungen der Weltgesundheitsorganisation (WHO) ist die Depression eine der häufigsten Krankheiten weltweit, die mit einer erheblichen symptomalen Belastung und funktionellen Einschränkung einhergeht (R. C. Kessler et al., 2003). Die Kriterien für eine Major Depression liegen dann vor, wenn eine Person über mindestens zwei Wochen eine gedrückte Grundstimmung oder tiefe Traurigkeit aufweist, einen starken Interessenverlust an Aktivitäten verspürt oder einen deutlichen Energieverlust bzw. eine Antriebslosigkeit erlebt und zusätzlich vier der folgenden Symptome aufweist: Gewichts- oder Appetitverlust bzw. -zunahme, Schlaflosigkeit oder vermehrter Schlaf, psychomotorische Unruhe oder Verlangsamung, Müdigkeit und Energieverlust, Gefühle von Wertlosigkeit oder Schuld, Konzentrations-und Entscheidungsprobleme, Gedanken an den Tod oder suizidale Handlungen (DSM-5).

### 5.3.2 Empirische Ergebnisse zu Mentalisierung und Depression

Viele Studien, die Mentalisierungsfähigkeiten untersuchen, haben depressive Patienten in die Untersuchung eingeschlossen. Jedoch sind bei einigen dieser Studien gemischte Patientenpopulationen mit hohen Komorbiditäten untersucht worden, die eine generalisierte Schlussfolgerung zur Bedeutung von Mentalisierung für eine depressive Erkrankung erschweren (Levinson & Fonagy, 2004; Müller et al., 2006). Die Ergebnisse der Cassel-Hospital Studie (Fonagy et al., 1996) zeigten signifikante Unterschiede der RF von stationär-psychiatrischen Patienten mit unterschiedlichen Achse-I- und Achse-II- Diagnosen im Vergleich zu einer nicht-klinischen Kontrollgruppe (Fonagy et al.). Während Borderline-Patienten mit einer RF von $M$=2.7 ($SD$=1.69) besonders niedrige Mittelwerte hatten, zeigten Patienten mit Depression (RF von $M$=3.8;

*SD*=1.7) und Angststörungen (RF von *M*=3.5; *SD*=1.8) eine weniger stark eingeschränkte Mentalisierungsfähigkeit. In einer Studie an 20 stationär-psychiatrischen Patienten mit Major Depression kamen Fischer-Kern und Kollegen (2008) im Kontrast dazu zu der Schlussfolgerung, dass moderate bis schwere Depressionen mit einem Zusammenbruch der allgemeinen reflexiven Kapazität einhergehen, da die Patienten nur einen RF-Wert von durchschnittlich *M*=2.3 erhielten. Als Limitationen der Studie muss jedoch hinzugefügt werden, dass in der untersuchten Stichprobe bei 20% der Patienten zusätzlich ein Substanzmissbrauch und bei 25% psychotische Symptome diagnostiziert wurden. In einer Erweiterung des ursprünglichen Samples auf 46 Patienten wurde der niedrige RF-Wert von durchschnittlich *M*=2.4 allerdings bestätigt (Fischer-Kern et al., 2013). Bei dieser Gruppe zeigte sich eine Korrelation mit den RF-Werten und der Länge der Erkrankung sowie der Häufigkeit stationär-psychiatrischer Aufenthalte. Daher stellt sich hier die Frage, ob der chronische Verlauf der depressiven Erkrankung einen negativen Effekt auf die Mentalisierungsfähigkeit hat, d. h., die sehr niedrigen Werte auf der RFS eine Folge der langwierigen Erkrankung darstellen.

Karlsson und Kermot (2006) fanden keine generelle Einschränkung der Mentalisierungsfähigkeit bei 64 Patienten mit chronischer Depression, sondern einen RF-Wert von durchschnittlich *M*=4.5. Allerdings wurde Mentalisierung nicht anhand des AAI, sondern anhand der Kodierung von Transkripten der therapeutischen Sitzungen ermittelt. In einer Studie von Taubner und Kollegen (2011) wurde die Mentalisierungsfähigkeit von chronisch depressiven Patienten (*N*=20) zu Beginn einer ambulanten psychoanalytischen Behandlung mit der Reflective-Functioning-Scale (RFS) im Vergleich zu gesunden Kontrollpersonen untersucht. Die Ergebnisse weisen darauf hin, dass die chronisch Depressiven in dieser Stichprobe keine global eingeschränkte Mentalisierung aufwiesen, die durchschnittlichen RF Werte waren *M*=3.9 (*SD*=0.9) für die Patienten und *M*=3.6 (*SD*=1.5) für die Kontrollpersonen. Auch bei den für die depressive Erkrankung besonders relevanten Themenbereichen wie z. B. Verlust und Zurückweisung ergaben sich im Hinblick auf die Mentalisierungsfähigkeit keine signifikanten Unterschiede zwischen Patienten und Personen aus der Kontrollgruppe. Ein gepaarter t-Test zeigte jedoch, dass depressive Patienten ihr Mentalisierungspotenzial in Bezug auf das Themenfeld Tod und Verlust nicht abrufen konnten, sondern in Bezug auf diese Erfahrungen knapp signifikant schlechter mentalisieren als hinsichtlich des Gesamtwerts: Der allgemeine RF-Wert von $M$=3.9 sank auf $M$=3.5 im Hinblick auf Tod und Verlust ($t(19)=2.04, p=.055$). Dies bedeutet, dass die Mentalisierung in der depressiven Gruppe bei depressionsrelevanten Themen im Vergleich zu den allgemeinen individuellen Mentalisierungsfähigkeiten eingeschränkt ist. Um den selbstreflexiven und interpersonellen Aspekten der RF gerecht zu werden, wurde zusätzlich erfasst, über wen reflektiert wurde (Selbst oder Anderer) (vgl. Staun et al., 2010). Diese Auswertung sollte die Hypothese überprüfen, ob Depressive in ihren Reflexionen mehr um sich selbst als um andere kreisen. Die Ergebnisse zeigten, dass beide Gruppen häufiger reflexive Aussagen auf sich selbst bezogen machten als auf andere, was auf die spezifischen Fragen des Adult Attachment Interviews (AAI) zurückzuführen ist. Allerdings zeigten depressive Patienten signifikante Unterschiede in der Häufigkeit von RF-Aussagen bezogen auf das Selbst im Vergleich zur Kontrollgruppe, jedoch keine Unterschiede in der Häufigkeit ihrer RF-Aussagen zu anderen. Somit bestätigte sich, dass unter den gleichen Interviewbedingungen Depressive vermehrt zu Selbstreflexionen neigen.

### 5.3.3 Mentalisierungsbezogenes Störungsmodell der Depression

In Bezug auf die Depression liegt noch kein ausgearbeitetes mentalisierungsbegründetes Störungsmodell vor. Das Ergebnis einer Mentalisierungsschwäche in Bezug auf Tod und Verlust unterstützt jedoch psychoanalytische Depressionstheorien, die in ihren Störungsmodellen die Genese der Depression in einer dysfunktionalen Verarbeitung früher Verlusterlebnisse begründet sehen (Schauenburg & Hoffmann, 2007; Rudolf, 2008; Will et al., 2008).

Der themenspezifische Einbruch der Mentalisierungsfähigkeit soll im Folgenden durch klinische Beispiele illustriert werden (vgl. Tabelle 4). Die zwei Patienten zeigen im AAI eine durchschnittliche globale Mentalisierungsfähigkeit (RK= 4 bis 5). Werden sie jedoch zum Tod einer nahestehenden Person befragt, zeigt sich, dass sie ihre Mentalisierungsfähigkeit für diesen Themenbereich nicht halten können. Eine

| Patient A |
|---|
| **I:** Würden Sie sagen, dass sich die Gefühle in Bezug auf diesen Verlust über die Zeit verändert haben?<br>**A:** Nö. Das ist so unverändert so, was die Intensität der Gefühle anbelangt.<br>**I:** Also, der Schmerz ist noch genauso stark?<br>**A:** Nö, Augenblick. *(Lange Pause)* Also, mir wär's ganz recht, wenn wir da nicht weiter drauf eingehen. |
| **Patientin B** |
| **I:** Wie haben Sie den Verlust der Großmutter erlebt?<br>**B:** Also, es war halt ganz komisch, insgesamt, und, aber irgendwie viel Freudiges, aber irgendwie waren da auch ganz komische Gefühle, die ich alle nicht einordnen konnte. War dann halt solange da, bis meine Oma, also, abgeholt wurde. |

*Tabelle 4: Transkriptauszüge aus Bindungsinterviews mit chronisch-depressiven Patienten zum Thema Tod und Verlust*

global durchschnittliche RF bedeutet, dass der Befragte ein stabiles psychologisches Konzept hat, das zwar basal und wenig komplex ist, mit dessen Hilfe aber psychische Prozesse bei sich und anderen beurteilt werden können. Beim Thema Tod und Verlust zeigen beide Patienten qualitativ unterschiedliche Einbrüche ihrer Mentalisierungsfähigkeit. Patient A beispielsweise weicht plötzlich dem Interviewer aus, da er, bedingt durch starke Affekte, nicht mehr über den schmerzlichen Verlust seines Patenonkels reflektieren kann. Im Rating wird diese fehlende Möglichkeit, über die eigenen Gefühle zu reflektieren oder diese zu elaborieren, als ausweichend/vermeidend kodiert. Im Gegensatz dazu zeigt Patientin B bizarre Äußerungen zum Tod ihrer Großmutter, die angesichts der im gleichen Kontext beschriebenen Trauer für den Interviewer unverständlich sind. Die Attribuierung von offensichtlich inkorrekten mentalen Befindlichkeiten wird als anti-reflexive RF von -1 gewertet.

### 5.3.4 Veränderungen von Mentalisierung nach Psychotherapie bei Depression

Aktuell liegt nur eine Pilotstudie vor, die die Veränderung von Mentalisierung bei depressiven Patienten im Rahmen einer neurowissenschaftlichen Studie zu den Hirnkorrelaten psychotherapeutischer Veränderung untersucht hat (Buchheim et al., 2012). Bei einer Stichprobe von

| **AAI-Auszug zum Verlust des Vaters vor Beginn der Therapie** | **AAI-Auszug zum Verlust des Vaters nach 24 Monaten analytischer Psychotherapie** |
|---|---|
| *Also, er war dann so relativ schnell tot und* (Pause) *ich weiß nicht, ob das überraschend war für mich, keine Ahnung. Ich bin mir auch nicht sich..., also, ich* (Pause) *Ja. Da, da fiel mir, das, da, da wurd's halt schwierig, da fing das alles an sozusagen. Also, da fing das an, dass ich mich damit auseinandergesetzt hab, dass ich das erste Mal Therapie gemacht hab und so was alles ...*<br>**Hmmm. Wie haben Sie denn reagiert auf den Tod? Also, wie ging's Ihnen da?**<br>(Pause) *Da hab ich nicht so gut drauf reagiert, sonst hätte ich mir keine Therapeutin gesucht. Also, aber das kann ich gar nicht so in einem Satz sagen. Also, ich glaub, ich kann das hier auch jetzt grad nicht mehr. Also, wirklich, ich möcht das jetzt nicht mehr ...*<br>**Das ist Ihnen zu nah oder zu schwierig?**<br>*Das ist zu viel gerade, ich kann das nicht mehr, das ...* | *Ähm, das war wahrscheinlich so das heftigste, was ich erlebt hab irgendwie für mich bisher.* (Pause) *Äh, ebe... eben aber vor allem wegen der Ambivalenz, glaub ich [...]. Also, er hat irgendwie, hatte Krebs und dann ein Jahr später ist er auch schon gestorben. [...] es ist so schwierig, es ist ähm diese ganze Zeit ist wie in 'nem Nebel. Also, nicht nur vielleicht, ich weiß nicht, ob das wegen des Todes war, ähm ich kann das kaum wiedergeben. Es ist, ist alles wie so wattig irgendwie also* (Pause) *ich auf der einen Seite wollt ich halt das alles überhaupt gar nicht miterleben, denn irgendwie fand ich den halt, der war einfach scheiße so, er war halt das Arschloch für mich, so auf der anderen Seite hatte ich irgendwie auch so'n Pflichtgefühl und irgendwie hat es aber trotzdem auch ganz viel mit mir gemacht, was ich aber nicht benennen hätte können. Ich weiß halt nur, dass ich danach, dass es mir so schlecht ging, ähm dass ich halt ne Therapie gesucht und es also, es war halt danach, nachdem er gestorben ist und das muss irgendwie, also es hängt irgendwie zusammen, auch wenn ich's nicht besser benennen kann, irgendwie. Also, ich glaub es war diese Zerrissenheit, die mich irgendwie, die dann zu viel für mich war. [...]*<br>**Und Sie würden sagen, dass sich diese Gefühle im Laufe der Zeit verändert haben ,oder?**<br>*Noch nicht so richtig. Also, dass es so, also mein Vater und die Beziehung zu mein... und keine Ahnung, das ist schon noch so was, was, was ich ganz schön ähm zurückhalte. Und das ist wirklich nicht mein Lieblingsthema. Und da, also beißen wir uns auch in der Analyse immer ma' wieder die Zähne dran aus. Dass ich eigentlich gar nicht darüber reden will. Und weiß aber genau, darüber muss ich reden, also is' echt Scheiße.* |

*Tabelle 5: Vergleich der AAI-Auszüge von Patientin C zum Thema Tod des Vaters vor Beginn und nach 24 Monaten analytischer Psychotherapie*

20 Patienten mit chronischer Depression zeigte sich nach 24 Monaten analytischer Psychotherapie eine signifikante Verbesserung der generellen Mentalisierungsfähigkeit von $MT1$=3.9 ($SD$=0.9) auf $MT2$= 4.4

(*SD*=0.9). In Bezug auf die Einschränkungen der Fähigkeit, über Tod und Verlust nachzudenken, konnte deskriptiv ebenfalls eine Steigerung der themenspezifischen RF von $M$=3.5 (*SD*=1.4) auf $M$=3.8 (*SD*=0.9) verzeichnet werden, die jedoch statistisch nicht signifikant ist (Taubner et al., im Druck).

Zur Illustration der Veränderungen in den Narrativen in Bezug auf Tod und Verlust werden in Tabelle 5 zwei AAI-Textauszüge vor der Therapie und nach 24 Monaten analytischer Psychotherapie aufgeführt. Bei Patientin C zeigt sich vor Beginn der Therapie ein Zusammenbruch der Mentalisierungsfähigkeit im Hinblick auf das Erleben des Todes des Vaters. Dieser zeigt sich zum einen in einer spontanen Feindseligkeit gegenüber der Interviewerin, als sie zu ihrem affektiven Erleben des Verlustes gefragt wird. Zum anderen zeigte sich, dass die Patientin von ihren Affekten an dieser Stelle überwältigt wurde, d.h., dass sie die Affekte nicht mental elaborieren und regulieren konnte, sodass sie das Interview abgebrochen hat. Nach zwei Jahren analytischer Psychotherapie kann sie anders als im ersten Interview darüber reflektieren, wie schwierig das Thema für sie ist, und sie entwickelt auch eine mentale Theorie, warum dieser Verlust zu diesem Zeitpunkt für sie so schmerzhaft war. Die Veränderung des Narrativs illustriert, was eine Veränderung der Reflexionsfunktion bei Patienten mit chronischer Depression bedeuten könnte, nämlich die Möglichkeit, Verlusterfahrung im Lichte einer psychologischen Theorie funktionaler verarbeiten zu können, was ein Schlüssel dafür darstellen könnte, die Depression zu überwinden.

### 5.3.5 Panikstörung und Mentalisierung

Die Panikstörung als eigenständiges Störungsbild wurde erst 1980 als Diagnose ins DSM-III aufgenommen. In der überarbeiteten neuen Auflage wird die Panikstörung nunmehr als getrennt von der Agoraphobie erfasst. Es wird darüber hinaus neuerdings im DSM-5 zwischen erwarteten und nicht-erwarteten Panikattacken differenziert. Erwartete Panikattacken sind z.B. Panikattacken, die eine Person mit Flugangst während einer Flugturbulenz erlebt. Allgemein werden Panikattacken als zeitlich umgrenzte Angstanfälle mit typischen vegetativen, körperlichen und psychischen Symptomen definiert, die zumeist ohne erkennbaren situativen Auslöser unerwartet und plötzlich passieren. Panikpatienten vermuten oftmals zunächst somatische Ursachen und missverstehen die Symptome z. B. als einen Herzinfarkt. Die Rückmeldung, dass es sich nicht um eine lebensbedrohliche Herzerkrankung handelt, führt häufig jedoch nicht zu einer Erleichterung, da die Panikattacken trotzdem subjektiv als lebensbedrohlich erlebt werden.

### 5.3.6 Empirische Ergebnisse zu Mentalisierung und Panikstörung

In Bezug auf den Zusammenhang zwischen Panikstörung und Mentalisierung gibt es bislang nur eine Studie, die mithilfe eines verkürzten Bindungsinterviews (Brief Reflective Functioning Interview) an 26 Patienten mit der Hauptdiagnose Panikstörung durchgeführt wurde (Rudden et al., 2006). Zusätzlich wurde in dieser Studie eine neu entwickelte panik-symptomspezifische RF-Skala eingesetzt. Der Vergleich der allgemeinen RF mit der panik-symptombezogenen RF zeigte, dass die in der Studie erfassten Panikpatienten keine allgemeine Mentalisierungsschwäche aufwiesen (RF von $M$=5.15), während die Patienten signifikant schlechter in Bezug auf ihre Symptome reflektieren konnten (Panik-Symptom RF von $M$=4.43). Die Autoren schlussfolgern, dass die schlechtere RF in Bezug auf die Symptome mit Abwehrprozessen gegen hoch affektive und konflikthafte Beziehungsdynamiken in Zusammenhang steht. Da es sich bei diesem Ergebnis um eine Pilotstudie handelt und noch nicht validierte neue Instrumente eingesetzt wurden, bedarf es einer Replikation, bevor verallgemeinernde Schlüsse gezogen werden können.

### 5.3.7 Mentalisierungsbezogenes psychodynamisches Störungsmodell der Panikstörung

Auf der Grundlage einer Synthese aus Erkenntnissen der neurobiologischen Zusammenhänge zwischen Furchtgedächtnis und Panikstörung (Beutel et al., 2010) sowie psychoanalytischen Erkenntnissen in Bezug auf die Psychodynamik der Panikstörungen entwickelten Milrod und Shear (1991) ein integratives Modell der Panikstörung (vgl. Abbildung 13).

Ausgehend von einer primären leichteren neurophysiologischen Irritierbarkeit in Kombination mit dysfunktionalem Elternverhalten werden besonders negative Affekte des Säuglings nicht reguliert. Das elterliche Verhalten zeichnet sich einerseits in einer Überforderung im Umgang mit intensiven negativen Affekten aus und gleichzeitig zeigen jene Eltern die Tendenz zu einem überfürsorglichen, die Explorationswünsche des Kindes beschneidenden Verhalten. Das führt nach Ansicht der Autoren zu einem verstärkten Autonomie-Abhängigkeitskonflikt, der wiederum von intensiven negativen Affekten aufseiten des Kindes gegenüber den Eltern begleitet ist. Die Eltern wiederum reagieren mit eher ängstigendem statt beruhigendem Verhalten, sodass das Kind ein negatives, von Hilflosigkeit geprägtes Selbstbild entwickelt und negative Gefühle oder Konflikte in Beziehungen vermeidet. Dies stellt die Grundlage für eine neurophysiologische Sensitivität dar, bei affektiv-bindungsbezogenem Stress mit intrusiven negativen Affekten zu reagieren, die nicht mentalisiert und damit nicht reguliert werden können und so eine initiale Panikattacke begünstigen. Die spezifische Psychodynamik der einzelnen Panikattacken lässt sich nach Milrod und Busch (2012) wie folgt beschreiben: Eine spezifische Gefühlsambivalenz in einer Abhängigkeitsbeziehung (z. B. in einer aktuellen Partnerschaft) steht in Verbindung mit einer verminderten Affekttoleranz. Panikpatienten erleben sich in Beziehungen häufig in einer Art furchtsamen Abhängigkeit und verhalten sich dann kontraphobisch aggressiv. Zum Beispiel ist eine junge Frau vielleicht enttäuscht, dass ihr Partner den Abend lieber mit seinen Freunden als mit ihr verbringen möchte und reagiert darauf mit Daueranrufen. Dies kann wiederum Schuldgefühle in ihr auslösen, wenn sich der Freund über die vielen Anrufe beschwert oder das erneute Klingeln ignoriert. Die Schuldgefühle können sich in Ängste vor Bestrafung und Ängste vor dem Verlassenwerden steigern, wenn z. B. der Partner ausdrückt, dass er das kontrollierende Verhalten nicht mehr aushalten könne. Bei einer Prädisposition für Panikattacken, wie oben beschrieben, könnte dies schließlich die Auslösesituation für eine Panikattacke darstellen. Subic-Wrana und Kollegen (2012) haben die Panikattacke als Kompromissbildung beschrieben, die es den betreffenden Personen ermöglicht, sich als hilflos und bedürftig zu präsentieren und die Aggression gegen die Abhängigkeit zu verschleiern. Abhängigkeitswünsche können so hinter scheinbar somatischen Vorgängen verborgen werden und dabei gleichzeitig partiell erfüllt werden. In dem Beispiel könnte eine Panikattacke der jungen Frau dafür sorgen, dass der Freund den Gesellschaftsabend mit den Freunden verlässt, um der Freundin beizustehen. Sein Ärger würde sich vermutlich in Sorge verwandeln.

Diese Dynamik der Panikattacke ist den Patienten zumeist verborgen, da die Panikattacke als temporäre massive Einschränkung der Mentalisierungsfähigkeit angesehen wird (De Masi, 2004). Wie beschrieben, handelt es sich bei der Panikattacke um ein psychosomatisches Geschehen, bei dem ein psychischer Auslöser eine automatisierte neurobiologische Reaktion in Gang setzt, die nicht kontrolliert reflektiert werden kann. Die Wahrnehmung der körperlichen Korrelate der Panikattacke erzeugt häufig Todesangst bei den Patienten, was wiederum das Körpererleben verstärkt und einen vegetativen Teufelskreis initiiert. Dabei entsteht bei länger bestehenden Panikattacken eine Paradoxie: Die Patienten wissen zwar, dass sie nicht sterben werden, erleben sich aber dennoch als todesnah. Zusammenfassend kann geschlussfolgert werden, dass die Panikattacke das mentalisierende Denkvermögen passager zerstört. Dies kann als ein Erleben im Modus der psychischen Äquivalenz verstanden werden. Die Patienten erleben nicht ihre Angst, sondern glauben, dass sie sterben. Die Angst vor der nächsten Panikattacke führt zu einem peniblen Überwachen des eigenen Körpers, was wiederum weitere Panikattacken auslösen kann.

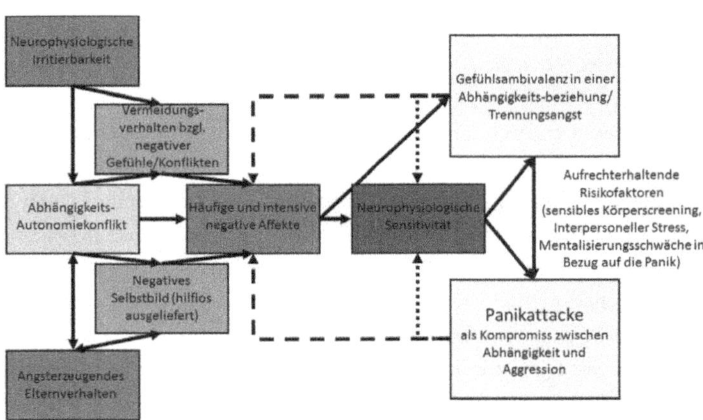


*Abbildung 13: Mentalisierungsbezogenes psychodynamisches Störungsmodell der Panikstörung*

### 5.3.8 Veränderungen von Mentalisierung nach Psychotherapie bei Panikstörungen

Ausgehend von dem oben beschriebenen psychodynamischen Störungsmodell der Panikstörung haben Milrod und Busch (2012) die panikfokussierte psychodynamische Psychotherapie (PFPP) entwickelt, die zentral an der Bewusstmachung der intersubjektiven Auslöser und Bedeutung der Panik ansetzt. Im Rahmen einer kontrolliert-randomisierten klinischen Studie an 49 Patienten mit der Hauptdiagnose Panikstörung wurde die Effektivität der PFPP mit einer Länge von 24 Sitzungen im Vergleich zu einem angewandten Entspannungstraining gleicher Sitzungsdauer verglichen (Rudden et al., 2006). Hierbei zeigte sich eine signifikante Steigerung der Mentalisierung in Bezug auf Paniksymptome bei der PFPP, während sich die RF in Bezug auf die Symptome nach dem Entspannungstraining verschlechterte. Diese Veränderungen waren jedoch unabhängig von den anderen symptomatischen Veränderungen, was die Autoren auf die hohe Drop-Out-Quote in dem Entspannungsverfahren zurückführen, die eine statistische Analyse der Zusammenhänge erschwerte.

# 6. Mentalisierung als Schlüsselfaktor psychischer Gesundheit

Längsschnittliche Untersuchungen an Normalstichproben zeigen, dass eine niedrige Mentalisierungsfähigkeit nicht immer als Zeichen einer schlechten psychischen Gesundheit oder als gesundheitlicher Risikofaktor angesehen werden muss. Es scheint hier ein dynamischer Zusammenhang hinsichtlich der Anforderungen des sozialen Umfeldes und der Entwicklung reflexiver Fähigkeiten zu bestehen. So können z.B. gute großfamiliäre Strukturen ein Umfeld sein, in dem die Mentalisierungsfähigkeit nicht angeregt und auch nicht sonderlich gebraucht wird. D.h., dass niedrige Mentalisierungsfähigkeiten in diesen sozialen Umwelten nicht mit einem erhöhten Risiko für eine psychische Störung einhergehen (Ensink, 2003). Gibt es in diesem Umfeld allerdings Veränderungen, so wird davon ausgegangen, dass sich Personen mit niedrigen Mentalisierungsfähigkeiten schlechter auf neue Bedingungen werden einstellen können. Umgekehrt zeigen Menschen, die trotz schwieriger früher Erfahrungen, ein sicheres Arbeitsmodell von Bindung entwickelt haben, besonders hohe reflexive Kompetenzen. Die bisherige Studienlage zeigt, dass sicher-gebundene Individuen ohne aversive frühe Erfahrungen durchschnittliche und manchmal auch niedrige Mentalisierungsfähigkeiten aufweisen, während unsicher-gebundene Personen generell eher niedrige bis sehr niedrige Mentalisierungsfähigkeiten zeigen (Fonagy & Target, 2003).

Im folgenden Kapitel wird Mentalisierung in den Kontext der Resilienzforschung gestellt und es wird verdeutlicht, wie transgenerationale Prozesse der Weitergabe von Bindungstraumatisierungen durch reflexive Fähigkeiten unterbrochen werden können. Dies wird am Beispiel einer Studie an Psychotherapeuten weiter ausgeführt. Mentalisierung kann ebenfalls als ein Schlüsselfaktor zum Verständnis psychotherapeutischer Prozesse angesehen werden. An dieser Stelle wird kritisch diskutiert werden, ob Mentalisierung eine Veränderungsvariable im Sinne eines Therapie-Outcomes ist oder ob sie eher als ein Moderator oder Mediator des Psychotherapieerfolges angesehen werden kann.

## 6.1 Mentalisierung als Resilienzfaktor

Resilienz bezeichnet die psychische Widerstandskraft einer Person, sich von einem traumatischen Ereignis unter Rückgriff auf eigene oder soziale Ressourcen erholen zu können. Die Bedeutsamkeit des Konzeptes der Mentalisierung ergibt sich unter anderem daraus, dass sie als ein Faktor der psychischen Widerstandsfähigkeit einer Person verstanden wird, die das Individuum gegenüber belastenden Lebensereignissen schützt und darüber hinaus den Teufelskreis der transgenerationalen Weitergabe von traumatischen Erlebnissen der Elterngeneration an ihre Kinder unterbrechen kann (Fonagy et al., 1994). Luquet (1981, 1987, zitiert nach Lecours & Bouchard, 1997) bezeichnete Mentalisierung als »Immunsystem« der Psyche, mit dessen Hilfe innere und äußere Stressfaktoren absorbiert und durch die Anreicherung mit innerpsychischer Bedeutung (Elaborierung) letztlich integriert werden können.

Mentalisierung kann daher in Bezug auf die Entwicklung eines Individuums über die Lebensspanne als intrapsychische Ressource angesehen werden. So konnten Hauser, Allen und Golden (2006) im Rahmen einer qualitativen Analyse herausarbeiten, dass sich resiliente Teenager, die sich trotz früher Traumatisierung zu verantwortungsvollen Erwachsenen entwickelt hatten, in den folgenden Punkten systematisch von den krank Gebliebenen unterschieden:

a) die Überzeugung, die eigene Umwelt verändern zu können,
b) die Fähigkeit, mit den eigenen Gedanken und Gefühlen umgehen zu können, und
c) die Fähigkeit, fürsorgliche Beziehungen zu entwickeln.

Darüber hinaus konnte gezeigt werden, dass die Zusammenhänge zwischen früher Traumatisierung und späterer Psychopathologie durch die Ausprägung an Mentalisierungsfähigkeiten moderiert und mediiert werden (Taubner et al., 2013b; Fonagy et al., 1996; Taubner & Curth, 2013; Chiesa & Fonagy, 2014). In diesem Zusammenhang wird deutlich, dass bei Individuen, die sich trotz traumatischer Erfahrungen in Bindungskontexten eine hohe Mentalisierungsfähigkeit erhalten konnten, die Reflexionsfähigkeit einen Schutzwall darstellt, der die Entstehung einer psychischen Störung im Sinne von Resilienz verhindert (Fonagy et al., 1994). Im Folgenden wird zentral auf die Rolle der Mentalisierung bei der transgenerationalen Weitergabe von Bindung eingegangen.

### 6.1.1 Die transgenerationale Weitergabe von Bindung

Epidemiologische Studien zeigen, dass Eltern, die als Kinder misshandelt wurden, die eigenen Kinder entgegen ihrer bewussten Absichten wiederum traumatisieren können (Rutter et al., 1983). Allerdings können Korrelationsstudien nicht erklären, wie und warum traumatische Erfahrungen von der Elterngeneration weitergegeben werden und warum bestimmte Personen auf traumatische Erlebnisse nicht mit Beeinträchtigungen reagieren. Im Rahmen eines qualitativen Forschungsansatzes mit 200 untersuchten Männern konnten Briggs und Hawkins (1996) zeigen, dass die Weitergabe von traumatischen Kindheitserlebnissen (in der untersuchten Stichprobe handelte es sich um sexuellen Missbrauch) offensichtlich mit einer Verharmlosung der eigenen Erfahrungen zusammenhängt, was als fehlende Mentalisierung der eigenen Traumatisierung interpretiert werden könnte. Die psychoanalytische Forschung hat die Weitergabe traumatischer Erfahrungen als »die Geister im Kinderzimmer« beschrieben (the ghost in the nursery), welche durch elterliche Abwehrprozesse erklärt werden können (Fraiberg et al., 1985). Verarbeiten Eltern eigene Kindheitstraumata mit Abwehrmechanismen, die einerseits den traumatischen Affekt verleugnen und andererseits eine Identifikation mit dem Peiniger bedeuten, so verstricken sie ihre eigenen Kinder mit ihrem unbewältigten Schmerz. Die Wiederholung des Traumas kann sich dabei auf vereinzelte Interaktionen auswirken oder die gesamte Beziehung prägen:

> »In every nursery there are ghosts. They are the visitors from the unremembered pasts of the parents [...]. Even among families where the loved ones are stable and strong the intruders from the parental past may break through the magic circle in an unguarded moment, and a parent and his child find themselves re-enacting a moment or a scene from another time with another set of characters [...]. [A]nother group of families who appear to be possessed by their ghosts. [...] [T]he ghosts take up residence and conduct the rehearsal of the family tragedy from a tattered script« (ebd., S. 387f.).

Fonagy und Kollegen (1991; 1994) sehen mit Fraiberg (1982) in der Qualität der innerpsychischen Repräsentationen der frühen Bezugspersonen und des eigenen Selbst einen Gegenspieler der dysfunktionalen Abwehr, da die Fähigkeit eines Elternteils, die eigene Lebensgeschichte zu integrieren, die Grundvoraussetzung dafür darstellt, dem eigenen Kind eine genügend gute Versorgung zu garantieren. Mentalisierung ist dabei ein bedeutender Baustein in der Organisation der Abwehr, der Affektkontrolle und der Kohärenz innerpsychischer Repräsentationen.

Diese theoriegeleitete Annahme wurde in diversen Studien empirisch überprüft. Im Rahmen der Londoner-Eltern-Kind-Studie wurden 100 Eltern zusammen mit ihren erstgeborenen Kindern bereits vorgeburtlich und im Verlauf des ersten Lebensjahres des Kindes untersucht (Fonagy et al., 1991). Der Bindungsstatus der Kinder im Alter von zwölf Monaten konnte in 75% der Fälle auf der Grundlage der Bindungsrepräsentationen der Mütter vorhergesagt werden, die anhand des Adult Attachment Interviews (AAI) vor der Geburt der Kinder mit den Müttern erfasst wurden. Sicher-gebunde Mütter hatten eher sicher-gebunde Kinder, unsicher-gebundene Mütter hatten eher unsicher-gebundene Kinder, was dem Wissen über die transgenerationale Weitergabe von Bindungsmustern von einer Generation zur nächsten entspricht. Allerdings zeigte sich, dass eine Lücke zwischen dem vermuteten Einfluss der mütterlichen Bindungsrepräsentation auf die Bindung des Kindes und dem tatsächlichen Einfluss besteht, da 25% der Bindungsrepräsentationen der Kinder nicht über die mütterliche Bindung erklärt werden können, was van Ijzendoorn (1995) als »Transmissionslücke« bezeichnete. Die Lücke in der Weitergabe von Bindung wird als Resultat einer variierenden mütterlichen Feinfühligkeit angesehen. Ainsworth und

Kollegen (1978) konnten zeigen, dass Kinder, deren Mütter empfänglich für die kindlichen Bedürfnisse nach Nähe und Geborgenheit sind und diese einfühlsam beantworten, wahrscheinlicher offen mit Gefühlen wie Ärger, Wut, aber auch dem Wunsch nach Nähe umgehen können. Dieses Ergebnis ließ eine Verbindung zwischen mütterlichem Verhalten während dem ersten Lebensjahr des Kindes und der Bindung des Kindes mit einem Jahr vermuten. Einfühlsame Mütter werden von ihren Kindern als eine sichere und verlässliche Bezugsperson wahrgenommen (Slade et al., 2005). Zur Rolle der mütterlichen Sensitivität im Zusammenhang mit der Bindung des Kindes existieren zahlreiche aktuelle Studien, die die mediierende Rolle der mütterlichen Sensitivität zur Erklärung des Zusammenhanges zwischen kindlichem Stress und den Auswirkungen auf die inneren Arbeitsmodelle von Bindung belegen (Fearon et al., 2006; McElwain & Booth-Laforce, 2006; Donovan et al., 2007; Laranjo et al., 2008; Braungart-Rieker et al., 2010; Grant et al., 2010). Van Ijzendoorn (2005) konnte mit seiner Metaanalyse jedoch nur schwache Zusammenhänge zwischen der Bindung der Mütter, deren Verhalten (Sensitivität, Responsivität) und der kindlichen Bindungssicherheit nachweisen. Dies verweist darauf, dass das Konstrukt der mütterlichen Sensitivität die transgenerationale Weitergabe von Bindung nicht vollständig erklären kann (Wolff & van Ijzendoorn, 1997). Fonagy und Kollegen (1994) haben den Beitrag von RF zur Erklärung der Transmissionslücke untersucht, da sie Bindungssicherheit mit der erfolgreichen Regulation von Affekten in Zusammenhang bringen. Die Fähigkeit, über Verhalten auf der Grundlage mentaler Befindlichkeiten zu reflektieren, wurde als zentrale Komponente gesehen, um die ablaufenden inneren Prozesse bei der Weitergabe von Bindung zu verstehen. Die Londoner-Eltern-Kind-Studie konnte anhand von 100 Eltern-Kind-Triaden zeigen, dass die Bindung der Kinder unabhängig von anderen vorgeburtlichen Persönlichkeits-, soziodemografischen oder partnerschaftlichen Faktoren der Eltern war. Stattdessen zeigt sich tatsächlich ein Zusammenhang zwischen RF und sicherer Bindung bei den Müttern, die mit einer sicheren Bindung der Kinder zusammenhing. Unsicher-gebundene oder Mütter mit deprivierenden eigenen Bindungserfahrungen, die gleichzeitig eine hohe Reflexionsfähigkeit aufwiesen, hatten ebenfalls sicher-gebundene Kinder (Fonagy et al., 1994). Niedrige mütterliche reflexive Kompetenz hängt mit inkohärentem mütterlichen Verhalten während des Fremde-Situations-Tests zusammen, während die Genauigkeit der elterlichen Mentalisierung mit der psychosozialen Anpassung des Kindes in Verbindung gebracht werden konnte (Sharp et al., 2006). Diese Erkenntnisse konnten von Slade und Kollegen (2005) repliziert werden, welche die Beziehung zwischen der mütterlichen RF und dem Bindungsstatus der Mutter sowie der Bindungssicherheit des Kindes an 40 Mutter-Kind-Dyaden untersuchten. Es zeigten sich ebenfalls ein signifikanter Zusammenhang zwischen Bindungsstatus der Mutter und ihrer RF – Mütter mit sicherem Bindungsstatus wiesen ein höheres RF-Level auf als Mütter mit unsicherem Bindungsstatus – sowie ein Zusammenhang zwischen der mütterlichen RF und der kindlichen Bindungssicherheit. So könnte die Transmissionslücke der transgenerationalen Weitergabe von Bindung durch die Einbeziehung der RF der Betreuungspersonen als maßgeblichem Faktor geschlossen werden.

Grienenberger, Kelly und Slade (2005) konnten zusätzlich zeigen, dass RF als ein Puffer gegen Zusammenbrüche der affektiven Kommunikation während stressvoller Situationen fungieren kann. Sie schlussfolgern, dass der Einfluss der RF durch die mütterliche Fähigkeit, Affekte wie Stress und Angst ihres Säuglings zu regulieren, mediiert wird. In beiden Studien von Slade und Kollegen wurde RF mittels des Parent Development Interviews (Aber et al., 1985) erhoben. Das Interview misst, wie das Kind und die Rolle als Elternteil in der Mutter repräsentiert wird. Arnott und Meins (2007) kritisieren an der Studie von Grienenberger und Kollegen (2005), dass keine AAIs durchgeführt wurden und dass das mütterliche Verhalten sowie deren Bindungssicherheit aus derselben Beobachtung erhoben wurde. Nach Meinung von Arnott und Meins (2007) kann auf Grundlage der Ergebnisse der beiden Studien keine Aussage darüber getroffen werden, ob eine Mutter mit hoher RF in gleicher Weise während Real-Live-Interactions (Online-Interaktion) die mentalen Befindlichkeiten ihres Kindes erkennen und adäquat auf sie eingehen kann. RF als eine metakognitive Offline-Repräsentation wurde deshalb mit direkter Online-Mutter-Kind-Interaktion verglichen, was die Autoren mit dem Konstrukt der mütterlichen Mind-Mindedness (MM) operationalisiert haben (Meins et al., 2001). Meins und Fernyhough definieren mütterliche MM in ihrem Auswertungsmanual wie folgt:

> »MM bezieht sich auf die Fähigkeit, einer Person intentionale Einstellungen in der Interaktion mit und der Darstellung anderer Personen erkennen und übernehmen zu können. [...] [E]s [öffnet] einen Blick für die Fähigkeit der Eltern, ihr Kind als ein Individuum mit eigenen Absichten und Gedanken zu behandeln und weniger als ein Wesen, dessen Wünsche bloß zufriedengestellt werden müssen. MM entwickelte sich aus einem Weiterdenken der Theorien der mütterlichen Sensitivität von Ainsworth, Bell und Staytons« (Meins & Fernyhough, 2006, S. 1, Übersetzung ST).

Meins und Kollegen (2001) beschreiben, dass mütterlicher MM eine größere Bedeutung in Bezug auf die Vorhersage der Bindungssicherheit des Kindes zugeschrieben werden kann als dem Konzept der mütterlichen Feinfühligkeit. Während Mütter mit einer hohen MM durch ein feinfühliges Eingehen auf die mentalen Befindlichkeiten ihrer Kindes charakterisiert sind, kann eine hohe mütterliche Feinfühligkeit auch jenen Müttern zugeschrieben werden, die adäquat auf die physischen und emotionalen Bedürfnisse ihrer Kinder ansprechen, nicht aber auf mentale Befindlichkeiten. Auf der Grundlage von videografierten Online-Interaktionen werden zur Messung der mütterlichen MM alle Kommentare identifiziert, die sich auf den mentalen Zustand des Kindes beziehen (mind-related) und im zweiten Schritt wird deren situative Angemessenheit bzw. Unangemessenheit beurteilt (Meins & Fernyhough, 2006). Arnott und Meins (2007) replizierten die Ergebnisse der Londoner-Eltern-Kind-Studie zunächst mit einer kleinen Stichprobe (*N*=28). Sie haben in ihrer Studie das methodische Vorgehen dahingehend verändert, dass sie die Online-Mentalisierung der Eltern (mütterliche MM) mit der Offline-Mentalisierung (RF) verbunden haben, und sie konnten belegen, dass RF mit der Angemessenheit der mind-related Kommentare korreliert. Deskriptive Pfade, welchen den längsschnittlichen Zusammenhang zwischen AAI-Klassifikation, MM und Bindungssicherheit des Kindes darstellen, zeigen, dass sicher-gebundene Mütter mit hoher MM ausschließlich sicher-gebundene Kinder hatten. Jüngst konnten Meins und Kollegen (2012) anhand von 206 Mutter-Kind-Dyaden zeigen, dass Mütter mit sicher-gebundenen Kindern höhere Werte bei der Angemessenheit der MM im Vergleich zu den Müttern mit unsicher-gebundenen Kindern hatten. Mittels eines multinominalen logistischen Regressionsmodells konnten Meins und Kollegen außerdem zeigen, dass die Variablen sozioökonomischer Status, mütterliche Sensitivität, Häufigkeit von mind-related Kommentaren sowie Angemessenheit der MM signifikante Prädiktoren für die Bindung des Kindes waren.

In einer aktuellen Studie untersuchten Stacks und Kollegen (2014) anhand von 83 Mutter-Kind-Dyaden den Zusammenhang zwischen RF (erhoben mit 16 Monaten des Kindes mittels PDI), demografischer und psychosozialer Risiken (erhoben mit vier und sieben Monaten des Kindes), Erziehungskompetenz (mütterliche Sensitivität; erhoben mit 16 Monaten des Kindes mittels verschiedener Fragebögen und Interaktionsszenen) und kindlicher Bindungssicherheit (erhoben mit 16 Monaten), wobei ein Drittel der teilnehmenden Mütter schweren Missbrauch in ihrer Kindheit erlebten. Sensitivität wurde als verhaltensorientierte und affektive Sensitivität operationalisiert, die über eine videografierte Mutter-Kind-Interaktionen erhoben wurde. Eine Mediationsanalyse zeigte, dass der Einfluss der mütterlichen RF auf die kindliche Bindung über die mütterliche Sensitivität erklärt wurde. Die Zusammenhänge blieben auch unter Kontrolle der demografischen Risiken signifikant. Im Rahmen einer weiteren aktuellen Studie (Taubner et al., 2014b) wurde eine Niedrigrisiko-Gemeindestichprobe ($N$=44) untersucht, in der sowohl die mütterliche und kindliche Bindungsrepräsentation als auch die mütterlichen reflexiven Fähigkeiten (online und offline) sowie die allgemeine Symptombelastung der Mutter erhoben wurden. Die Ergebnisse zeigen, dass sich sicher-gebundene Mütter stärker auf den geistigen Zustand ihrer dreimonatigen Kinder beziehen als unsicher-gebundene, zudem weisen sicher-gebundene Mütter höhere Ausprägungen an RF und niedrigere Depressionswerte auf. Als prädiktiv für eine sichere Bindung der Kinder im Alter von zwölf Monaten erwiesen sich die Interaktionen der Bindungsrepräsentation der Mutter mit der Symptombelastung der Mutter und der mütterlichen MM. Beide Studien verweisen auf die Bedeutsamkeit der tatsächlichen Real-Time-Interaktionen zwischen Bindungspersonen und ihren Kindern zur Erklärung der Weitergabe von Bindung.

Zukünftige Studien sollten berücksichtigen, dass der elterliche reflektierende Bezug auf die eigenen Kinder durch deren Verhalten ebenfalls beeinflusst wird. Dies bedeutet, dass eine akkurate Mentalisierung eine transaktionale Variable darstellt und nicht lediglich eine Eigenschaft der Bezugsperson ist (Sharp & Fonagy, 2008). Crockenberg (1981) konnte ein Zusammenwirken zwischen mütterlicher sozialer Unterstützung und Temperament des Kindes im Hinblick auf dessen Bindung nachweisen. Eine andere Studie dokumentiert die mediierende Rolle mütterlicher Sensitivität: Diese beeinflusst den Zusammenhang zwischen Temperamentsfaktoren des Kindes und der Art der unsicheren Bindung (Susman-Stillman et al., 1996). Daher sollten die Interaktionseffekte zwischen elterlicher Umgebung, sozialer Unterstützung und kindlichen Faktoren (Temperament sowie Stressbereitschaft als Biomarker) in weitere Studien integriert werden, was eine bedeutsame Erweiterung der bisherigen Studien zur Bindungstransmission darstellen würde. Die Güte der Passung zwischen dem Temperament des Kindes und den elterlichen Fähigkeiten ist bereits für die Entwicklung einer antisozialen Persönlichkeit diskutiert worden; in diesem Kontext wurde angenommen, dass ein schwieriges kindliches Temperament negative elterliche Reaktionen (Zurückweisung, Feindseligkeit) hervorrufen kann, wodurch das Risiko späterer psychopathologischer Erkrankungen erhöht wird (Moffitt, 2003).

## 6.2 Mentalisierung als Faktor psychotherapeutischer Veränderung

Die Fähigkeit, im Sinne einer metakognitiven Fähigkeit über sich selbst und andere auf der Grundlage mentaler Befindlichkeiten nachzudenken, kann als ein gemeinsamer Schlüsselfaktor betrachtet werden, dessen Veränderungen in fast allen psychotherapeutischen Schulen eine Rolle spielt (Fonagy & A. W. Bateman, 2006). Um eine psychotherapeutische Veränderung herbeizuführen, scheint es bei manchen Patientengruppen notwendig zu sein, die Mentalisierungsfähigkeiten grundlegend zu fördern (z. B. bei der Borderline-Persönlichkeitsstörung oder der antisozialen Persönlichkeitsstörung); wohingegen es bei weniger strukturell beeinträchtigten Patienten, die bereits über durchschnittliche Mentalisierungsfähigkeiten verfügen, wichtiger sein könnte, an den Inhalten ihrer Repräsentationen zu arbeiten (z. B. bei Depression oder Panikstörung) (Fonagy et al., 1993). Daher kann Mentalisierung als strukturelles Merkmal einerseits als eine wichtige Erfolgsvariable für psychotherapeutische Interventionen betrachtet werden, während andererseits Mentalisierung in anderen Settings in Bezug auf spezifische Bereiche wichtig ist oder die Veränderung anderer Zielvariablen beeinflusst. Daher wird im Folgenden getrennt auf die Psychotherapiestudien eingegangen, die Mentalisierung als Ergebnisvariable und Mediator sowie schließlich als Moderator psychotherapeutischer Veränderung betrachtet haben.

### 6.2.1 Mentalisierung als Erfolgsvariable und Mediator psychotherapeutischer Veränderung

Studien, die Mentalisierung als Erfolgs- oder Zielvariable psychotherapeutischer Veränderung erfasst haben, gehen davon aus, dass therapeutische Interventionen eine Steigerung der Reflexionsfähigkeit der Patienten bewirken und dies als ein primäres Ziel der therapeutischen Bemühungen aufgefasst werden kann. Es liegen einige Studien in Bezug auf strukturell beeinträchtigte Patienten vor, die Persönlichkeitsstörungen erfasst haben (Fischer-Kern et al., im Review; Levy et al., 2006; Vermote et al., 2010), jeweils eine Studie untersuchte Panikpatienten (Rudden et al., 2006), Abhängigkeitserkrankungen (Grenyer & Middleby-Clements, 2003) sowie die Veränderung der RF von Müttern in begleitender Elterntherapie (Göttken-Müller et al., 2014) und zwei Forschungsprojekte befassten sich mit der Veränderung von RF bei Depression (Taubner et al., im Druck; Karlsson & Kermott, 2006). Vier Untersuchungen widmeten sich einzelfallbezogen langfristigen Prozessen in Therapieverläufen und Veränderungen der RF (Hörz-Sagstetter et al., im Review; Josephs et al., 2004; Szecsödy, 2008; Gullestad & Wilberg, 2011). Die meisten Studien nutzen das Adult Attachment Interview als Methode zur Erfassung von RF (Fischer-Kern et al., im Review; Taubner et al., im Druck; Levy et al., 2006) oder eine verkürzte Fassung des AAIs (Rudden et al., 2006). Einige Autoren nutzen zudem Therapiesitzungstranskripte zur Bestimmung der Veränderung von RF (Josephs et al., 2004; Karlsson & Kermott, 2006) oder andere Interviews, wie z. B. das Object-Relations-Inventory (ORI) (Vermote et al., 2010) oder das Parent Development Interview (PDI) (Göttken-Müller et al., 2014). In einer Studie konnte gezeigt werden, dass sich die Mentalisierung kontinuierlich über den Verlauf der Therapie verbesserte (Josephs et al., 2004). Zur Verbesserung der Interrater-Übereinstimmung bei der Kodierung von Therapiesitzungen wurden die Transkripte der Sitzungen dieser schizoiden Patienten in einer Langzeit-Psychoanalyse standardisiert, indem jeweils 150-Wort-Blöcke kodiert wurden. Eine Einzelfallstudie an zwei analytischen Langzeittherapien konnte zeigen, dass mit dieser Standardisierungsmethode eine gute Übereinstimmung zwischen der Erhebung der RF in Therapiesitzungen und dem AAI erzielt werden kann, wobei die Therapiesitzungen eher eine stärker fluktuierende Mentalisierung im Sinne eines Persönlichkeits-»States« messen und die AAI-bezogene RF statischer im Sinne eines Persönlichkeits-»Traits« erscheint (Hörz-Sagstetter et al., im Review).

Es zeigte sich, dass trotz der Grundannahme, dass Mentalisierung ein Schlüsselfaktor in allen Therapien darstelle, nicht alle therapeutischen Verfahren bei den untersuchten Störungen zu einer signifikanten Steigerung von Mentalisierung führten. Eine signifikante Verbesserung der RF zeigte sich bei Borderline-Persönlichkeitsstörungen nach einem Jahr übertragungsfokussierter Psychotherapie, aber nicht bei supportiver und dialektisch-behavioraler Psychotherapie (Levy et al., 2006). Dies gilt nur bei der übertragungsfokussierten Psychotherapie und nicht im Vergleich zu einer nicht-manualisierten Psychotherapie von erfahrenen Psychotherapeuten (Fischer-Kern et al., im Review). Eine zwölfmonatige psychodynamische stationäre und tagesklinische Behandlung bei Patienten mit Persönlichkeitsstörungen zeigte keine Veränderung der RF, was jedoch auch in der Erfassung von RF auf der Grundlage des ORI begründet sein könnte (Vermote et al., 2010). Eine Steigerung der globalen Mentalisierungsfähigkeit zeigte sich bei chronisch depressiven Patienten nach 24 Monaten analytischer Psychotherapie (Taubner et al., im Druck), aber nicht bei depressiven und Angstpatienten in Kurzzeittherapien (kognitiv-verhaltenstherapeutisch, psychodynamisch oder interpersonal) (Karlsson & Kermott, 2006). Eine psychodynamische Kurzzeitintervention für Kinder mit Angststörungen (PaKT) mit begleitender Elterntherapie zeigte an 25 Müttern nach 41 Wochen keine Veränderung der RF gemessen mit dem PDI (Göttken-Müller et al., 2014). In den Einzelfallstudien zeigten sich Verbesserungen der RF erst nach fünf Jahren analytischer

Psychotherapie (Szecsödy, 2008; Gullestad & Wilberg, 2011). Nach einer Kurzzeitintervention zeigte sich hingegen eine Steigerung der symptombezogenen RF bei Patienten mit der Hauptdiagnose Panikstörung (Rudden et al., 2006). Grenyer und Middleby-Clements (2003) untersuchten die Veränderung der RF bei 36 Patienten mit Cannabisabhängigkeit, die in zwei Therapierichtungen mit jeweils 16 Sitzungen supportiver psychodynamischer Psychotherapie oder Selbsthilfegruppensitzungen randomisiert wurden. Es zeigte sich, dass nur die Patienten in der Therapiegruppe eine Steigerung der RF nach Ende der Kurzzeitintervention aufwiesen. Zusammengefasst lässt sich feststellen, dass insbesondere psychodynamisch orientierte Therapieverfahren eine Verbesserung der allgemeinen Mentalisierungsfähigkeit in längeren Therapien und eine symptombezogene Verbesserung der Mentalisierung in kürzeren Therapien erreichen. Allerdings zeigte sich in den meisten Studien kein Zusammenhang zwischen der Veränderung der Mentalisierung und anderen Erfolgskriterien einer gelungenen Psychotherapie, wie z. B. die Verringerung der Symptomatik. In drei Studien zeigte sich allerdings ein Zusammenhang der Veränderung von desorgansierten zu organisierten Bindungsmustern und Mentalisierung (Hörz-Sagstetter et al., im Review; Taubner et al., im Druck; Levy et al., 2006), sodass Veränderungen von RF als strukturell begriffen werden können, die Veränderungen in der Symptomatik nach sich ziehen (Fischer-Kern et al., im Review). Damit könnte Mentalisierung als Mediator psychotherapeutischer Veränderung zumindest in psychodynamisch orientierten Psychotherapien angesehen werden (Katznelson, 2014). Zudem unterstreicht sie die Bedeutsamkeit von Einsichtsprozessen, insbesondere in psychodynamischen Psychotherapien (Johansson et al., 2010).

### 6.2.2 Mentalisierung als Moderator psychotherapeutischer Veränderung

Neben der Messung von Mentalisierung als Erfolgsvariable psychotherapeutischer Veränderung wurde die Ausprägung von Mentalisierung zu Beginn einer Psychotherapie in verschiedenen Studien als Prädiktor oder Moderator des Therapieerfolges eingesetzt (Taubner et al., im

Druck; Müller et al., 2006; Taubner et al., 2011; Gullestad et al., 2013; Göttken-Müller et al., 2014).

Müller und Kollegen (2006) untersuchten eine gemischte Stichprobe von 24 Patientinnen mit Essstörungen oder Depressionen. Der Median der Mentalisierungsfähigkeit lag in der gesamten Stichprobe bei einem RF-Wert von 3. Die Ausprägung der Mentalisierung zeigte sich in dieser Studie als ein signifikanter Prädiktor für die Veränderung der allgemeinen Symptombelastung – gemessen mit dem General Severity Index der Symptom-Checkliste von Derogatis (SCL-90) nach drei Monaten stationärer Psychotherapie ($r$=-0.46). Interessanterweise war Mentalisierung als Moderator unabhängig von der strukturellen Beeinträchtigung – gemessen mit der Strukturachse der Operationalisierten Psychodynamischen Diagnostik (OPD) (Task Force OPD, 2008) –, was die klinische Bedeutsamkeit und Eigenständigkeit der Mentalisierungsfähigkeit unterstreicht. Auch in der Untersuchung von Taubner und Kollegen (2011) wurde an 20 chronisch depressiven Patienten sichtbar, dass RF vor der Behandlung einen Teil der Veränderung der allgemeinen Symptomatik nach acht, aber nicht nach 16 Monaten analytischer Psychotherapie vorhersagt. Im weiteren Verlauf erwies sich die Mentalisierungsfähigkeit vor Beginn der Therapie als signifikanter Prädiktor für die Veränderung der Depressivität ($r$=-0.47) – gemessen mit dem Becks-Depressions-Inventar nach 36 Monaten Follow-Up (Taubner et al. im Druck). In dieser Studie zeigte sich überdies, dass eine Korrelation zwischen RF und dem Ausmaß des therapeutischen Arbeitsbündnisses zu Beginn der Behandlung – gemessen mit dem Helping-Alliance-Questionnaire – darauf hinweisen könnte, dass Patienten mit höheren RF-Werten leichter eine therapeutische Beziehung etablieren können als Patienten mit niedriger RF (Taubner et al., 2011).

Im Kontrast zu den beiden Studien konnten Gullestad und Kollegen (2013) keinen allgemeinen Prädiktoreffekt von Mentalisierung, operationalisiert als RF, zu Beginn der Behandlung von 78 Patienten mit Borderline-Persönlichkeitsstörung oder vermeidender Persönlichkeitsstörung feststellen. In dieser Studie zeigte sich jedoch ein Interaktionseffekt in dem Sinne, dass Patienten abhängig von ihrem Mentalisierungsniveau unterschiedlich von den zwei Therapiesettings profitierten, in die die Patienten randomisiert wurden: Patienten mit niedriger RF zeigten mehr Verbesserung im psychosozialen Funktionsniveau, wenn sie in einem psychotherapeutischen Einzelsetting in niedergelassener Praxis behandelt wurden als in einem gemischten Setting aus Einzel- und Gruppensitzungen sowie stationären und ambulanten Elementen; Patienten mit durchschnittlicher bis hoher RF profitierten von beiden Settings im Sinne einer Steigerung ihrer allgemeinen psychosozialen Funktionen.

Göttken-Müller und Kollegen (2014) konnten zeigen, dass die Mentalisierung von 25 Müttern, deren vier- bis zehnjährige Kinder aufgrund einer Angststörung mit komorbider Externalisierung in psychoanalytischen Kurzzeittherapien (PaKT) behandelt wurden, die Veränderung der externalisierenden, nicht aber der internalisierende Symptome nach Ende der Therapie und zum sechsmonatigen Follow-Up vorhersagte: Bei Kindern von Müttern mit hoher RF zeigte sich ein signifikant stärkerer Rückgang der externalisierenden Komorbidität im Vergleich zu Kindern von Müttern mit niedrigerer RF.

Diese ersten Ergebnisse zeigen, dass Mentalisierung für die Therapieplanung ein bedeutsames Merkmal darstellt, da das Mentalisierungsniveau bei verschiedenen Störungen entweder einen Teil der Varianz der Gesamtveränderung vorhersagt oder für eine differenzielle Therapieindikation genutzt werden kann.

## 6.3 Mentalisierung und Bindungssicherheit als Kernkompetenz von Psychotherapeuten

Das vorherrschende Forschungsparadigma der evidenzbasierten Medizin fokussiert auf den Nachweis empirisch wirksamer Behandlungsverfahren für spezifische Krankheitsbilder im Rahmen kontrollierter Studiendesigns. Obwohl der einzelne Therapeut nach jener Methodologie konsequenterweise als eine zu minimierende Einflussgröße angesehen wird, haben verschiedene Studien deren individuelle Bedeutung für den Therapieerfolg aufgezeigt (z. B. Luborsky et al., 1986; Blatt et al., 1996; Wampold, 2001; Okiishi et al., 2003; Elkin et al., 2006; Lutz et al., 2007). Psychotherapeuten scheinen sich in ihrer Effektivität zu unterscheiden, unabhängig von ihrer theoretischen Orientierung oder Erfahrung (Okiishi et al., 2006) und trotz der Schulung anhand von

Manualen (Elkin, 1999). Dies wird insbesondere mit dem Beitrag des Therapeuten zur therapeutischen Beziehung in Verbindung gebracht, die als ein bedeutsamer allgemeiner Wirkfaktor (common factor) gilt, der über die verschiedenen therapeutischen Schulen hinweg wirksam ist (Lambert & Barley, 2001; S. A. Baldwin et al., 2007). Es wird vermutet, dass die Fähigkeit zur therapeutischen Beziehungsgestaltung durch Kompetenzen der Therapeuten im interpersonalen Bereich beeinflusst wird (Mallinckrodt, 2000). Die Ergebnisse einer Studie verweisen darauf, dass bereits im Auswahlgespräch für die Therapieausbildung höher eingeschätzte interpersonale Kompetenzen der Ausbildungsteilnehmer bessere Behandlungsergebnisse und weniger Therapieabbrüche vorhersagen (Eversmann et al., 2011). Nach Orlinsky und Rønnestad (2005, S. 177) kann insbesondere zu Beginn der Ausbildung ein Mangel an »good basic relational skills« einen negativen Entwicklungsverlauf der Ausbildungsteilnehmer begünstigen, der zu einem sinkenden Optimismus, das eigene therapeutische Handeln betreffend, führen kann. Das Selbstwirksamkeitserleben der Ausbildungsteilnehmer kann somit unmittelbar mit dem Erleben des therapeutischen Beziehungskontextes in Verbindung gebracht werden (Lent et al., 2009). In einer Studie von Taubner und Kollegen (2013d) konnte zudem gezeigt werden, dass der affiliative bzw. feindselige Umgang angehender Therapeuten mit sich selbst einen Einfluss auf das therapeutische Selbstwirksamkeitserleben hat und sich dies in Richtung einer höher werdenden Selbstaffiliation im Laufe der Ausbildung verändert, was die Autoren vorsichtig als Ergebnis der Selbsterfahrung während der Therapieausbildung interpretiert haben.

### 6.3.1 Sichere Bindung und psychotherapeutische Kompetenz

Bowlby (1988) konzeptualisiert die therapeutische Beziehung in Anlehnung an die Eltern-Kind-Beziehung als eine Bindungsbeziehung, in der der Therapeut als sichere Basis für den Patienten fungiert (Farber & Metzger, 2009). Nach Annahme Bowlbys (1988) beeinflussen frühkindliche Bindungserfahrungen das Fürsorgeverhalten gegenüber anderen. Sicher-gebundene Therapeuten »are likely to possess alliance-enhancing characteristics and sensitivity (e.g., warmth, sensitivity), and are therefore better able to create the atmosphere of security (i.e., to become a secure base) that Bowlby (1988) viewed as a prerequisite for productive therapeutic work« (Obegi & Berant, 2010, S. 466). Die Ergebnisse verschiedener Studien belegen tatsächlich, dass Bindungserfahrungen der Therapeuten zu ihren primären Bezugspersonen einen Einfluss auf deren therapeutische Effektivität haben können (Hilliard et al., 2000; Lawson & Brossart, 2003). Ein Erklärungsmodell, das eine Verbindung zwischen den frühen Bindungserfahrungen von Therapeuten, deren interpersonaler Kompetenz und dem therapeutischen Prozess herstellt, bietet das Modell Social Competencies and Interpersonal Processes (SCIP) von Mallinckrodt (2000). Unter sozialer Kompetenz fasst Mallinckrodt (2000) Fähigkeiten und Dispositionen zusammen, die für die Herstellung und Aufrechterhaltung enger und unterstützender Beziehungen benötigt werden. Bei Therapeutinnen erweitert er den Begriff um Kompetenzen, die nach derzeitiger Forschungslage besonders zum Therapieerfolg beitragen, wie z.B. Empathie und Wärme (Lambert & Barley, 2001; Ackerman & Hilsenroth, 2003). Das SCIP-Modell postuliert, basierend auf verschiedenen Studien, dass ein sicherer Bindungsstil in der Kindheit die Entwicklung von sozialen Kompetenzen fördert, die sich wiederum auf die Qualität der Beziehungen im Erwachsenenalter auswirken (Mallinckrodt, 2000; Mallinckrodt & Wei, 2005). Ein unsicherer Bindungsstil dagegen kann mit vermeidenden oder ängstlichen Beziehungsstrategien im Erwachsenenalter einhergehen, geprägt von einer emotionalen Distanzierung in engen Beziehungen bzw. von Ängsten vor dem Verlassen werden und vor Zurückweisung (Shaver & Mikulincer, 2010), die sich negativ auf das therapeutische Arbeitsbündnis auswirken können.

Dennoch ist die Forschungslage zum Zusammenhang zwischen der Bindungsrepräsentation bzw. dem Bindungsstil des Therapeuten und seiner therapeutischen Kompetenz insgesamt als nicht eindeutig zu bewerten. Studien, die den Bindungsstil des Therapeuten per Fragebogen untersuchten, d.h. die bewusste Repräsentation der eigenen Bindung, fanden zum Teil keinen Zusammenhang zwischen dem Bindungsstil des Therapeuten und der therapeutischen Arbeitsbeziehung (Ligiéro & Gelso, 2002; Romano et al., 2008). In einer Studie zum Arbeitsbündnis mit psychotischen Patienten konnte zudem gezeigt werden, dass auch unsichere Bindungsstile mit guten Behandlungserfolgen einhergehen können, wenn diese komplementär zum Bindungsstil der Patienten ausgeprägt sind (Tyrrell et al., 1999). Andere Fragebogenstudien zeigten hingegen, dass sich positive Bindungsstile seitens des Therapeuten in erwarteter Weise auf das emotionale Bündnis aus Sicht der Klienten auswirken (Dunkle & Friedlander, 1996; Hersoug et al., 2009) und dass Therapien mit der Kombination von unsicher-gebundenen Patienten mit unsicher-gebundenen Therapeuten höhere Drop-Out-Quoten aufweisen (Pilkonis et al., 1998).

Studien an Psychotherapeuten, die auf narrative Messungen von Bindungen fokussieren, d.h. auf die prozessualen und unbewussten Anteile von Bindung, konnten das SCIP-Modell empirisch stärker untermauern als Fragebogenstudien. So zeigten sicher-gebundene Therapeuten eher Verhaltensweisen, die die therapeutische Allianz fördern (z.B. Wärme, Einfühlung) (Sauer et al., 2003; Black et al., 2005; Dinger et al., 2009), waren weniger anfällig für negative Gegenübertragungsreaktionen (Ligiéro & Gelso, 2002; Mohr et al., 2005) und etablierten ein besseres Arbeitsbündnis mit interpersonal schwierigeren Patienten (Schauenburg et al., 2010). In Bezug auf die Ausbildung von Psychotherapeuten liegt bislang nur eine Pilotstudie vor, die sich auf Bindungsrepräsentationen bezieht. In einer retrospektiven qualitativen Interviewstudie zu Bindungsrepräsentationen und Wirkung von Selbsterfahrung/Eigentherapie konnten Rizq und Target (2010) zeigen, dass es unsicher- bzw. desorganisiert-gebundenen Therapeuten und Beratern schwerer fällt, in ihren Lehrtherapien vertrauensvolle therapeutische Beziehungen aufzubauen, und dass Frustrationen mit dem Lehrtherapeuten die gesamte therapeutische Arbeit überschatteten. Im Kontrast schilderten die sicher-gebundenen Therapeuten die Lehrtherapie trotz Rückschlägen und vorübergehenden Enttäuschungen als generell hilfreich und schienen subjektiv mehr von den Lehrtherapien zu profitieren. Bislang liegt keine prospektive Studie vor, die die Veränderung von Bindungsrepräsentationen und den Zusammenhang zwischen Bindung und der therapeutischen Kompetenzentwicklung während der psychotherapeutischen Ausbildung untersucht. Im Rahmen der DFG-geförderten Studie zur Kompetenzentwicklung von Psychotherapeuten in Ausbildung unter Leitung von Möller und Taubner wird dieser Frage daher nachgegangen.

### 6.3.2 Aversive frühe Erfahrungen als Berufsmotivation für Psychotherapeuten

Im Konzept des Wounded Healer geht Menninger (1957) davon aus, dass Psychotherapeuten ihren Beruf als Konsequenz aus früherem emotionalen Schmerz wählen. Dies sei weiter verbunden mit wenig optimalen Erfahrungen in der Ursprungsfamilie (Strupp, 1973). Die Motivation, diesen Beruf zu wählen, könnte also den Wunsch einschließen, eigene psychische Probleme zu lösen und die Versorgerrolle weiterzuführen, die in der Familie innegehabt wurde (DiCaccavo, 2002). Studien bestärken diese Ansicht und zeigen, dass Psychotherapeuten im Vergleich zu Kontrollgruppen, z. B. Physiker, ein hohes Ausmaß von elterlicher Abwesenheit und generell weniger Kindheitsglück erfahren haben (Fussell & Bonney, 1990). Zudem konnte gezeigt werden, dass Psychotherapeuten häufiger als Vergleichsgruppen Eltern-Kind-Rollentausch bzw. Parentifizierungen in ihren Ursprungsfamilien erlebten (Nikcevic et al., 2007). Ob Kindheitsbelastungen einen nachteiligen Effekt auf die klinische Praxis haben oder als Basis für das Verstehen des Schmerzes von anderen gesehen werden können, ist bisher unklar, aber höchst wichtig, um die Entwicklung von Therapeuten zu verstehen (Strauss, 2000). Des Weiteren ist ein Verständnis über die mentale Verarbeitung von frühen Bindungserfahrungen der Therapeuten zentral, um die Psychotherapieausbildung im Sinne persönlicher Therapie beziehungsweise Selbsterfahrung/Lehranalyse und auch Supervision zu planen (Leiper & Casares, 2000).

Da aversive frühe Erfahrungen weit verbreitet sind, ist die Art der Verarbeitung dieser bedeutsam, um die möglichen Auswirkungen auf die therapeutische Kompetenz einschätzen zu können. Der Anteil sicherer Bindung wird in nicht-klinischen Stichproben aktuell mit 58% angegeben (Bakermans-Kranenburg & van IJzendoorn, 2009). Die Forschungslage zur Verbreitung verschiedener Bindungsrepräsentationen/Bindungsstile in Therapeutenstichproben ist bislang als heterogen und nur vorläufig einzuschätzen. Empirische Studien zeigen zum einen vergleichbare Anteile mittels Interview (61,3% sichere Bindung) (Schauenburg et al., 2010), zum anderen sowohl höhere Anteile per Fragebogenstudie (69,9% sichere Bindung) (Leiper & Casares, 2000) als auch niedrigere Anteile per Interview (50% sichere Bindung) (Rizq

& Target, 2010). Zu klären ist, ob das psychotherapeutische Feld tatsächlich besonders attraktiv für Personen mit unsicherer Bindung ist, wie die Literatur zur Hypothese des Wounded Healer nahelegt (ebd.). In der Pilotstudie von Schauenburg und Kollegen (2010) zeigte sich neben einem hohen Anteil sicherer Bindung auch, dass 22,6% der Studienteilnehmer desorganisiert-gebunden sind, in der Studie von Rizq und Target (2010) waren es 17% mit ungelöstem Bindungstrauma. Gleichwohl sind die bisherigen Studien im Bereich der narrativen Methoden aufgrund kleiner Stichproben ($N$=32 bei Schauenburg et al., 2010; $N$=12 bei Rizq & Target, 2010) als möglicherweise selektiv einzuschätzen. Im Rahmen einer aktuellen Studie zur Kompetenzentwicklung von Psychotherapeuten in Ausbildung zeigte sich bei einer Stichprobe von 90 Ausbildungsteilnehmern mit jeweils ca. 30 Personen für jedes Therapie-Richtlinienverfahren in Deutschland (analytische Psychotherapie, tiefenpsychologisch fundierte Psychotherapie und Verhaltenstherapie), dass 65,6% und somit 59 von 90 Ausbildungsteilnehmern über mindestens eine aversive Kindheitserfahrung im Interview berichten (Taubner et al., 2014c). Im Durchschnitt schildert ein Teilnehmer eine Ausprägung von $M$=1.41 verschiedenen Formen von aversiven Erfahrungen: Das häufigste kritische Lebensereignis werdender Psychotherapeuten war die Schilderung von emotionaler Vernachlässigung in den Primärfamilien, die knapp ein Drittel der Teilnehmer angaben. Ein Viertel der Teilnehmer berichtet, dass die Eltern sich während der Kindheit und Jugend getrennt hätten, 21% erzählen, dass mindestens ein Elternteil während der Kindheit/Jugend der Teilnehmer psychisch erkrankt war. Von emotionalem/verbalem sowie körperlichem Missbrauch berichten jeweils 12% der Teilnehmer, von sexuellem Missbrauch in Kindheit und Jugend waren 10% der angehenden Psychotherapeuten betroffen. Knapp 9% erlebten ein drogenabhängiges Elternteil (inkl. Alkoholabhängigkeit) und ebenfalls 9% verloren ein Elternteil vor Vollendung des 18. Lebensjahres. Vier berichten von physischer Vernachlässigung und eine Person davon, dass ein Elternteil inhaftiert wurde. Es bestand kein Zusammenhang zwischen der Anzahl an Kategorien kritischer Lebensereignisse, der therapeutischen Schule und dem Geschlecht (Pearson-Korrelation). Die bisherige Auswertung von 61 AAIs in Bezug auf den Bindungstyp in der Stichprobe der werdenden Psychotherapeuten ergab eine deutliche Überrepräsentanz sicherer Bindungsmuster von

80% (49 Personen). 11,5% der ausgewerteten AAIs (sieben Personen) wurden als verstrickt-gebunden bewertet und ein Interview wurde als unsicher-vermeidendes Arbeitsmodell kodiert. Vier Interviews (6,6%) wurden als desorganisiert bewertet. Sichere Bindung korrelierte signifikant negativ mit der Anzahl an Kategorien verschiedener kritischer Lebensereignisse ($rs$=-0.43, $p$=0.001), d. h., je mehr verschiedene kritische Lebensereignisse vorliegen desto weniger wahrscheinlich ist eine sichere Bindungsrepräsentation. Für Alter, Geschlecht und therapeutische Schule ließ sich kein Zusammenhang zur Bindungssicherheit zeigen.

Für die Betrachtung der therapeutischen Kompetenz von Ausbildungsteilnehmern ist vor dem Hintergrund des Konzeptes vom Wounded Healer besonders die Gruppe der Erworben-Sicheren (Earned-secure) interessant (Pearson et al., 1994). Bei diesen Individuen wird von einer Diskontinuität der Bindungsrepräsentation ausgegangen, d. h., dass in der Kindheit ausgebildete unsichere Bindungsmuster im Verlauf der weiteren Entwicklung zu sicheren Bindungsmustern transformiert werden (Crowell et al., 2008). Besonders bei Personen mit dem Status Earned Secure wird vermutet, dass trotz eigener negativer früher Erfahrungen der intergenerationale Kreis der Weitergabe unsicherer Bindung durchbrochen werden kann (Sroufe et al., 1999). Die Fähigkeit, trotz aversiver früher Erfahrungen sichere innere Arbeitsmodelle von Bindung auszubilden, wird mit emotionaler Unterstützung durch nicht elterliche Personen und Therapieerfahrungen in Verbindung gebracht (Saunders et al., 2011). Von den sicher-gebundenen Teilnehmern der Studie zur Kompetenzentwicklung von Psychotherapeuten in Ausbildung (Taubner et al., 2014c) wurden 12 Teilnehmer (25% der sicher Gebundenen und 19,7% des gesamten Samples) als erworben-sicher eingestuft. Diese Personen konnten in kohärenter Weise über negative und positive Bindungserfahrungen reflektieren (sicheres inneres Arbeitsmodell von Bindung), obwohl sie negative oder zurückweisende Erfahrungen mit mindestens einer zentralen Bindungsperson erlebt haben. Der Status des erworben-sicher wird dann kodiert, wenn auf einer Loving-Skala des AAI in Bezug auf die frühe Beziehung zum Vater, zur Mutter oder einer sonstigen Bindungsperson ein Wert kleiner als 5 kodiert wurde. Dieses Ergebnis und die oben referierten Angaben über häufige kritische Lebensereignisse vor dem 18. Lebensjahr zeigen, dass

Psychotherapeuten in Ausbildung tatsächlich oftmals frühen aversiven Bindungserfahrungen ausgesetzt sind, sie diese aber sehr häufig im Sinne eines kohärenten und sicheren inneren Arbeitsmodells von Bindung verarbeitet haben, bevor sie mit einer Therapieausbildung beginnen. Dies könnte auch mit reflexiven Fähigkeiten im Zusammenhang stehen, wie im Folgenden ausgeführt wird.

### 6.3.3 Mentalisierung und psychotherapeutische Kompetenz

Bei der Entwicklung und Aufrechterhaltung einer sicheren Bindung wird den Mentalisierungsfähigkeiten eine zentrale Funktion zugesprochen (Fonagy & A. W. Bateman, 2006). Unabhängig vom inneren Arbeitsmodell wird zudem dem Vermögen eines Therapeuten, sich in die Erfahrung des Patienten hineinzuversetzen, eine wichtige Bedeutung für die therapeutische Beziehungsqualität zugewiesen (Ackerman & Hilsenroth, 2003). Trotz einer wachsenden Zahl an Studien über Bindungsrepräsentationen von Therapeuten existieren bislang nur sehr wenige Studien, die die Mentalisierungsfähigkeiten von Psychotherapeuten untersuchen und mit der therapeutischen Beziehung und Effektivität in Verbindung bringen. Im Rahmen einer Studie über die Bindungsrepräsentationen und Mentalisierungsfähigkeiten von Therapeuten und Patienten kommen Diamond und Kollegen (2003) zu dem Ergebnis, dass es sich am günstigsten auswirke, wenn die Mentalisierungsfähigkeiten der Therapeuten während der Therapiesitzungen leicht ausgeprägter sind als die ihrer Patienten. Interessante Ergebnisse liefert eine Studie, in der untersucht wurde, wie sich die Bindungsrepräsentation und die Mentalisierungsfähigkeiten psychologischer Berater auf das Erleben eigener Therapien auswirken (Rizq & Target, 2010). Die Ergebnisse der Studie zeigen, dass Teilnehmer mit einem durchschnittlichen oder ausgeprägten Niveau reflexiver Kompetenz, welches i. d. R. mit einer sicheren Bindung einhergeht, ihre therapeutische Selbsterfahrung eher dazu nutzen konnten, mit Gefühlen im Umgang mit als schwierig erlebten Klienten umzugehen. Die höchste Ausprägung an reflexiver Kompetenz zeigte in der untersuchten Stichprobe eine Teilnehmerin mit einem ungelösten Bindungstrauma. Diese Person konnte ihre hohen reflexiven Fähigkeiten vor dem Hintergrund des ungelösten

Bindungstraumas jedoch nicht für ihre beraterische Tätigkeit nutzen: Statt ihre eigene Therapie in einer produktiven Weise für das Verständnis der Bedürfnisse ihrer Klienten zu nutzen, zeigte sich bei der Teilnehmerin eine Überbesorgtheit in Bezug auf die eigenen mentalen Zustände, die zudem mit ausgeprägten Inkompetenzgefühlen einherging (Rizq & Target, 2010).

Im Rahmen einer Ausbildungsstudie konnten Ensink und Kollegen (2013b) zeigen, dass es möglich ist, Mentalisierungsfähigkeiten im Hinblick auf ein reflektiertes Verständnis schwieriger Patienten gezielt zu steigern. Im Rahmen eines randomisierten Designs konnten die Autoren aufzeigen, dass klassisch-didaktisch aufgebaute Theorieseminare eher zu einer Verminderung von Mentalisierung angehender Psychotherapeuten beitragen. Statt einer reflektierten Haltung entwickelten die Teilnehmer einen verstärkt rationalisierenden oder emotional verstrickten Zugang zu Fallvignetten von Borderline-Patienten. Seminare, die gezielt am emotionalen Erleben der Teilnehmer und der Nutzung der eigenen Emotionen zum Verständnis von Fallmaterial ansetzen, konnten hingegen die therapeutischen Reflexionsfähigkeiten signifikant steigern.

In der bereits erwähnten Studie zur Kompetenzentwicklung von Psychotherapeuten in Ausbildung zeigte sich, dass die Teilnehmer (*N*=183) bereits am Anfang der Therapieausbildung insgesamt ein sehr hohes Mentalisierungsinteresse im Selbstbericht angeben, das jedoch bei den Teilnehmern in psychodynamisch orientierten Verfahren signifikant höher ist als bei denen in verhaltenstherapeutischer Ausbildung (Taubner et al., 2014c). Dies spiegelte sich auch in den RF-Werten wider, die durch einen für die Schulenzugehörigkeit verblindeten externen Auswerter kodiert wurde. Die gesamte Gruppe (bislang sind 61 der 90 AAIs kodiert) erreichte durchschnittlich einen RF-Wert von *M*=5.5 (*SD*=1.2) mit einem Rang von 2.5 bis 7.5. Damit ist die Gruppe der werdenden Psychotherapeuten als überdurchschnittlich im Vergleich zu nicht-klinischen Stichproben anzusiedeln, die einen Durchschnittswert von 4 auf der Skala der RF erreichen. Wie beim Mentalisierungsinteresse unterscheiden sich die therapeutischen Schulen bereits zu Beginn der Therapieausbildung signifikant in der Mentalisierungsfähigkeit: die Gruppe der psychodynamisch/psychoanalytischen Teilnehmer (*N*=43) erreicht einen durchschnittlichen RF-Wert von *M*=5.7 (*SD*=1.0), während die Gruppe der werdenden Verhaltenstherapeuten (*N*=17) einen Durchschnittswert von *M*=5.0 (*SD*=1.4) erzielt. Dies könnte ebenfalls als ein Selbstselektionseffekt interpretiert werden, jedoch werden hier die Ergebnisse des gesamten Samples abgewartet, ehe die Daten abschließend interpretiert werden können. Aktuell werden zusätzlich die Verläufe der Patientenbehandlungen der Teilnehmer erhoben, um den Zusammenhang zwischen Bindung, Mentalisierung und therapeutischer Effektivität untersuchen zu können.

# 7. Wie kann Mentalisierung gefördert werden?

Auf der Grundlage des Mentalisierungskonzeptes sind in den letzten Jahren sowohl spezialisierte Therapieangebote als auch Präventionsprogramme entwickelt worden. In diesem abschließenden Kapitel wird auf die zentrale Idee der Mentalisierungsbasierten Therapie (MBT) am Beispiel der MBT für Patienten mit Borderline-Persönlichkeitsstörungen (BPS) eingegangen (A.W. Bateman & Fonagy, 2006). MBT für BPS ist die erste Anwendung von MBT und ist am intensivsten implementiert und erforscht worden und kann daher als evidenzbasiert betrachtet werden (ebd., 2008). Gleichzeitig hat sie Modellcharakter für andere Anwendungen von MBT, die zum Beispiel im Jugendbereich angesiedelt sind und auf beginnende Persönlichkeitsstörungen (Bleiberg, 2001), Selbstverletzungen (Rossouw & Fonagy, 2012), Störung des Sozialverhaltens (Taubner et al., 2015) und schwer erreichbare Jugendliche (Bevington & Fuggle, 2012) und deren Familien fokussieren (Keaveny et al., 2012). Für erwachsene Patienten liegen Manuale für MBT mit Patienten mit antisozialer Persönlichkeitsstörung (McGauley et al., 2011), Drogenabhängigkeit (ebd.), Essstörungen (Skarderud, 2007), Posttraumatischer Belastungsstörung (Allen et al., 2003) und Psychosen (Brent, 2009) vor. A.W. Bateman und Fonagy (2011) haben die bisherigen Entwicklungen und Anwendung der MBT in einem Herausgeberwerk zusammenfassend dargestellt.

Abschließend wird eine weitere Anwendung der Mentalisierungstheorie für den Bereich der Prävention von psychischen Erkrankungen und Gewalt in Schulen dargestellt. Hier wird kurz auf das Konzept der Peaceful Schools eingegangen (Twemlow et al., 2012). Am Beispiel eines aktuellen Präventionsprogramms in der beruflichen Rehabilitation, der Mentalisierenden Berufsausbildung, wird verdeutlicht, wie Mentalisierung um eine systemisch-organisationale Perspektive erweitert werden kann (Taubner et al., 2014a). Auf ein weiteres bedeutsames Projekt aus dem Feld der Frühen Hilfen, Minding the Baby, kann an dieser Stelle nur verwiesen werden (Slade et al., 2005).

## 7.1 Mentalisierungsbasierte Therapie (MBT) für Borderline-Persönlicheitsstörungen

Zunächst wurde MBT für BPS als ein stationäres Programm entwickelt (A. W. Bateman & Fonagy, 1999), es findet inzwischen aber größtenteils in ambulanten Settings Anwendung. Bei hoher Selbst- und/oder Fremdgefährdung, einem bestehenden Substanzmissbrauch, instabilen Wohnverhältnissen und/oder fehlender sozialer Unterstützung wird ein zunächst teilstationäres Setting empfohlen, während dessen MBT hochfrequent, d. h. fünfstündig über 18–24 Monate, stattfindet, wobei zwischen Einzel- und Gruppensetting abgewechselt wird. Bei stabileren sozialen Verhältnissen und einem geringen Risiko hinsichtlich der Fremd- und Selbstgefährdung kann MBT bei BPS vollständig in einem ambulanten Setting durchgeführt werden. Es werden hierfür ca. 18 Monate veranschlagt mit einer zweistündigen Frequenz, die ebenfalls Einzel- und Gruppentherapie enthält. In beiden Settings wird Wert darauf gelegt, dass unterschiedliche Therapeuten für die Gruppen- und Einzeltherapie zuständig sind.

Nachfolgend werden die Grundzüge der MBT aufgeführt und mit klinischen Beispielen illustriert. Die Beschreibung folgt dabei den Angaben von den Begründern der MBT (A. W. Bateman & Fonagy, 2004; Allen et al., 2011; A. W. Bateman, 2014). Die gesamte Behandlung fokussiert auf dem Aufbau einer Bindungsbeziehung zwischen Patient und Behandler, innerhalb derer sich vorsichtig auf die mentalen Prozesse des Patienten konzentriert wird. Diese mentalen Prozesse werden von Augenblick zu Augenblick betrachtet und begleitet. Darüber hinaus liegt der Schwerpunkt der Behandlung auf der Arbeit an der therapeutischen Arbeitsbeziehung und einer aktiven Haltung des Therapeuten, Angriffe auf das Arbeitsbündnis zu reparieren. Generell basiert die Behandlung auf einer Reihe verschiedener Grundhaltungen und Basistechniken, die in den folgenden Unterkapiteln genauer erläutert werden:

1. kooperatives therapeutisches Arbeitsbündnis,
2. Fokusformulierungen zu Beginn der Behandlung und jeder Sitzung,
3. Identifikation nicht-mentalisierender Prozesse,
4. MBT-spezifische Haltung und Haltung des Nichtwissens,
5. Identifikation der Mentalisierungspole,
6. Interventionshierarchien von der empathischen Validierung bis zur Mentalisierung der Übertragung,
7. Fokus auf Kontingenz und Markierung von Interventionen sowie
8. das explizite Herausarbeiten der Gefühle des Behandlers in Bezug auf die mentalen Prozesse des Patienten.

### 7.1.1 Therapeutische Grundhaltungen in der Mentalisierungsbasierten Therapie

Die Etablierung eines kooperativen therapeutischen Arbeitsbündnisses ist das zentrale Ziel für die Einleitung der Therapie. Zu Beginn werden die zentralen Probleme des Patienten gemeinsam mit diesem ausgearbeitet und in einer Fall- oder Fokusformulierung niedergeschrieben. Darüber hinaus wird vereinbart, an diesen zentralen Problemen gemeinsam zu arbeiten. Die zusammen erstellte Fokusformulierung wird alle drei Monate ebenfalls kooperativ überarbeitet.

In der mittleren Phase der MBT wird aktiv an einer Verbesserung der Mentalisierungsfähigkeit gearbeitet. Dazu wird unter anderem sorgsam auf nicht-mentalisierende Prozesse während der Sitzungen geachtet. In der klinischen Arbeit sind es die drei prämentalisierenden Denkmodi – teleologisch, psychisch-äquivalent und Als-ob –, die besonders von BPS-Patienten schnell und in vielen Lebenssituationen eingenommen werden und die therapeutische Kommunikationen erheblich erschweren können. So kann eine vom Therapeuten empathisch gemeinte Äußerung von Patienten als zurückweisend erlebt werden, wie die folgende Szene verdeutlicht:

> Eine Patientin berichtete in der Klinik aufgeregt davon, dass ihr Partner gestern volltrunken nach Hause kam, während sie eine

> schwierige Entscheidung treffen musste und vorher seine Hilfe erbeten hatte. Als nun die Therapeutin, ironisch markiert, das Verhalten des Partners als »besonders hilfreich« bezeichnete, fühlte sich die Patientin sehr missverstanden, da sie die Ironie der Therapeutin im Denkmodus der psychischen Äquivalenz nicht verstehen konnte.

Im Modus des Als-ob sind mentale Befindlichkeiten von der externen Realität abgekoppelt. Typisch für BPS-Patienten sind hypermentalisierende Denkmodi, die dazu führen können, dass sich ein Patient in exzessive Selbstreflexionen verstricken kann, die aber das Verständnis für das Selbst und andere tatsächlich nicht verbessern. Sind Therapeuten nicht sensibilisiert für Hypermentalisierung, so könnten sie fälschlich von reflexiven Ansätzen ausgehen, was in der folgenden Vignette verdeutlicht werden soll:

> Eine junge Patientin mit einer schweren Borderline-Pathologie genoss die Stunden mit ihrer Therapeutin so sehr, dass sie bereits zwei Stunden vor dem Termin vor der Tür der Therapeutin wartete. In den Sitzungen reflektierte sie ausführlich über ihre Redeängste, sich am Unterricht zu beteiligen, und ihre Beziehungsfantasien zu einem Mitschüler. Dabei hatte sie aus Sicht der Therapeutin auch wichtige Einsichten. Später stellte sich heraus, dass die Patientin schon vor Monaten die Schule abgebrochen hatte und ihre Einsichten somit keine Auswirkungen auf ihre reale Situation haben konnten. Die Patientin hatte auch kein Interesse, etwas an der Realität zu ändern, sondern war sehr zufrieden damit, sich im Gespräch mit der Therapeutin eine Als-ob-Welt zu erschaffen.

Der teleologische Modus des Denkens ist dann erreicht, wenn die Welt nur noch über reales Verhalten und nicht mehr über dahinter liegende Intentionen erlebt werden kann. Ein Patient beurteilt die Therapie in diesem Fall nur noch danach, was tatsächlich im Verhalten passiert, und nicht dahingehend, was der Therapeut beabsichtigt hat. Dies zeigt sich in der folgenden Szene eindrücklich:

> Eine junge Borderline-Patientin geriet von Zeit zu Zeit in eine große innere Not und forderte dann reale Liebesbeweise von

ihrer Therapeutin, damit sie sicher sein konnte, dass sie dieser wirklich etwas bedeutete. Besonders schwierig war in diesen Zeiten das Stundenende, das die Patientin als große Kränkung erlebte und als Beweis dafür, dass die Therapeutin sich nicht wirklich um sie kümmern wollte. In einer besonders dramatischen Zuspitzung nahm die Patientin ein paar Münzen und warf sie der Therapeutin vor die Füße mit den wütenden Worten: »Dann muss ich Sie wohl dafür bezahlen, dass Sie sich um mich kümmern!«

Die drei beschriebenen prämentalisierenden Denkmodi sind in der klinischen Praxis nicht immer klar zu trennen, da sie sich überlappen oder ineinander übergehen können. Für den MBT-Therapeuten ist nicht wichtig, dass er die Modi genau diagnostiziert, sondern dass er Nicht-Mentalisieren erkennt, da dies spezifische Techniken nach sich zieht, die helfen sollen, die Mentalisierungsfähigkeit in den Sitzungen wiederherzustellen.

Die generelle Haltung des MBT-Therapeuten folgt verschiedenen Prinzipien. Die Basis bildet, wie erwähnt, eine Sensibilität des Therapeuten für die aktuellen Mentalisierungsfähigkeiten des Patienten, die sich aufgrund der dynamischen Eigenschaften von Mentalisierung von Augenblick zu Augenblick verändern können. Alle Interventionen müssen den aktuellen Denkmodus des Patienten berücksichtigen, da Patienten z. B. komplexe Interpretationen im Modus der psychischen Äquivalenz nicht verstehen können. Damit grenzt sich die MBT deutlich von anderen psychodynamischen Verfahren ab, die Deutungen (z. B. von Spaltungsphänomenen wie bei der übertragungsfokussierten Psychotherapie) bereits zu Beginn der Behandlungen von Patienten mit BPS vorsehen, aber auch von kognitiven Therapieansätzen. Nach der Logik der MBT werden komplexe Interpretationen oder kognitive Bewertungen erst dann als sinnvoll angesehen, wenn Patienten in der Lage sind, über ihre aktuellen psychischen Befindlichkeiten nachzudenken, ohne sie agieren zu müssen. Darüber hinaus ist der MBT-Therapeut wachsam in Bezug auf die aktuelle Affektivität des Patienten. Ein Patient mit einem hohen emotionalen Stresslevel kann schlechter mentalisieren, weshalb der Therapeut zunächst darauf achtet, dass Emotionen nicht zu stark werden, z. B. indem die therapeutische Bindungsbeziehung nicht durch zu starke Anteilnahme/Empathie forciert wird. Erst wenn der Patient beginnt, seine Emotionen zu mentalisieren, kann der Fokus auf eine intensivere Exploration der Affekte gelegt werden. Oberste Priorität ist, dass der Therapeut seine eigene Mentalisierungsfähigkeit bewahrt und sie bei einem temporären Verlust schnellstmöglichst zurückerlangt. Dazu kann er das therapeutische Gespräch unterbrechen und auf seine Schwierigkeiten aufmerksam machen: »Es tut mir leid, ich konnte eben nicht mehr denken und habe dann zu schnell reagiert, als ich sagte ...«

Der vierte Punkt der Grundhaltung ist eine grundsätzliche Offenheit des Therapeuten, seine mentalen Reaktionen auf die mentalen Prozesse des Patienten wahrzunehmen und mit diesem zu teilen. Damit ist der MBT-Therapeut viel weniger abstinent als der klassische psychodynamische Therapeut und nutzt kontrollierte Selbstenthüllungen als therapeutische Technik. Hierbei wird sehr stark darauf geachtet, dass das Erleben des Therapeuten nicht exakt beschreiben kann, was im Patienten vor sich geht, sondern nur die Repräsentation der Psyche des Patienten im Therapeuten darstellen kann. Der Therapeut sagt also: »Ich bin verwirrt« statt zu sagen »Es kommt mir so vor, als seien Sie verwirrt«. Oder: »Ich erlebe mich manchmal von Ihnen gedemütigt« statt »Wenn Sie ängstlich sind, dann demütigen Sie mich, um die Sitzung zu kontrollieren« (vgl. A. W. Bateman, 2014). Wenn prämentalisierende Denkmodi die Reflexion unterbrechen, überlegt der Therapeut zunächst und prioritär, was sein Beitrag zum Zusammenbrechen der Mentalisierung war. Das Ziel des therapeutischen Prozesses ist, die Patienten in die Lage zu versetzen, ihre eigenen Gefühle und andere mentale Befindlichkeiten wahrzunehmen, und zu explorieren, wie und wann sich diese in Beziehungen negativ auswirken. Es geht nicht darum, dem Patienten zu erklären, was er/sie wirklich empfindet, denkt und was das alles tatsächlich bedeutet. Daher nimmt der MBT-Therapeut eine Haltung des Nichtwissens und der grundsätzlichen Neugierde ein. Das Nichtwissen basiert auf einem authentischen kollaborativen Kontakt mit dem Patienten, von dem der Therapeut tatsächlich nicht wissen kann, was genau in seinem Kopf vor sich geht. Hierbei geht es zunächst darum, dass der Therapeut die Angemessenheit des psychischen Erlebens des Patienten anerkennt, auch wenn er dieses zunächst nicht versteht. Tatsächlich ist es nicht die Aufgabe des

Therapeuten, etwas Unverständliches verstehbar zu machen, sondern eher das Unverständliche für ihn zu benennen.

### 7.1.2 Therapeutische Techniken in der Mentalisierungsbasierten Therapie

Im Verlauf des Therapieprozesses achtet der MBT-Therapeut darauf, welche Muster im Sinne von Rigiditäten im Bereich der Mentalisierungsdimensionen auftreten. Die Mentalisierungsdimensionen betreffen die Pole Selbst vs. Andere, emotional vs. kognitiv, innen vs. außen, implizit vs. explizit (vgl. Kapitel 3). MBT zielt darauf ab, Fixierung in Bezug auf die Pole der Mentalisierungsdimensionen zu lockern, sodass eine ausbalancierte Mentalisierungsfähigkeit erreicht wird.

Einzelsitzungen folgen einem empfohlenen schrittweisen Wechsel der empathisch unterstützenden Haltung hin zu einer eher beziehungsorientierten Prozesserfahrung. Die supportiven Techniken können als Validierung des subjektiven Erlebens des Patienten zusammengefasst werden, welche für Patienten mit BPS von besonderer Bedeutung ist, da sie häufig invalidierende Erfahrungen mit ihren primären Bezugspersonen erlebt haben. Die Validierung des subjektiven Erlebens ist die notwendige Grundlage, um dann gemeinsam das vom Patienten Erlebte aus anderen Blickwinkeln reflektieren zu können. Erst wenn die Validierung erfolgreich verlaufen ist, kann der Therapeut Techniken der Klärung und Exploration mentaler Befindlichkeiten einsetzen. Um einen prolongierten Als-ob-Modus zu unterbrechen, kann der Therapeut die Mentalisierung herausfordern (Challenge). Diese Art der Intervention verlässt den normalen therapeutischen Dialog und wird von den Patienten oftmals als überraschend erlebt. Eine Herausforderung der Mentalisierung lässt sich gut durch Szenen aus Kindertherapien illustrieren:

> Ein achtjähriges Mädchen kam in die analytische Kindertherapie aufgrund ausgeprägter Trennungsängste, die damit in Verbindung standen, dass sie seit einer schweren Erkrankung des Vaters befürchtete, dass Menschen sterben könnten, wenn sie nicht bei ihnen ist. In der fortgeschrittenen Therapie wurden diese Ängste ein starkes Thema, indem das Mädchen für eine sehr lange Zeit

> eine Szene aus Wildwest spielen wollte, bei der sie die Therapeutin erschoss. Dies wiederholte sich bis zu 20 Mal in einer Sitzung und es schien, als sei das Mädchen in diesem Spiel gefangen und könnte das Trennungsthema so nicht weiter bearbeiten. In einer spontanen Eingebung durchbrach die Therapeutin schließlich das Spiel, indem sie nach dem Sterben überraschend »zombieartig« mit einem Grunzen nach der kleinen Patientin griff. Diese war einen Moment sehr erschrocken und dann mussten beide lachen. Das Mädchen berichtete der Therapeutin, dass das ganz schrecklich gewesen sei und sie das nie wieder machen solle. Sie hatte in ihrem Als-ob-Modus eine neue Erfahrung machen können, die ein reales Gefühl ausgelöst hat, über das sie reflektieren konnte. Danach waren neue Spielvarianten des Themas möglich.

Mit dem Affektfokus unterscheidet sich MBT deutlich von kognitiv-behaviouralen Therapien. Damit ist nicht nur gemeint, dass Affekte erkannt und benannt werden sollen, sondern es geht im Sinne der mentalisierten Affektivität (Jurist, 2005) um ein erweitertes Kontextverständnis für den Patienten und das Verständnis dafür, wann welche Gefühle in einem negativen Verlauf im Hinblick auf zerstörerisches Verhalten in Beziehungen oder Selbstverletzungen münden. Was MBT ebenfalls von nicht-psychodynamischen Therapien unterscheidet, ist das Arbeiten innerhalb der therapeutischen Beziehung unter zur Hilfenahme von Übertragungsgefühlen. Dies hat zum Ziel, das interpersonal-emotionale Erleben der Patienten zu steigern und sie gleichzeitig im mentalisierenden Denkmodus zu halten. Die eigenen affektiven und kognitiven Reaktionen des Therapeuten auf den Patienten (Gegenübertragung) werden sorgfältig überwacht und zunächst unter »Quarantäne« gestellt, d. h. sie werden nur mitgeteilt, wenn es den interpersonalen Prozess weiterbringt. Gegenübertragungsgefühle werden nicht per se als projektive Elemente des Patienten angesehen, sondern müssen klar unterteilt werden in diejenigen Anteile, die mehr mit dem Therapeuten und weniger mit dem Patienten zu tun haben. Wenn der Therapeut entscheidet, seine Gegenübertragung mitzuteilen, ist er nach MBT-Technik dazu angehalten, diesen Satz mit »Ich« zu beginnen, um deutlich zu markieren, dass es hier um sein Erleben geht und nicht um objektives Wissen.

### 7.1.3 Verläufe von Mentalisierungsbasierter Therapie bei Borderline-Persönlichkeitsstörungen und Wirksamkeitsnachweise

Der prototypische Verlauf einer MBT für BPS, wie er sich sowohl für das stationäre als auch das ambulante Setting zeigen kann, ist in Tabelle 6 dargestellt (A.W. Bateman & Fonagy, 2004; Allen et al., 2011). Die erste Phase ist gekennzeichnet durch einen diagnostischen Prozess, der die Beurteilung der Mentalisierungsfähigkeiten beinhaltet und den Patienten im Rahmen einer Psychoedukation über das Konzept der Mentalisierung sowie die Zusammenhänge zwischen Mentalisierung und BPS aufklärt. Die Psychoedukation hat nicht das Ziel einer therapeutischen Veränderung, sondern soll eine Transparenz über das therapeutische Vorgehen ermöglichen und das therapeutische Arbeitsbündnis stärken. Es wird gemeinsam mit dem Patienten eine Hierarchie der therapeutischen Ziele und eine schriftliche Fallformulierung über die zentralen Probleme des Patienten erarbeitet. Im stationären Setting nimmt der Patient dazu an den Fallkonferenzen des Behandlungsteams teil. In der Eingangsphase der Therapie geht es zunächst um eine Stabilisierung und Eingrenzung agierenden Verhaltens, bevor in Phase 2 an der Verbesserung der Mentalisierungsfähigkeit gearbeitet werden kann (s.o.). In etwa sechs Monaten vor dem Abschluss der Therapie wird das Thema der Trennung in den Sitzungen bearbeitet und gemeinsam ein Follow-Up entwickelt, wie z.B. zunächst 14-tägige kurze Sitzungen, deren Frequenz dann weiter ausgedünnt werden kann.

A.W. Bateman und Fonagy (2008) untersuchten die Wirksamkeit von MBT bei BPS im Rahmen einer kontrolliert randomisierten Studie im Vergleich zu einem ebenfalls manualisierten psychiatrischen Care-Management mit gleicher Dosis. Nach acht Jahren Follow-Up konnten 41 Patienten erneut untersucht und Einsicht in deren Krankenakten genommen werden. Dabei zeigte sich eine signifikante Überlegenheit der MBT-Gruppe sowohl hinsichtlich der Suizidalität, des Diagnosestatus, der Rehospitalisierungstage, dem globalen Funktionsniveau und dem Arbeits- bzw. Ausbildungsstatus. Bei einer weiteren Analyse der Daten zeigte sich, dass insbesondere Patienten mit mehrfachen Komorbiditäten im Bereich der Persönlichkeitsstörungen (Achse-II) von MBT im Vergleich zu einer nicht spezialisierten strukturierten psychi-

| | **Ziele** | **Spezifische Prozesse** |
|---|---|---|
| **1** | Beurteilung der Mentalisierung und Gesamtpersönlichkeit<br><br>Patienten für die Behandlung gewinnen | • Diagnosestellung<br>• Psychoedukation<br>• Hierarchie therapeutischer Ziele<br>• Stabilisierung von Verhaltensproblemen und sozialen Schwierigkeiten<br>• Überprüfung Medikation und Krisenplan<br>• Schriftliche Fallformulierung (»work in progress«)/Teilnahme an einer Sitzung des Behandlungsteams (alle drei Monate wieder) |
| **2** | Verbesserung der Mentalisierungsfähigkeit | Wenn Symptome und Verhaltensprobleme kontrolliert sind, wird an interpersonalen Problemen mit dem Ziel gearbeitet, konstruktive und intime Beziehungen führen zu können. |
| **3** | Abschluss | • 6 Monate vor Therapieende<br>• Bearbeitung und Vorbereitung der Trennung<br>• Entwicklung eines Follow-Up-Programms |

*Tabelle 6: Ablauf einer Mentalisierungsbasierten Therapie (MBT) bei der Borderline-Persönlichkeitsstörung*

atrischen Behandlung profitierten (A. W. Bateman & Fonagy, 2013). MBT als stationäre Therapie bei tagesklinisch aufgenommenen Borderline-Patienten mit einem hohen Schweregrad der Erkrankung und erheblichen Komorbiditäten im Bereich der Achse-I- und Achse-II-Erkrankungen erwies sich auch in einer Studie einer unabhängigen niederländischen Forschergruppe als erfolgreich (Bales et al., 2012). Die Autoren berichten, dass bei den in die Studie eingeschlossenen 45 Patienten nach der 18-monatigen MBT-Behandlung eine signifikante Verbesserung mit großen Effektstärken in den Bereichen allgemeine Symptombelastung und Depressivität, Lebensqualität, soziales Funktionsniveau sowie Borderline- und allgemeine Persönlichkeitspathologie auftrat. Vergleichbar zur Studie von A. W. Bateman und Fonagy (2009) verbesserten sich ebenfalls die Quote an Suizidversuchen, Selbstverletzungen und akutpsychiatrischen Aufenthalten (Bales et al., 2012). Eine weitere randomisiert-kontrollierte Studie einer dänischen Arbeitsgruppe um Jørgensen und Kollegen (2013) verglich die Wirksamkeit von hochfrequenter MBT (zweitstündig) mit niederfrequenter supportiver psychodynamischen Gruppenpsychotherapie (zweiwöchentlich). Dabei zeigten beide Therapien für die Behandlung von Borderline-Patienten starke Effekte, lediglich in Bezug auf das globale Funktionsniveau war MBT überlegen.

Das *Cochrane-Review* zur Frage der Wirksamkeit verschiedener Therapieansätze zur Behandlung von Borderline-Persönlichkeitsstörungen kommt zu dem Schluss, dass es Hinweise für positive Effekte verschiedener Behandlungsformen gibt, von denen MBT zu denjenigen gehört, die neben dialektisch-behaviouraler Therapie am besten erforscht sind, es jedoch weiter einen großen Forschungsbedarf zur Absicherung der ersten Befunde gibt (Stoffers et al., 2012).

## 7.2 Mentalisierungsbasierte Präventions- und Rehabilitationskonzepte

Ein Ansatz, der Mentalisierung auf eine Gruppenebene ausgeweitet hat, ist das Modell der mentalisierenden Gemeinschaft, das Twemlow, Fonagy und Sacco (2005) ausgehend von ihrem Projekt Friedliche Schulen entwickelt haben. Dabei gehen sie über die Betrachtung dyadischer Beziehungen hinaus und nehmen Gruppenprozesse und die sich innerhalb von Gruppen entwickelnden sozialen Rollen in den Fokus. Durch Machtdynamiken können individuelle Mentalisierungsfähigkeiten vermindert werden, sodass stereotypes Verhalten in Form einer Opfer-, Täter- und Zuschauermentalität erzeugt wird. Diese sozialen Prozesse können von Zwang geprägt sein und finden zumeist überwiegend außerhalb bewusster oder reflektierter Intentionalität statt. Im Fall von Mobbing könnte der Täter eine soziale Rolle erfüllen, die ihm die Zuschauer durch Unterstützung oder absichtliches Wegschauen zubilligen. Damit eine Interventionsstrategie dieser komplexen Dynamik begegnen kann, muss sie so konzipiert sein, dass sie »alle Beteiligten dazu anregt, sich der mentalen Zustände anderer Gruppenmitglieder bewusst zu bleiben, und diese Zustände bei der Formulierung von Vorschriften […] berücksichtigt« (Twemlow & Fonagy, 2009, S. 411). Auf diese Weise kann eine Struktur impliziter sozialer Konventionen etabliert werden, die einer mentalisierenden Perspektive folgt. Das Projekt Friedliche Schulen nutzt dieses Modell, um ein mentalisierendes soziales Schulklima zu schaffen. Es konnten durch die Etablierung eines mentalisierenden Systemklimas erfolgreich offene und relationale Gewalt sowie Störverhalten vermindert und prosoziales Verhalten und Empathiefähigkeiten gefördert werden (Fonagy et al., 2009; Twemlow & Sacco, 2011).

Innerhalb von Organisationen spielen über Gruppenprozesse und die damit einhergehenden Rollenverteilungen hinaus auch organisationale Charakteristika und Dynamiken eine entscheidende Rolle, die mit Einschränkungen der Mentalisierungsfähigkeiten der Organisationsmitglieder einhergehen können. Ziele, Strukturen, Prozesse, Kultur und die Beziehungen der Organisation zur Umwelt können mentalisierungsförderlich oder -hinderlich wirken. Aus psychodynamischer Perspektive (Giernalczyk & Lohmer, 2012) ist die primäre Aufgabe einer Organisation immer mit einem primären Risiko verbunden, eben diese Aufgabe nicht zu meistern, sondern zu scheitern. Die Möglichkeit des Scheiterns führt zu einer konstanten Spannung in der Organisation, die das Auftreten institutioneller Abwehrmechanismen fördert und damit die Mentalisierungsfähigkeit mindert. Wie »reif«, d.h. wie offensiv, bewusst und hinterfragend, eine Organisation mit diesem primären Risiko umgeht, trägt dazu bei, ob eine aufgabengerechte Bewältigung mit ausreichend Containment möglich ist (on-task) oder ob realitätsverzerrende psychosoziale Abwehrmechanismen dazu führen, dass die Erfüllung der primären Aufgabe eingeschränkt wird (off-task) (ebd.). Im Folgenden wird ein aktuelles Konzept in seiner Umsetzung und Evaluation beschrieben, das die berufliche Rehabilitation im Rahmen der Förderung von Berufsbildungswerken auf der Grundlage der mentalisierenden Gemeinschaft verbessern soll.

### 7.2.1 Die Mentalisierende Berufsausbildung

Im Auftrag der Bundesagentur für Arbeit bieten die Berufsbildungswerke (BBW) in Deutschland eine berufliche Förderung für junge Menschen, die wegen individueller Beeinträchtigungen eine reguläre betriebliche Ausbildung nicht erfolgreich bewältigen können. BBW ermöglichen eine berufliche Rehabilitation für junge Menschen mit körperlicher und/oder seelischer Behinderung, für Jugendliche ohne Schulabschluss sowie für Ausbildungsabbrecher. Überwiegend weist die Klientel verschiedene Formen von Beeinträchtigungen im Lern- und Leistungsverhalten auf, die unter dem Begriff der Lernbehinderung zusammengefasst werden. Zum Teil sind die Teilnehmer zusätzlich mit psychischen Störungen oder sozialen Problemen belastet.

Durch eine im BBW angesiedelte Ausbildung und eine zusätzliche sonderpädagogische Förderung werden ein Ausbildungsabschluss nach dem Berufsbildungsgesetz und eine anschließend erfolgreiche Integration in den allgemeinen Arbeitsmarkt angestrebt. Das BBW besteht aus fachlichen Ausbildern sowie Fachdiensten mit Pädagogen für Stütz- und Förderunterricht, Psychologen und Sozialpädagogen (Rehabegleiter). Eine Beschulung findet auf dem Gelände des BBW durch die integrierte Staatliche Berufsschule statt. Fachliche Ausbilder, Rehabegleiter und Berufsschullehrer bilden gemeinsam die fachgruppenspezifischen Rehateams. Die Teilnehmer werden über die gesamte Ausbildung von diesen Teams begleitet und sollen eine höchstmögliche berufliche Qualifizierung in Abhängigkeit ihrer individuellen Stärken und Schwächen erfahren sowie auf ein selbstständiges, eigenverantwortliches Leben vorbereitet und im Aufbau einer stabilen Persönlichkeit unterstützt werden.

Um Mentalisierung in Organisationen wie z. B. einem Berufsbildungswerk zu stärken, muss auch auf institutioneller Ebene angesetzt werden. Döring (2013) verdeutlicht dies mit dem Konzept des mentalisierungsbasierten Managements (MBM). Um Mentalisieren in Organisationen zu ermöglichen, gilt es, immer wieder die primäre Aufgabe der Gesamtorganisation und einzelner Teilbereiche zu klären (das »Was« der Organisation), die verfügbaren Ressourcen zu überprüfen (»Womit«), Prozesse und Abläufe zu beschreiben und zu optimieren (»Wie«) und Strukturen (Zuständigkeiten und Befugnisse) zu klären. Eine wesentliche Rolle kommt hierbei der Leitung zu, kann aber nicht vollständig an diese delegiert werden. Wenn Führungskräfte und Mitarbeiter ihre Aufgabe auch darin sehen, sich mit diesen vier Fragen auseinanderzusetzen, besteht eine Chance, Schritte auf eine mentalisierende Gesamtorganisation zu gehen. Dazu gehört auch, Mitarbeiter für organisationale Muster und Dynamiken zu sensibilisieren, die ihre primäre Aufgabe – die Arbeit mit den Teilnehmern –

beeinträchtigen können, und Ressourcen zu identifizieren, die mentalisierungsfördernd wirken können. Ziel eines Interventionskonzeptes, das den organisationalen Kontext der Mentalisierung einbezieht, ist daher, die Perspektivübernahme der Mitarbeiter über die Dyade hinaus zu weiten und sie zu unterstützen, das Verhalten innerhalb des BBWs (ihr eigenes, das von Kollegen und das der Teilnehmer) aus dem dreifachen Blick von *Person* (mit ihrer Persönlichkeit, Biografie, professionellen Prägung), *Rolle* (Rollenbefugnisse, Rollenerwartungen, Rollenkonflikte) und *Organisation* (Ziele, Strukturen, Kultur etc.) zu verstehen. Es geht also im organisationalen Kontext darum, »dreidimensional« zu mentalisieren und darauf aufbauend Handlungsideen zu entwickeln.

Ein BBW nahm 2011 Kontakt mit einer Arbeitsgruppe der Uni Kassel auf und schilderte eine sich zunehmend zuspitzende Situation. Aus Sicht der Lehrkräfte würden immer schwierigere junge Menschen über die Agentur für Arbeit an das BBW vermittelt werden, welche die klassische Arbeitsweise des multiprofessionellen Teams überfordern würden. Insbesondere wurde eine Lustlosigkeit der Teilnehmer beschrieben, die wenig Verantwortung für die eigene Zukunft übernehmen würden. Die Lehrkräfte würden sich zunehmend hilfloser fühlen und könnten trotz großen Engagements die Teilnehmer immer weniger für die Ausbildung motivieren. Eine Untersuchung bestätigte die Annahme, dass die stärker psychisch Belasteten unter den Teilnehmern erhebliche Einschränkungen ihrer Mentalisierungsfähigkeiten aufweisen und daher die Mitarbeiter des BBW vor neue Herausforderungen stellen. Durch eine systematische Reflexion des Forschungsteams im Verlauf eines zweijährigen Prozesses wurde zudem deutlich, wie institutionelle Strukturen und Dynamiken negativ auf die Mentalisierungsfähigkeiten der Mitarbeiter wirken. Laut Brattig (2013) berichten die BBW bundesweit, dass »insbesondere der Anteil der jungen Menschen mit psychischer Behinderung gestiegen sei« (ebd., S. 37). Auch konstatiert der Autor eine Zunahme an Mehrfachbehinderungen seit den 1990er Jahren und einen steigenden Bedarf psychotherapeutischer Kompetenzen und Angebote (Brattig, 2009), insbesondere auch zur Förderung der Beschäftigungsfähigkeit im Rahmen der beruflichen Integration. Daher sind die Schlussfolgerungen aus diesem Projekt für vergleichbare berufliche Rehabilitationssettings relevant. Eine berufliche Rehabilitation mit lern- und psychisch-behinderten jungen

Menschen stellt erhebliche Anforderungen an die damit befassten Mitarbeiter, insbesondere wenn die jungen Menschen sowohl kognitiv als auch in ihren Beziehungs- und Reflexionsfähigkeiten eingeschränkt sind. Das Präventionsprogramm Mentalisierende Berufsausbildung ist als Systemintervention darauf ausgerichtet, ein mentalisierungsförderliches Klima zu schaffen, um eine kognitiv-emotionale Förderung zu ermöglichen. Die Förderung von Mentalisierung in einer komplexen Institution wie einem BBW bedarf eines Programms, das sowohl das Individuum als auch die Gruppe im Kontext der Organisation und ihrer primären Aufgabe im Blick behält. Daher profitiert das Programm, wenn es selbst als triadische Mentalisierung konzipiert ist und sich flexibel reflektierend an den jeweiligen Kontext anpassen kann.

Das neu entwickelte Präventionsprogramm mit dem Titel Mentalisierende Berufsausbildung (Taubner et al., 2014a) setzte auf drei verschiedenen Ebenen an, um einen mentalisierenden Umgang im BBW zu ermöglichen: auf der Ebene der Teilnehmer, der Mitarbeiter und der gesamten Organisation. Das Programm besteht aus den folgenden vier Modulen:

a) Fortbildung aller Mitarbeiter,
b) Supervision von zwei Rehateams,
c) mentalisierungsbasierte Trainingsgruppen für 20 Teilnehmer und
d) Intervision des Forschungsteams.

Psychoedukative Fortbildungen für alle Mitarbeiter wurden mit dem Ziel durchgeführt, das Wissen über Mentalisierung und Mentalisierungsdefizite bei allen Mitarbeitern des BBWs zu etablieren und eine gemeinsame Sprache sowie darauf aufbauend eine mentalisierungsförderliche Haltung zu entwickeln. Parallel zur Durchführung des Präventionsprogrammes auf der Ebene der Teilnehmer und Mitarbeiter werden die Erfahrungen des Forscherteams im Rahmen des Projektes systematisch reflektiert: Irritationen, die während der teilnehmenden Beobachtung und Intervention auftraten, wurden zum Verstehen des Gesamtsystems genutzt, um das Präventionsprogramm sukzessive an die Bedürfnisse des BBWs anzupassen. Den Abschluss des Projektes bildet eine zusammenfassende Rückmeldung der Ergebnisse des Projektes an die Leitung des BBWs. Das zentrale Ziel des Präventionsprogrammes besteht darin, die Akteure des BBWs zu befähigen, eine mentalisierende Perspektive dauerhaft aufrechtzuerhalten und von Zwang geprägte soziale Prozesse aufdecken zu können, um primär die Zusammenarbeit im multiprofessionellen Team zu verbessern und sekundär die Kommunikation mit den Teilnehmern zu optimieren. Das Präventionsprogramm folgt zentralen psychodynamischen Prinzipien, da alle Akteure des BBWs dazu angeregt werden sollen, ihr eigenes Verhalten mit einem Fokus auf ihre Affekte zu reflektieren und Offenheit für eine Kommunikation über die hinter dem Verhalten liegenden mentalen Befindlichkeiten zu schaffen. In Bezug auf die organisationale Ebene besteht der psychodynamische Ansatz darin, unbewusste Prozesse wie z. B. institutionelle Abwehrmechanismen offenzulegen, die einen mentalisierenden Umgang beeinträchtigen. Darüber hinaus ist ein Teil des forscherischen Zuganges psychodynamisch, da die subjektive Involviertheit der Forscher systematisch reflektiert wird und die im Kontakt mit der Organisation entstehenden Affekte und Handlungsimpulse (im Sinne einer Gegenübertragungsanalyse) in der Organisationsanalyse berücksichtigt werden.

Im Folgenden werden die Ergebnisse aus der Forschungsreflexion dargestellt, welche die verschiedenen Informationen in der Auseinandersetzung mit dem BBW als Organisation integriert und reflektiert, wobei der Schwerpunkt auf einer Analyse institutioneller Abwehrprozesse liegt. Dabei soll aus der Vielzahl der beobachteten Phänomene eines genauer herausgearbeitet werden: die Verwechselung von Familie und Organisation.

Döring (2013) beschreibt, dass alle Menschen die Neigung haben, Gruppen zunächst aus einer familiären Perspektive zu sehen. Psychotherapeuten – und andere Mitarbeiter in therapeutisch-psychiatrischen Einrichtungen – würden aufgrund ihrer beruflichen Sozialisation und Arbeit mit der Klientel aber in besonderer Weise dazu neigen, Organisationen unter einem familialen Aspekt zu konzeptualisieren. Allerdings handelt es sich dabei um eine Verwechslung: In der Familie entsteht Zugehörigkeit durch Geburt und dauert ein Leben lang, ein Ausschluss erfolgt nur bei schwerstem Vergehen. Die Mitgliedschaft ist nicht an ein »Funktionieren« gekoppelt, in der Familie hat man miteinander auszukommen. Die Zugehörigkeit zu einer Organisation ist dagegen immer auf begrenzte Zeit angelegt und in einem Bündnis aus Leistung und Gegenleistung begründet, das von beiden Seiten aufgelöst werden kann, wenn keine zufriedenstellende Passung gefunden wird. Die Vorstellung der Organisation als Familie ermöglicht Gefühle von Schutz, Sicherheit und Zusammengehörigkeit. Falls positive Übertragungen (auf die Leitung, auf die Organisation als Ganzes) überwiegen, kann dies tatsächlich auch so erlebt werden. Allerdings gehen mit der Verwechselung von Familie und Organisation auch Risiken einher: Bei negativen Übertragungsprozessen (z.B. Leitung als vernachlässigendes oder missbrauchendes Elternteil) ist die Mentalisierungs- und Arbeitsfähigkeit eingeschränkt. Eine Prüfung, ob Mitarbeiter und Organisation (noch) zueinanderpassen, darf nicht stattfinden; und da Leistung als Kriterium im Familienmodell nicht eingefordert werden kann, kommt es spätestens dann zu Konflikten, wenn Unterschiede zwischen engagierten und weniger engagierten Mitarbeitern deutlich werden.

Dass im BBW eine starke Präferenz des Familienmodells vorliegt, zeigt sich auf unterschiedlichen Ebenen. Auf einer realen Ebene bestehen tatsächlich partnerschaftliche und familiäre Beziehungen zwischen den Mitarbeitern des BBW. Viele arbeiten dort bereits seit Jahrzehnten; jemand der seit fünf Jahren dort tätig ist, bezeichnet sich als Neuling. Mitarbeiter beschreiben das BBW als Familie und wertschätzen es als Ort der Sicherheit und Intimität, explizit auch in Abgrenzung von anderen, größeren, anonymeren und weniger familiären Einrichtungen. Der familiäre Bezug zeigt sich auch in einem ausgeprägten Bedürfnis nach informellem Zusammensein mit allen (abends im Rahmen von Fortbildungsveranstaltungen, Weihnachtsfeiern etc.) und in einer persönlichen Betroffenheit, wenn die Teilnehmer (die im Familienmodell als »Kinder« wahrgenommen werden können) z.B. bei Prüfungen versagen oder durch Fehlverhalten auffallen. Das BBW wirkt in den Köpfen vieler Mitarbeiter wie eine familiäre Oase. Das Bild des BBWs als Oase oder Refugium wurde der Forschergruppe bereits beim ersten Besuch der Räumlichkeiten vermittelt, welche in einem deutlichen Kontrast zum unmittelbaren Umfeld – eine große, laute, viel befahrene Straße – und den geschilderten Problemen der Teilnehmer erschien. Die Räume sind liebevoll gepflegt, im Eingangsbereich plätschert ein künstlicher Teich mit Fischen und Vögel zwitschern in einer liebevoll eingerichteten Voliere. Die Wichtigkeit, dieses Bild aufrechtzuerhalten, lässt sich möglicherweise als doppelte Abwehrstrategie verstehen, wenn man sich den starken Kontrast vor Augen führt: einerseits zu den realen Familien und den teilweise traumatischen biografischen Erfahrungen der Teilnehmer; andererseits zu dem wirtschaftlichen Druck, dem das BBW seit einigen Jahren unterworfen ist.

Die Mitarbeiter sind stark mit den zunehmenden psychischen Problemlagen der Klientel beschäftigt; auch innerhalb der Forschergruppe entstand während der psychoedukativen Fortbildungen teilweise das Bild einer psychiatrischen Tagesklinik, nachdem die Mitarbeiter einen psychiatrischen Fall nach dem anderen schilderten. Die ständige Konfrontation mit jungen Menschen, die schwere traumatisierende Erfahrungen in ihren Primärfamilien erlebt haben, wird im BBW durch ein Gegenmodell beantwortet, vielleicht im Sinne einer besseren Familie und eines Schutzraums. Den Mitarbeitern erlaubt das Familienmodell möglicherweise, eigene Gefühle von Hilflosigkeit und Wut angesichts des drohenden Scheiterns an der primären Aufgabe, die Teilnehmer zum Ausbildungsabschluss zu führen, weniger stark zu spüren. Im Familienmodell muss auch von den Teilnehmern keine Leistungsrolle eingefordert werden, sondern es können auch besonders schwierige Fälle »durchgetragen« werden. Gleichzeitig stellt sich jedoch die Frage, wo an diesem idyllischen Ort ein Platz für die »hässlichen« oder »unschönen« Gefühle der Teilnehmer sein könnte. Mentalisierungseinschränkungen scheinen bei Mitarbeitern insbesondere dann aufzutreten, wenn Teilnehmer (oder Kollegen) die Idee des BBWs als Idylle oder Oase angreifen, also zum Beispiel die liebevoll gestaltete Einrichtung beschädigen. Es scheint, als ob das Zeigen einer hässlichen Seite möglichst schnell unterbunden werden müsste. Dies verhindert allerdings das Verstehen, also etwas über die mentalen Hintergründe dieses Verhaltens erfahren zu können. Das Verstehen wiederum würde die einzige Chance dafür darstellen, den Teilnehmern einen Ausweg aus dem Agieren traumatischer Gefühle zu ermöglichen.

Die ausgeprägte Präferenz für das Familienmodell lässt sich darüber hinaus auch als Abwehr des zunehmenden wirtschaftlichen Drucks verstehen, der im BBW wie im gesamten sozialen Bereich spürbar ist. Die Mitarbeiter sind stark mit Veränderungen auf der Leitungsebene beschäftigt; die Anforderung, wirtschaftlich(er) zu arbeiten, und die Erfahrung betriebsbedingter Umsetzungen führen zu Unsicherheit und zu einer starken Identifikation mit der »heileren«, familiäreren

Vergangenheit. Die auf der Homepage des BBWs prominent geführte Untersuchung eines Wirtschaftsinstituts, dass Berufsvorbereitung und -ausbildung in Berufsbildungswerken volkswirtschaftliche Rendite bringe, steht im Kontrast zum Familienmodell, in dem Zugehörigkeit nicht über Leistung erworben wird. Ein Festhalten am Identifikationsobjekt Familienmodell ermöglicht den Mitarbeitern, die durch den ökonomischen Druck entstehenden, auch existenziellen Ängste abzuwehren und gleichzeitig das BBW als Schutzraum für Teilnehmer aufrechtzuerhalten, die in Regelausbildungen keinen Platz finden und »aus dem System fallen« würden. Auf der Ebene der Gesamtorganisation kann das Festhalten am Familienmodell jedoch auch dazu führen, dass die Identifikation mit der primären Aufgabe beeinträchtigt wird und dadurch notwendige Veränderungen in Prozessen und Zuständigkeiten ausbleiben. Darüber hinaus verstärkt das Festhalten am Familienmodell möglicherweise eine Spaltung zwischen Leitungs- und Mitarbeiterebene, wie sie in Veränderungsprozessen häufig auftritt: das wirtschaftliche Handeln wird dann ausschließlich der Leitung zugewiesen und von Mitarbeitern abgelehnt, bzw. umgekehrt werden die Mitarbeiter von der Leitung als wenig wirtschaftlich handelnd wahrgenommen. Hier ist insbesondere die Leitungsebene gefragt, das Spannungsfeld zwischen realen Zwängen für die Organisation und Ängsten und Fantasien der Mitarbeiter wahrzunehmen und unter Einbezug der Mitarbeiter zu bearbeiten.

Wie am Beispiel des »Familienmodells« exemplarisch ausgeführt wurde, ergibt sich als vorläufiges Fazit: Obwohl die einzelnen Individuen über reife Mentalisierungsfähigkeiten verfügen, scheinen unbearbeitete institutionelle Konflikte zu einer Verstärkung rigider Abwehrmuster zu führen. Diese schränkt eine mentalisierende Auseinandersetzung ein und begünstigt eine Regression der Organisation auf den teleologischen Modus.

## 7.3 Zusammenfassung und Ausblick

Es konnte im Rahmen dieser Ausarbeitung gezeigt werden, dass das Mentalisierungskonzept seit seiner Einführung Anfang der 1990er Jahre international rezipiert worden ist und sowohl innerhalb der Forschungslandschaft als auch in der praktischen Anwendung kreative Prozesse angestoßen hat.

Als ein Brückenkonzept steht die Mentalisierungstheorie auf vielen Beinen und nur eine davon ist die psychoanalytische Theorie- und Behandlungstradition. Gleichwohl ist die Mentalisierungstheorie auch eine psychoanalytische Theorie und stellt eine bedeutsame Weiterentwicklung psychoanalytischer und bindungstheoretischer Überlegungen dar. Mit ihrer Anbindung an die empirische Entwicklungspsychologie und Entwicklungspsychopathologie erfüllt sie meines Erachtens tatsächlich den Anspruch, einen Anschluss der Psychoanalyse an die modernen Entwicklungswissenschaften zu ermöglichen, und stellt sich den Anforderungen der Scientific Community. Aufgrund der empirischen Anschlussfähigkeit des Konzeptes erscheinen psychoanalytische Veröffentlichungen in den nicht-psychoanalytischen Fachjournalen, was ein bedeutsamer Schritt aus der »splendid isolation« (Fonagy, 2003b) heraus ist, in die sich die Psychoanalyse in den letzten Jahrzehnten begeben hat. Psychoanalytische Konzepte fokussieren auf der Entwicklung und Ausprägung von Subjektivität und sind deshalb so bedeutsam für die Mainstream Wissenschaft, die in ihrer Suche nach objektiven Zusammenhängen die Bedeutsamkeit der Vermittlung objektiver Faktoren mit der subjektiven Verarbeitung oftmals vernachlässigt.

Die Entwicklung anwendungsbezogener Konzepte in Intervention, Prävention und Rehabilitation geben andererseits wichtige Impulse für eine psychoanalytische Gemeinschaft, die integrativen Therapieansätzen gegenüber nicht immer aufgeschlossen ist. Die inhaltliche Bedeutsamkeit des Mentalisierungskonzeptes liegt nicht zuletzt darin begründet, dass mit ihren Anwendungsbereichen Patientengruppen erreicht werden können, für die bislang wenig effektive psychotherapeutische Verfahren vorliegen, wie z. B. hinsichtlich der antisozialen Persönlichkeitsstörung und der Störung des Sozialverhaltens (McGauley et al., 2011). Die Stärke des Mentalisierungskonzeptes liegt u. a. darin begründet, dass im Rahmen eines konzeptuell starken Störungsmodells kausale Faktoren durch die Behandlungskonzepte direkt verändert werden, was Kazdin (1997) für die Entwicklung von Psychotherapien eingefordert hat.

Es hat sich auch gezeigt, dass die Konzepte, empirischen Belege und Anwendungen des Mentalisierungskonzeptes in den meisten Feldern noch weiterentwickelt und überprüft werden müssen, was für das junge Alter des Konzeptes jedoch nicht verwunderlich ist. Es gilt hier zu systematisieren und noch mehr Anschluss an interdisziplinäre Forschungsbereiche, wie z. B. den Neurowissenschaften und der Genetik, zu suchen, um das Wissen über Mentalisierung zu erweitern. Besonderer Bedarf besteht im Hinblick auf eine Weiterentwicklung von Mentalisierung über die gesamte Lebensspanne. Es bestehen erste Ansätze zur Erforschung adoleszenter Mentalisierung, aber bislang ist das Wissen über Veränderungen von Mentalisierung in den erwachsenen Entwicklungsfeldern bis hin zum hohen Alter fast gänzlich unberücksichtigt geblieben. Hier bieten sich Anschlussbereiche zur klinischen Altersforschung (z. B. funktionale Aspekte der Demenz), aber auch zur Weisheitsforschung an (z. B. Staudinger & Glück, 2011).

Im Bereich der Psychotherapieforschung sind ebenfalls noch viele Fragen offen, die den konzeptionellen Streit in Bezug auf die übertragungsfokussierte Psychotherapie und der MBT bei der Behandlung von Borderline-Persönlichkeitsstörungen betreffen (Verheugt-Pleiter & Deben-Mager, 2006). Wie lässt sich erklären, dass aus MBT-Sicht eine Deutung der primitiven Abwehr und der aktivierten Objektbeziehungen ungeeignet erscheint, da BPS-Patienten so schlecht mentalisieren können, jedoch gerade die übertragungsfokussierte Psychotherapie eine Steigerung der Mentalisierungsfähigkeiten bei BPS ermöglicht, was für MBT noch nicht untersucht wurde. Hier erscheint es notwendig, die beiden Therapieformen einem direkten Vergleich zu unterziehen und Therapie-Prozess-Forschung zu betreiben, die diese offenen Fragen angehen könnte. Ein Vorbild dafür ist eine aktuelle Studie von Goodman (2013), der zeigen konnte, dass die Förderung von Reflective Functioning ein allgemeiner Wirkfaktor ist, der auch bei der übertragungsfokussierten Psychotherapie und der dialektisch-behaviouralen Therapie in Bezug auf die Behandlung von BPS Anwendung findet.

# Literaturverzeichnis


Aber, J., Slade, A., Berger, R., Bresgi, I. & Kaplan, M. (1985). *The Parent Development Interview.* Unveröffentlichtes Protokoll. The City University of New York.

Achenbach, T.M. (1982). *Developmental psychopathology* (2. Aufl.). New York: Wiley.

Ackerman, S.J. & Hilsenroth, M.J. (2003). A review of therapist characteristics and techniques positively impacting the therapeutic alliance. *Clinical Psychology Review, 23*(1), 1–33.

Ainsworth, M.D.S. (1985). Patterns of infant-mother attachments. Antecedents and effects on development. *Bulletin of the New York Academy of Medicine, 61*(9), 771–791.

Ainsworth, M.D.S., Blehar, M.C., Waters, E. & Wall, S. (1978). *Patterns of attachment. A psychological study of the strange situation*. Hillsdale, N.J.: Erlbaum.

Aldridge, M.A., Stone, K.R., Sweeney, M.H. & Bower, T. (2000). Preverbal children with autism understand the intentions of others. *Developmental Science, 3*(3), 294–301. DOI:10.1111/1467-7687.00123

Allen, J.G. (1995). The spectrum of accuracy in memories of childhood trauma. *Harvard Review of Psychiatry, 3*(2), 84–95.

Allen, J.G. (2001). *Traumatic relationships and serious mental disorders.* Chichester, New York: Wiley.

Allen, J.G. (2006). Mentalizing in practice. In J.G. Allen & P. Fonagy (Hrsg.), *Handbook of mentalization-based treatment* (S. 3–30). Chichester, England, Hoboken, NJ: Wiley.

Allen, J.G. (2013). *Mentalization in the development and treatment of Attachment Trauma*. London: Karnac Books.

Allen, J.G., Bleiberg, E. & Haslam-Hopwood, T. (2003). Mentalizing as a compass for treatment. *Bulletin of the Menninger Clinic, 67*(1), 1–4.

Allen, J.G. & Fonagy, P. (Hrsg.). (2006). *Handbook of mentalization-based treatment.* Chichester, England, Hoboken, NJ: Wiley.

Allen, J.G., Fonagy, P. & Bateman, A.W. (2008). *Mentalizing in clinical practice*. Washington, DC: American Psychiatric Pub.

Allen, J.G., Fonagy, P. & Bateman, A.W. (2011). *Mentalisieren in der psychotherapeutischen Praxis. Fachbuch*. Stuttgart: Klett-Cotta.

American Psychiatric Association. (2013). *Diagnostic and statistical manual of mental disorders. DSM-5* (5. Aufl.). Washington, D.C.: American Psychiatric Publishing.

Anda, R.F., Croft, J.B., Felitti, V.J., Nordenberg, D., Giles, W.H., Williamson, D.F. & Giovino, G.A. (1999). Adverse childhood experiences and smoking during adolescence and adulthood. *The Journal of the American Medical Association, 282*(17), 1652–1658.

Angold, A. & Costello, E. (2001). The epidemiology of disorders of conduct. Nosological issues and comorbidity. In J. Hill & B. Maughan (Hrsg.), *Cambridge child and adolescent psychiatry. Conduct disorders in childhood and adolescence* (S. 126–168). Cambridge, U.K., New York, NY: Cambridge University Press.

Arnott, B. & Meins, E. (2007). Links among antenatal attachment representations, postnatal mind-mindedness, and infant attachment security. A preliminary study of mothers and fathers. *Bulletin of the Menninger Clinic, 71*(2), 132–149. DOI:10.1521/bumc.2007.71.2.132

Astington, J.W. (1996). What is theoretical about the child's theory of mind? In P. Carruthers & P.K. Smith (Hrsg.), *Theories of theories of mind* (S. 184–199). Cambridge, New York: Cambridge University Press.

Astington, J.W. (2001). The future of theory-of-mind research. Understanding motivational states, the role of language, and real-world consequences. *Child Development, 72*(3), 685–687.

Bakermans-Kranenburg, M.J. & van IJzendoorn, M.H. (2009). The first 10.000 Adult Attachment Interviews. Distributions of adult attachment representations in clinical and non-clinical groups. *Attachment & Human Development, 11*(3), 223–263. DOI:10.1080/14616730902814762

Bakermans-Kranenburg, M.J., van IJzendoorn, M.H., Pijlman, F.T.A., Mesman, J. & Juffer, F. (2008). Experimental evidence for differential susceptibility. Dopamine D4 receptor polymorphism (DRD4 VNTR) moderates intervention effects on toddlers' externalizing behavior in a randomized controlled trial. *Developmental Psychology, 44*(1), 293–300. DOI:10.1037/0012-1649.44.1.293

Baldwin, M.W. (1992). Relational schemas and the processing of social information. *Psychological Bulletin, 112*(3), 461–484.

Baldwin, S.A., Wampold, B.E. & Imel, Z.E. (2007). Untangling the alliance-outcome correlation. Exploring the relative importance of therapist and patient variability in the alliance. *Journal of Consulting and Clinical Psychology, 75*(6), 842–852. DOI:10.1037/0022-006X.75.6.842

Bales, D., van Beek, N., Smits, M., Willemsen, S., Busschbach, J.J., Verheul, R. & Andrea, H. (2012). Treatment outcome of 18-month, day hospital Mentalization-Based Treatment (MBT) in patients with severe borderline personality disorder in the Netherlands. *Journal of Personality Disorders, 26*(4), 568–582.

Baron-Cohen, S. (1995). *Mindblindness. An Essay on Autism and Theory of Mind.* Cambridge, MA: Bradford, MIT Press.

Baron-Cohen, S., Leslie, A.M. & Frith, U. (1985). Does the autistic child have a »theory of mind«? *Cognition, 21*(1), 37–46. DOI:10.1016/0010-0277(85)90022-8

Baron-Cohen, S., Wheelwright, S., Hill, J., Raste, Y. & Plumb, I. (2001). The »Reading the Mind in the Eyes« Test revised version. A study with normal adults, and adults with Asperger syndrome or high-functioning autism. *Journal of child psychology and psychiatry, and allied disciplines, 42*(2), 241–251.

Bateman, A.W. (2014). *Mentalization Based Treatment – a summary of the core model.* Unveröffentlichtes Manuskript.

Bateman, A.W., Bolton, R. & Fonagy, P. (2013). Antisocial personality disorder. A mentalizing framework. *FOCUS. The Journal of Lifelong Learning in Psychiatry, 11*(2), 178. DOI:10.1176/appi.focus.11.2.178

Bateman, A.W. & Fonagy, P. (1999). Effectiveness of partial hospitalization in the treatment of borderline personality disorder. A randomized controlled trial. *The American Journal of Psychiatry, 156*(10), 1563–1569.

Bateman, A.W. & Fonagy, P. (2004). Mentalization-based treatment of BPD. *Journal of Personality Disorders, 18*(1), 36–51. DOI:10.1521/pedi.18.1.36.32772

Bateman, A.W. & Fonagy, P. (2004). *Psychotherapy for borderline personality disorder. Mentalization-based treatment.* Oxford, New York: Oxford University Press.

Bateman, A.W. & Fonagy, P. (2006). *Mentalization-based treatment for borderline personality disorder. A practical guide.* Oxford, New York: Oxford University Press.

Bateman, A.W. & Fonagy, P. (2008). 8-year follow-up of patients treated for borderline personality disorder. Mentalization-based treatment versus treatment as usual. *The American Journal of Psychiatry, 165*(5), 631–638. DOI:10.1176/appi.ajp.2007.07040636

Bateman, A.W. & Fonagy, P. (2009). Randomized controlled trial of outpatient mentalization-based treatment versus structured clinical management for borderline personality disorder. *The American Journal of Psychiatry, 166*(12), 1355–1364. DOI:10.1176/appi.ajp.2009.09040539

Bateman, A.W. & Fonagy, P. (Hrsg.). (2011). *Handbook of mentalizing in mental health practice.* Washington DC: American Psychiatric Pub. http://worldcatlibraries.org/wcpa/oclc/712765645

Bateman, A.W. & Fonagy, P. (2013). Impact of clinical severity on outcomes of mentalisation-based treatment for borderline personality disorder. *The British Journal of Psychiatry, 203*(3), 221–227. DOI:10.1192/bjp.bp.112.121129

Beauchaine, T.P. & Hinshaw, S.P. (2008). *Child and adolescent psychopathology* [Sound disc]. Princeton, N.J.: Recording for the Blind & Dyslexic.

Beeghly, M. & Cicchetti, D. (1994). Child maltreatment, attachment, and the self system: Emergence of an internal state lexicon in toddlers at high social risk. *Development and Psychopathology, 6*(1), 5. DOI:10.1017/S095457940000585X

Beutel, M.E., Stark, R., Pan, H., Silbersweig, D. & Dietrich, S. (2010). Changes of brain activation pre-post short-term psychodynamic inpatient psychotherapy. An fMRI study of panic disorder patients. *Psychiatry Research, 184*(2), 96–104. DOI: 10.1016/j.pscychresns.2010.06.005

Bevington, D. & Fuggle, P. (2012). Supporting and enhancing mentalization in community outreach teams working with socially excluded youth. The AMBIT approach. In N. Midgley & I. Vrouva (Hrsg.), *Minding the child. Mentalization-based interventions with children, young people, and their families* (S. 163–186). New York: Routledge.

Bion, W.R. (1957). Differentiation of the psychotic from the non-psychotic personalities. *The International journal of psycho-analysis, 38*(3–4), 266–275.

Bion, W.R. (1962). *Learning from Experience.* London: Heinemann.

Black, S., Hardy, G., Turpin, G. & Parry, G. (2005). Self-reported attachment styles and therapeutic orientation of therapists and their relationship with reported general alliance quality and problems in therapy. *Psychology and Psychotherapy, 78*(3), 363–377. DOI:10.1348/147608305X43784

Blair, R.J.R. (1995). A cognitive developmental approach to mortality. Investigating the psychopath. *Cognition, 57*(1), 1–29.

Blair, R.J.R. (2005). Responding to the emotions of others. Dissociating forms of empathy through the study of typical and psychiatric populations. *Consciousness and Cognition, 14*(4), 698–718. DOI:10.1016/j.concog.2005.06.004

Blair, R.J.R. (2006). The emergence of psychopathy. Implications for the neuropsychological approach to developmental disorders. *Cognition, 101*(2), 414–442. DOI:10.1016/j.cognition.2006.04.005

Blair, R.J.R. & Coles, M. (2000). Expression recognition and behavioural problems in early adolescence. *Cognitive Development, 15*(4), 421–434. DOI:10.1016/S0885-2014(01)00039-9

Blair, R.J.R., Sellars, C., Strickland, I., Clark, F., Williams, A., Smith, M. & Jones, L. (1996). Theory of mind in the psychopath. *The Journal of Forensic Psychiatry, 7*(1), 15–25. DOI:10.1080/09585189608409914

Blakemore, S.-J. (2008). The social brain in adolescence. *Nature Reviews Neuroscience, 9*(4), 267–277. DOI:10.1038/nrn2353

Blakemore, S.-J., den Ouden, H., Choudhury, S. & Frith, C. (2007). Adolescent development of the neural circuitry for thinking about intentions. *Social Cognitive and Affective Neuroscience, 2*(2), 130–139. DOI:10.1093/scan/nsm009

Blatt, S.J. & Luyten, P. (2009). A structural-developmental psychodynamic approach to psychopathology. Two polarities of experience across the life span. *Development and Psychopathology, 21*(3), 793–814. DOI:10.1017/S0954579409000431

Blatt, S.J., Sanislow, C.A., Zuroff, D.C. & Pilkonis, P.A. (1996). Characteristics of effective therapists. Further analyses of data from the National Institute of Mental Health Treatment of Depression Collaborative Research Program. *Journal of Consulting and Clinical Psychology, 64*(6), 1276–1284.

Bleiberg, E. (1984). Narcissistic disorders in children. A developmental approach to diagnosis. *Bulletin of the Menninger Clinic, 48*(6), 501–517.

Bleiberg, E. (1994). Borderline disorders in children and adolescents. The concept, the diagnosis, and the controversies. *Bulletin of the Menninger Clinic, 58*(2), 169–196.

Bleiberg, E. (2001). *Treating personality disorders in children and adolescents. A relational approach.* New York: Guilford Press.

Bouchard, M.-A., Target, M., Lecours, S., Fonagy, P., Tremblay, L.-M., Schachter, A. & Stein, H. (2008). Mentalization in adult attachment narratives. Reflective functioning, mental states, and affect elaboration compared. *Psychoanalytic Psychology, 25*(1), 47–66. DOI:10.1037/0736-9735.25.1.47

Bowlby, J. (1969). *Attachment and loss. Attachment* (Bd. 1). New York: Basic Books.

Bowlby, J. (1973). *Attachment and loss. Separation. Anxiety and Anger* (Bd. 2). New York: Basic Books.

Bowlby, J. (1988). *A secure base. Parent-child attachment and healthy human development.* New York: Basic Books.

Brattig, V. (2009). Psychologische Dienste in Berufsbildungswerken – Wie sie ihre Arbeit sehen und welche Anforderungen auf sie zukommen. *Berufliche Rehabilitation*, 24–43.

Brattig, V. (2013). Psychotherapie in der beruflichen Rehabilitation – Eine verkannte Anforderung. *Berufliche Rehabilitation, 27*(3), 140–155.

Braungart-Rieker, J.M., Hill-Soderlund, A.L. & Karrass, J. (2010). Fear and anger reactivity trajectories from 4 to 16 months. The roles of temperament, regulation, and maternal sensitivity. *Developmental Psychology, 46*(4), 791–804. DOI:10.1037/a0019673

Brent, B. (2009). Mentalization-based psychodynamic psychotherapy for psychosis. *Journal of Clinical Psychology, 65*(8), 803–814. DOI:10.1002/jclp.20615

Bretherton, I. & Munholland, K.A. (2008). Internal working models in attachment relationships. Eleborating a central construct in attachment theory. In J. Cassidy & P.R. Shaver (Hrsg.), *Handbook of attachment. Theory, research, and clinical applications* (2. Aufl., S. 103–129). New York: Guilford Press.

Briere, J., Hodges, M. & Godbout, N. (2010). Traumatic stress, affect dysregulation, and dysfunctional avoidance. A structural equation model. *Journal of Traumatic Stress, 23*, 767–774.

Briggs, F. & Hawkins, R.M. (1996). A comparison of the childhood experiences of convicted male child molesters and men who were sexually abused in childhood and claimed to be nonoffenders. *Child Abuse & Neglect, 20*(3), 221–233.

Buchheim, A., Viviani, R., Kessler, H., Kächele, H., Cierpka, M., Roth, G., George, C., Kernberg, O.F., Bruns, G. & Taubner, S. (2012). Changes in prefrontal-limbic function in major depression after 15 months of long-term psychotherapy. *PloS One, 7*(3), e33745. DOI:10.1371/journal.pone.0033745

Card, N.A. & Little, T.D. (2006). Proactive and reactive aggression in childhood and adolescence. A meta-analysis of differential relations with psychosocial adjustment. *International Journal of Behavioral Development, 30*(5), 466–480. DOI: 10.1177/0165025406071904

Carpendale, J.I. & Chandler, M.J. (1996). On the distinction between false belief understanding and subscribing to an interpretive theory of mind. *Child Development, 67*(4), 1686–1706. DOI:10.1111/j.1467-8624.1996.tb01821.x

Carroll, L. (1871). *Through the looking glass.* London: Penguin Books.

Castro, B.O. de, Veerman, J.W., Koops, W., Bosch, J.D. & Monshouwer, H.J. (2002). Hostile attribution of intent and aggressive behavior. A meta-analysis. *Child Development, 73*(3), 916–934. DOI:10.1111/1467-8624.00447

Cavell, M. (2000). Reasons, causes, and the domain of the first-person. In J. Sandler, R. Michels & P. Fonagy (Hrsg.), *Changing ideas in a changing world. The revolution in psychoanalysis – Essays in honour of Arnold Cooper.* New York: Carnac.

Chiesa, M. & Fonagy, P. (2014). Reflective function as a mediator between childhood adversity, personality disorder and symptom distress. *Personality and Mental Health, 8*(1), 52–66. DOI:10.1002/pmh.1245

Choi-Kain, L.W. & Gunderson, J.G. (2008). Mentalization. Ontogeny, assessment, and application in the treatment of borderline personality disorder. *The American Journal of Psychiatry, 165*(9), 1127–1135. DOI:10.1176/appi.ajp.2008.07081360

Cicchetti, D., Rogosch, F.A., Maughan, A., Toth, S.L. & Bruce, J. (2003). False belief understanding in maltreated children. *Development and Psychopathology, 15,* 1067–1091.

Cicchetti, D. & Toth, S.L. (1994). *Disorders and dysfunctions of the self. Rochester Symposium on Developmental Psychopathology* (Bd. 5). Rochester, N.Y.: University of Rochester Press.

Clarkin, J.F., Caligor, E., Stern, D.N. & Kernberg, O.F. (2004). *Structured interview of personality organization (STIPO).* Unveröffentlichtes Manuskript. New York: Personality Disorders Institute, Weill Medical College of Cornell University.

Cleckley, H.M. (1941). *The mask of sanity.* St. Louis: Mosby.

Clyman, R.B. (1991). The procedural organization of emotions. A contribution from cognitive science to the psychoanalytic theory of therapeutic action. *Journal of the American Psychoanalytic Association,* (39), 349–382.

Cornell, A.H. & Frick, P.J. (2007). The moderating effects of parenting styles in the association between behavioral inhibition and parent-reported guilt and empathy in preschool children. *Journal of Clinical Child and Adolescent Psychology, 36*(3), 305–318. DOI:10.1080/15374410701444181

Crick, N.R. & Dodge, K.A. (1994). A review and reformulation of social information-processing mechanisms in children's social adjustment. *Psychological Bulletin, 115*(1), 74–101. DOI:10.1037/0033-2909.115.1.74

Crockenberg, S.B. (1981). Infant irritability, mother responsiveness, and social support influences on the security of infant-mother attachment. *Child Development, 52*(3), 857–865.

Cropp, C., Streeck-Fischer, A. & Taubner, S. (in Vorbereitung). Validierung der Reflective Functioning Scale an einer Stichprobe adoleszenter Schüler.

Crowell, J.A., Fraley, R.C. & Shaver, P.R. (2008). Measurement of individual differences in adolescent and adult attachment. In J. Cassidy & P.R. Shaver (Hrsg.), *Handbook of attachment. Theory, research, and clinical applications* (2. Aufl., S. 599–634). New York: Guilford Press.

Davis, M. & Wallbridge, D. (Hrsg.). (1981). *Boundary and space. An introduction to the work of D.W. Winnicott.* New York: Brunner/Mazel.

Davis, M.H. (1983). Measuring individual differences in empathy. Evidence for a multidimensional approach. *Journal of Personality and Social Psychology, 44*(1), 113–126. DOI:10.1037/0022-3514.44.1.113

De Masi, F. (2004). The psychodynamic of panic attacks. A useful integration of psychoanalysis and neuroscience. *International Journal of Psychoanalysis, 85*(2), 311–336. DOI:10.1516/7TL1-R98R-KQCR-GYLV

Dennett, D.C. (1978). *Brainstorms. Philosophical essays on mind and psychology.* Montgomery, VT: Bradford.

Dennett, D.C. (1983). Styles of mental representation. *Proceedings of the Aristotelian Society, 83,* 213–226. DOI:10.2307/4545000

Dennett, D.C. (1987). *The intentional stance.* Cambridge, Mass.: MIT Press.

Derryberry, D. & Rothbart, M.K. (1997). Reactive and effortful processes in the organization of temperament. *Development and Psychopathology, 9*(4), 633–652. DOI: 10.1017/S0954579497001375

Diamond, D., Stovall-McClough, C., Clarkin, J.F. & Levy, K.N. (2003). Patient-therapist attachment in the treatment of borderline personality disorder. *Bulletin of the Menninger Clinic, 67*(3), 227–259.

DiCaccavo, A. (2002). Investigating individuals' motivations to become counselling psychologists. The influence of early caretaking roles within the family. *Psychology and Psychotherapy, 75*(4), 463–472. DOI:10.1348/147608302321151943

Dinger, U., Strack, M., Sachsse, T. & Schauenburg, H. (2009). Therapists' attachment, patients' interpersonal problems and alliance development over time in inpatient psychotherapy. *Psychotherapy (Chicago, Ill.), 46*(3), 277–290. DOI: 10.1037/a0016913

Dodge, K.A. & Coie, J.D. (1987). Social-information-processing factors in reactive and proactive aggression in children's peer groups. *Journal of Personality and Social Psychology, 53*(6), 1146–1158.

Donovan, W., Leavitt, L., Taylor, N. & Broder, J. (2007). Maternal sensory sensitivity, mother-infant 9-month interaction, infant attachment status. Predictors of mother-toddler interaction at 24 months. *Infant Behavior & Development, 30*(2), 336–352. DOI:10.1016/j.infbeh.2006.10.002

Döring, S., Hörz, S., Rentrop, M., Fischer-Kern, M., Schuster, P., Benecke, C., Buchheim, A., Nrtius, P. & Buchheim, P. (2010). Transference-focused psychotherapy v. treatment by community psychotherapists for borderline personality disorder: randomised controlled trial. *The British Journal of Psychiatry, 196*, 389–395. DOI:10.1192/bjp.bp.109.070177

Döring, P. (2013). Mentalisierungsbasiertes Management. In U. Schultz-Venrath & P. Doering (Hrsg.), *Fachbuch. Lehrbuch Mentalisieren. Psychotherapien wirksam gestalten* (S. 351–382). Stuttgart: Klett-Cotta.

Dumontheil, I., Apperly, I.A. & Blakemore, S.-J. (2010). Online usage of theory of mind continues to develop in late adolescence. *Developmental Science, 13*(2), 331–338. DOI:10.1111/j.1467-7687.2009.00888.x

Dunkle, J.H. & Friedlander, M.L. (1996). Contribution of therapist experience and personal characteristics to the working alliance. *Journal of Counseling Psychology, 43*(4), 456–460. DOI:10.1037/0022-0167.43.4.456

Dziobek, I., Fleck, S., Kalbe, E., Rogers, K., Hassenstab, J., Brand, M., Kessler, J., Woike, J.K., Oliver, T., Wolf, O.T. & Convit, A. (2006). Introducing MASC. A movie for the assessment of social cognition. *Journal of Autism and Developmental Disorders, 36*(5), 623–636. DOI:10.1007/s10803-006-0107-0

Elkin, I. (1999). A major dilemma in psychotherapy outcome research. Disentangling therapists from therapies. *Clinical Psychology. Science and Practice, 6*(1), 10–32. DOI:10.1093/clipsy.6.1.10

Elkin, I., Falconnier, L., Martinovich, Z. & Mahoney, C. (2006). Therapist effects in the National Institute of Mental Health Treatment of Depression Collaborative Research Program. *Psychotherapy Research, 16*(2), 144–160. DOI:10.1080/10503300500268540

Emde, R.N., Wolf, D. & Oppenheim, D. (2003). *Revealing the inner worlds of young chil-*

*dren. The MacArthur story stem battery and parent-child narratives.* Oxford, New York: Oxford University Press.

Ensink, K. (2003). *Assessing theory of mind, affective understanding and reflective functioning in primary.* Unveröffentlichte Dissertation. London: University College London.

Ensink, K., Maheux, J., Normandin, L., Sabourin, S., Diguer, L., Berthelot, N. & Parent, K. (2013b). The impact of mentalization training on the reflective function of novice therapists. A randomized controlled trial. *Psychotherapy Research, 23*(5), 526–538. DOI:10.1080/10503307.2013.800950

Ensink, K., Normandin, L., Target, M., Fonagy, P., Sabourin, S. & Berthelot, N. (2014). Mentalization in children and mothers in the context of trauma. An initial study of the validity of the Child Reflective Functioning Scale. *The British journal of developmental psychology.* DOI:10.1111/bjdp.12074

Ensink, K., Target, M. & Oandason, C. (2013a). *Child reflective functioning scale scoring manual. For application to the Child Attachment Interview.* Unveröffentlichtes Manuskript. London: Anna Freud Centre/University College London.

Eversmann, J., Schöttke, H., Wiedl, K.H. & Rogner, J. (2011). Die Beobachtungsskala »Therapie-relevante interpersonelle Verhaltensweisen« (TRIB) in der Auswahl von Teilnehmern der Psychotherapieausbildung. *Zeitschrift für Klinische Psychologie und Psychotherapie, 40*(1), 11–21.

Falkenström, F., Solbakken, O.A., Möller, C., Lech, B., Sandell, R. & Holmqvist, R. (2014). Reflective functioning, affect consciousness, and mindfulness. Are these different functions? *Psychoanalytic Psychology, 31*(1), 26–40. DOI:10.1037/a0034049

Farber, B.A. & Metzger, J.A. (2009). The therapist as a secure base. In J.H. Obegi & E. Berant (Hrsg.), *Attachment theory and research in clinical work with adults* (S. 46–70). New York: Guilford Press.

Farrington, D.P. (1995). The development of offending and antisocial behavior from childhood. Key findings from the Cambridge Study in Delinquent Development. *Journal of Child Psychology and Psychiatry and Allied Disciplines, 360*(6), 929–946.

Farrington, D.P. & Coid, J. (Hrsg.). (2003). *Early prevention of adult antisocial behaviour.* Cambridge, New York: Cambridge University Press.

Fearon, R.M., van IJzendoorn, M.H., Fonagy, P., Bakermans-Kranenburg, M.J., Schuengel, C. & Bokhorst, C.L. (2006). In search of shared and nonshared environmental factors in security of attachment. A behavior-genetic study of the association between sensitivity and attachment security. *Developmental Psychology, 42*(6), 1026–1040. DOI:10.1037/0012-1649.42.6.1026

Felitti, V.J., Anda, R.F., Nordenberg, D., Williamson, D.F., Spitz, A.M., Edwards, V., Koss, M.P. & Marks, J.S. (1998). Relationship of childhood abuse and household dysfunction to many of the leading causes of death in adults. The Adverse Childhood Experiences (ACE) Study. *American Journal of Preventive Medicine, 14*(4), 245–258.

Fertuck, E.A., Mergenthaler, E., Target, M., Levy, K.N. & Clarkin, J.F. (2012). Development and criterion validity of a computerized text analysis measure of reflective functioning. *Psychotherapy Research, 22*(3), 298–305. DOI:10.1080/10503307.2011.650654

Fischer, K.W. & Farrar, M.J. (1987). Generalizations about generalization. How a theory of skill development explains both generality and specificity. *International Journal of Psychology, 22*(5–6), 643–677. DOI:10.1080/00207598708246798

Fischer, K.W., Kenny, S.L. & Pipp, S.L. (1990). How cognitive processes and environmental conditions organize discontinuities in the development of abstractions. In C.N. Alexander & E.J. Langer (Hrsg.), *Higher stages of human development. Perspectives on adult growth* (S. 162–187). New York: Oxford University Press.

Fischer-Kern, M., Buchheim, A., Hörz, S., Schuster, P., Döring, S., Kapusta, N.D., Tmej, A., Rentrop, M., Buchheim, P., Horz, S., Taubner, S. & Fonagy, P. (2010). The relationship between personality organization, reflective functioning, and psychiatric classification in borderline personality disorder. *Psychoanalytic Psychology, 27*(4), 395–409. DOI:10.1037/a0020862

Fischer-Kern, M., Döring, S., Taubner, S., Hörz, S., Rentrop, M., Schuster, P., Buchheim, P. & Buchheim, A. (im Druck). Change in reflective function. Results form a randomized control trial of transference-focused psychotherapy for borderline personality disorder.

Fischer-Kern, M., Fonagy, P., Kapusta, N.D., Luyten, P., Boss, S., Naderer, A., Blüml, V. & Leithner, K. (2013). Mentalizing in female inpatients with major depressive disorder. *The Journal of Nervous and Mental Disease, 201*(3), 202–207. DOI:10.1097/NMD.0b013e3182845c0a

Fischer-Kern, M., Tmej, A., Kapusta, N.D., Naderer, A., Leithner-Dziubas, K., Löffler-Stastka, H. & Springer-Kremser, M. (2008). Mentalisierungsfähigkeit bei depressiven Patientinnen. Eine Pilotstudie. *Zeitschrift für psychosomatische Medizin und Psychtherapie, 54*(4), 368–380.

Fletcher, G.J., Danilovics, P., Fernandez, G., Peterson, D. & Reeder, G.D. (1986). Attributional complexity. An individual differences measure. *Journal of Personality and Social Psychology, 51*(4), 875–884. DOI:10.1037/0022-3514.51.4.875

Fonagy, P. (1991). Thinking about thinking. Some clinical and theoretical considerations in the treatment of a borderline patient. *The International Journal of Psycho-Analysis, 72*(4), 639–656.

Fonagy, P. (1995). Playing with reality. The development of psychic reality and its malfunction in borderline personalities. *The International Journal of Psycho-Analysis, 76*(1), 39–44.

Fonagy, P. (2003a). Das Verständnis für geistige Prozesse, die Mutter-Kind-Interaktion und die Entwicklung des Selbst. In P. Fonagy & M. Target (Hrsg.), *Frühe Bindung und psychische Entwicklung. Beiträge aus Psychoanalyse und Bindungsforschung* (S. 31–48). Gießen: Psychosozial-Verlag.

Fonagy, P. (2003b). Genetics, developmental psychopathology, and psychoanalytic theory. The case for ending our (not so) splendid isolation. *Psychoanalytic Inquiry, 23*(2), 218–247.

Fonagy, P. (2006). Soziale Entwicklung unter dem Blickwinkel der Mentalisierung. In J.G. Allen & P. Fonagy (Hrsg.), *Mentalisierungsgestützte Therapie* (S. 89–152). Stuttgart: Klett-Cotta.

Fonagy, P. (2008). A genuinely developmental theory of sexual enjoyment and its implications for psychoanalytic technique. *Journal of the American Psychoanalytic Association, 56*(1), 11–36. DOI:10.1177/0003065107313025

Fonagy, P. & Bateman, A.W. (2006). Mechanisms of change in mentalization-based treatment of BPD. *Journal of Clinical Psychology, 62*(4), 411–430. DOI:10.1002/jclp.20241

Fonagy, P., Bateman, A.W. & Bateman, A. (2011a). The widening scope of mentalizing. A discussion. *Psychology and Psychotherapy. Theory, Research and Practice, 84*(1), 98–110. DOI:10.1111/j.2044-8341.2010.02005.x

Fonagy, P., Gergely, G., Jurist, E. & Target, M. (2002). *Affect regulation, mentalization, and the development of the self*. New York: Other Press.

Fonagy, P., Gergely, G. & Target, M. (2007). The parent-infant dyad and the construction of the subjective self. *Journal of Child Psychology and Psychiatry, and Allied Disciplines, 48*(3–4), 288–328. DOI:10.1111/j.1469-7610.2007.01727.x

Fonagy, P. & Ghinai, R.A. (2008). *A self report measure of mentalizing development and preliminary test of the reliability and validity of the Reflective Functioning Questionnaire (RFQ)*. Unveröffentlichtes Manuskript. University College London.

Fonagy, P., Leigh, T., Steele, M., Steele, H., Kennedy, R., Mattoon, G., Target, M. & Gerber, A. (1996). The relation of attachment status, psychiatric classification, and response to psychotherapy. *Journal of Consulting and Clinical Psychology, 64*(1), 22–31.

Fonagy, P. & Luyten, P. (2009). A developmental, mentalization-based approach to the understanding and treatment of borderline personality disorder. *Development and Psychopathology, 21*(4), 1355–1381. DOI:10.1017/S0954579409990198

Fonagy, P., Luyten, P., Bateman, A.W., Gergely, G., Strathearn, L., Target, M. & Allison, E. (2010). Attachment and personality pathology. In J.F. Clarkin, P. Fonagy & G.O. Gabbard (Hrsg.), *Psychodynamic psychotherapy for personality disorders* (S. 37–87). Washington DC: American Psychiatric Pub.

Fonagy, P., Luyten, P. & Strathearn, L. (2011b). Borderline personality disorder, mentalization, and the neurobiology of attachment. *Infant Mental Health Journal, 32*(1), 47–69. DOI:10.1002/imhj.20283

Fonagy, P., Moran, G.S., Edgcumbe, R., Kennedy, H. & Target, M. (1993). The roles of mental representations and mental processes in therapeutic action. *The Psychoanalytic Study of the Child, 48*, 9–48.

Fonagy, P., Steele, M., Steele, H., Higgitt, A. & Target, M. (1994). The Theory and Practice of Resilience. *Journal of Child Psychology and Psychiatry, 35*(2), 231–257. DOI:10.1111/j.1469-7610.1994.tb01160.x

Fonagy, P., Steele, M., Steele, H., Moran, G.S. & Higgitt, A.C. (1991). The capacity for understanding mental states. The reflective self in parent and child and its significance for security of attachment. *Infant Mental Health Journal, 12*(3), 200–217.

Fonagy, P. & Target, M. (1994). The efficacy of psychoanalysis for children with disruptive disorders. *Journal of the American Academy of Child and Adolescent Psychiatry, 33*(1), 45–55. DOI:10.1097/00004583-199401000-00007

Fonagy, P. & Target, M. (1995). Understanding the violent patient. The use of the body and the role of the father. *The International Journal of Psycho-Analysis, 76*(3), 487–501.

Fonagy, P. & Target, M. (2002). Early Intervention and the Development of Self-Regulation. *Psychoanalytic Inquiry, 22*(3), 307–335. DOI:10.1080/07351692209348990

Fonagy, P. & Target, M. (Hrsg.). (2003). *Frühe Bindung und psychische Entwicklung. Beiträge aus Psychoanalyse und Bindungsforschung*. Gießen: Psychosozial-Verlag.

Fonagy, P. & Target, M. (2004). Frühe Interaktion und die Entwicklung der Selbstregulation. In A. Streeck-Fischer (Hrsg.), *Adoleszenz – Bindung – Destruktivität* (S. 105–135). Stuttgart: Klett-Cotta.

Fonagy, P. & Target, M. (2007). Playing with reality. IV. A theory of external reality rooted in intersubjectivity. *The International Journal of Psycho-Analysis, 88*(4), 917–937.

Fonagy, P., Target, M. & Gergely, G. (2000). Attachment and borderline personality disorder. A theory and some evidence. *The Psychiatric Clinics of North America, 23*(1), 103–22.

Fonagy, P., Target, M., Steele, H. & Steele, M. (1998). *Reflective functioning scale manual*. Unveröffentlichtes Manuskript. London [Reinke, E. (2000). Reflexive Kompetenz-Skala. Manual zur Auswertung von Erwachsenenbindungsinterviews. Unveröffentlichtes Manuskript].

Fonagy, P., Target, M., Steele, M., Steele, H., Leigh, T., Levinson, A. & Kennedy, R. (1997). Morality, disruptive behavior, borderline personality disorder, crime, and their relationship to security of attachment. In L. Atkinson & K.J. Zucker (Hrsg.), *Attachment and psychopathology* (S. 223–274). New York: Guilford Press. DOI: 10.1080/07351692309349032

Fonagy, P., Twemlow, S.W., Vernberg, E.M., Nelson, J.M., Dill, E.J., Little, T.D. & Sargent, J.A. (2009). A cluster randomized controlled trial of child-focused psychiatric consultation and a school systems-focused intervention to reduce aggression. *Journal of Child Psychology and Psychiatry, and Allied Disciplines, 50*(5), 607–616. DOI:10.1111/j.1469-7610.2008.02025.x

Fossati, A., Acquarini, E., Feeney, J.A., Borroni, S., Grazioli, F., Giarolli, L.E., Franciosi, G. & Maffei, C. (2009). Alexithymia and attachment insecurities in impulsive aggression. *Attachment & Human Development, 11*(2), 165–182. DOI:10.1080/14616730802625235

Fraiberg, S. (1982). Pathological defenses in infancy. *The Psychoanalytic Quarterly, 51*(4), 612–635.

Fraiberg, S., Adelson, E. & Shapiro, V. (1985). Ghosts in the nursery. A psychoanalytic approach to the problems of impaired infant-mother relationships. *Journal of the American Academy of Child Psychiatry, 14*(3), 387–421.

Freud, A. (1965). *Wege und Irrwege in der Kinderentwicklung*. Bern, Stuttgart: Huber/Klett.

Freud, S. (1895). Entwurf einer Psychologie. In *GW. Nachtragsband*.

Freud, S. (1900). The Interpretation of Dreams. In J. Strachey (Hrsg.), *The standard edition of the complete psychological works of Sigmund Freud* (4. Aufl.). London: Hogarth Press.

Freud, S. (1912/13). *Totem und Tabu*. Leipzig, Wien: Heller.

Freud, S. (1913). Das Unbewußte. In *GW X*.

Freud, S. (Hrsg.). (1914). Erinnern, Wiederholen und Durcharbeiten. In *GW X*.

Freud, S. (1916/17). Vorlesung zur Einführung in die Psychoanalyse. In *GW IX*.

Freud, S. (1920). Jenseits des Lustprinzips. In *GW* (S. 1–69).

Freud, S. (1925). Die Verneinung. In *GW XIV* (S. 11–15).

Freud, S. (1950). *Beyond the pleasure principle*. New York: Liveright. http://worldcatlibraries.org/wcpa/oclc/2548784

Frick, P.J. (2006). Developmental pathways to conduct disorder. *Child and Adolescent Psychiatric Clinics of North America, 15*(2), 311–31. DOI:10.1016/j.chc.2005.11.003

Frick, P.J., Cornell, A.H., Bodin, S.D., Dane, H.E., Barry, C.T. & Loney, B.R. (2003). Callous-unemotional traits and developmental pathways to severe conduct problems. *Developmental Psychology, 39*(2), 246–260.

Fussell, F.W. & Bonney, W.C. (1990). A comparative study of childhood experiences of psychotherapists and physicists. Implications for clinical practice. *Psychotherapy. Theory, Research, Practice, Training, 27*(4), 505–512. DOI:10.1037/0033-3204.27.4.505

George, C., Kaplan, N. & Main, M.(1984/1985/1996). *The Berkeley Adult Attachment Interview.*

Gergely, G. (2000). Reapproaching Mahler. New perspectives on normal autism, symbiosis, splitting and libidinal object constancy from cognitive developmental theory. *Journal of the American Psychoanalytic Association, 48*(4), 1197–1228. DOI:10.1177/00030651000480040801

Gergely, G. (2002). Ein neuer Zugang zu Margaret Mahler. Normaler Autismus, Symbiose, Spaltung und libidinöse Objektkonstanz aus der Perspektive der kognitiven Entwicklungstheorie. *Psyche – Z Psychoanal., 56*, 809–838.

Gergely, G. & Csibra, G. (1997). Teleological reasoning in infancy. The infant's naive theory of rational action. A reply to Premack and Premack. *Cognition, 63*(2), 227–233.

Gergely, G., Koós, O. & Watson, J.S. (2010). Contingent parental reactivity in early socio-emotional development. In T. Fuchs (Hrsg.), *The embodied self. Dimensions, coherence and disorders* (S. 141–169). Stuttgart: Schattauer.

Gergely, G. & Watson, J.S. (1996). The social biofeedback theory of parental affect-mirroring. The development of emotional self-awareness and self-control in infancy. *The International Journal of Psycho-Analysis, 77*(6), 1181–1212.

Gergely, G. & Watson, J. (1999). Early social-emotional development. Contingency perception and the social biofeedback model. In P. Rochat (Hrsg.), *Early social cognition. Understanding others in the first months of life* (S. 101–137). Mahwah, N.J.: Lawrence Erlbaum Associates.

Giernalczyk, T. & Lohmer, M. (2012). *Das Unbewusste im Unternehmen. Psychodynamik von Führung, Beratung und Change Management*. Stuttgart: Schäffer-Poeschel.

Goodman, G. (2013). Is mentalization a common process factor in transference-focused psychotherapy and dialectical behavior therapy sessions? *Journal of Psychotherapy Integration, 23*(2), 179–192. DOI:10.1037/a0032354

Gopnik, A. & Wellman, H.M. (1994). The theory theory. In L.A. Hirschfeld & S.A. Gelman (Hrsg.), *Mapping the mind. Domain specificity in cognition and culture* (S. 257–293). Cambridge, New York: Cambridge University Press.

Göttken-Müller, T., White, L.O., Klitzing, K. von & Klein, A.M. (2014). Reflexive Kompetenz der Mütter als Prädiktor des Therapieerfolgs mit Psychoanalytischer Kurzzeittherapie im Alter von 4–10 Jahren. *Praxis der Kinderpsychologie und Kinderpsychiatrie, 63*(10), 795–811.

Gouze, K.R. (1987). Attention and social problem solving as correlates of aggression in preschool males. *Journal of Abnormal Child Psychology, 15*(2), 181–197.

Grabe, H.J. & Rufer, M. (2009). *Alexithymie. Eine Störung der Affektregulation. Konzepte, Klinik und Therapie*. Bern: Huber.

Grant, K.-A., McMahon, C., Reilly, N. & Austin, M.-P. (2010). Maternal sensitivity moderates the impact of prenatal anxiety disorder on infant mental development. *Early human development, 86*(9), 551–556. DOI:10.1016/j.earlhumdev.2010.07.004

Grenyer, B.F. & Middleby-Clements, J. (2003). *Growth in reflective functioning and mastery over the course of psychotherapy.* Vortrag im Rahmen des 26. International Workshop on Empirical Research in Psychoanalysis. Clinical Attachment Research in Ulm am 23.–25.5.2003.

Grienenberger, J.F., Kelly, K. & Slade, A. (2005). Maternal reflective functioning, mother-infant affective communication, and infant attachment. Exploring the link between mental states and observed caregiving behavior in the intergenerational transmission of attachment. *Attachment & Human Development, 7*(3), 299–311. DOI:10.1080/14616730500245963

Grossmann, K., Grossmann, K.E., Spangler, G., Suess, G. & Unzner, L. (1985). Maternal sensitivity and newborns' orientation responses as related to quality of attachment in northern Germany. *Monographs of the Society for Research in Child Development, 50*(1–2), 233–256.

Gullestad, F.S., Johansen, M.S., Høglend, P., Karterud, S. & Wilberg, T. (2013). Mentalization as a moderator of treatment effects. Findings from a randomized clinical trial for personality disorders. *Psychotherapy Research, 23*(6), 674–689. DOI:10.1080/10503307.2012.684103

Gullestad, F.S. & Wilberg, T. (2011). Change in reflective functioning during psychotherapy – A single-case study. *Psychotherapy Research, 21*(1), 97–111. DOI: 10.1080/10503307.2010.525759

Gweon, H., Dodell-Feder, D., Bedny, M. & Saxe, R. (2012). Theory of mind performance in children correlates with functional specialization of a brain region for thinking about thoughts. *Child Development, 83*(6), 1853–1868. DOI:10.1111/j.1467-8624.2012.01829.x

Happé, F. & Frith, U. (1996). Theory of mind and social impairment in children with conduct disorder. *British Journal of Developmental Psychology, 14*(4), 385–398. DOI:10.1111/j.2044-835X.1996.tb00713.x

Harris, P.L. (1992). From simulation to folk psychology. The case for development. *Mind & Language, 7*(1–2), 120–144. DOI:10.1111/j.1468-0017.1992.tb00201.x

Hartmann, H. (1939). Ich-Psychologie und Anpassungsproblem. *Internationale Zeitschrift für Psychoanalyse*, (24), 62–135.

Hartmann, H. (1956). Notes on the reality principles. *Psychoanalytic Study of the Child*, (10), 31–53.

Hausberg, M.C., Schulz, H., Piegler, T., Happach, C.G., Klöpper, M., Brütt, A.L., Sammet, I. & Andreas, S. (2012). Is a self-rated instrument appropriate to assess mentalization in patients with mental disorders? Development and first validation of the mentalization questionnaire (MZQ). *Psychotherapy Research, 22*(6), 699–709.DOI:10.1080/10503307.2012.709325

Hauser, S.T., Allen, J.P. & Golden, E. (2006). *Out of the woods. Tales of resilient teens. Adolescent lives* (Bd. 4). Cambridge, Mass.: Harvard University Press.

Heck, C. & Walsh, A. (2000). The effects of maltreatment and family structure on minor and serious delinquency. *International Journal of Offender Therapy and Comparative Criminology, 44*(2), 178–193. DOI:10.1177/0306624X00442004

Hersoug, A.G., Høglend, P., Havik, O., von der Lippe, Anna & Monsen, J. (2009). Therapist characteristics influencing the quality of alliance in long-term psychotherapy. *Clinical psychology & psychotherapy, 16*(2), 100–110. DOI:10.1002/cpp.605

Hill, J., Fonagy, P., Lancaster, G. & Broyden, N. (2007). Aggression and intentionality in narrative responses to conflict and distress story stems. An investigation of boys with disruptive behaviour problems. *Attachment & Human Development, 9*(3), 223–237. DOI:10.1080/14616730701453861

Hill, J., Murray, L., Leidecker, V. & Sharp, H. (2008). The dynamics of threat, fear and intentionality in the conduct disorders. Longitudinal findings in the children of women with post-natal depression. *Philosophical Transactions of the Royal Society of London. Series B. Biological Sciences, 363*(1503), 2529–2541. DOI:10.1098/rstb.2008.0036

Hilliard, R.B., Henry, W.P. & Strupp, H.H. (2000). An interpersonal model of psychotherapy. Linking patient and therapist developmental history, therapeutic process, and types of outcome. *Journal of Consulting and Clinical Psychology, 68*(1), 125–133.

Hörz-Sagstetter, S., Mertens, W., Isphording, S., Buchheim, A. & Taubner, S. (im Review). Changes of reflective functioning during psychoanalytic psychotherapies.

Hughes, C. & Ensor, R. (2006). Behavioural problems in 2-year-olds. Links with individual differences in theory of mind, executive function and harsh parenting. *Journal of Child Psychology and Psychiatry, and Allied Disciplines, 47*(5), 488–497. DOI:10.1111/j.1469-7610.2005.01519.x

Hughes, C. & Ensor, R. (2008). Social cognition and disruptive behavior disorders in young chilren. Families matter. In C. Sharp, P. Fonagy & I.M. Goodyer (Hrsg.), *Social cognition and developmental psychopathology* (S. 115–139). Oxford, New York: Oxford University Press.

Jaffee, S.R., Caspi, A., Moffitt, T.E., Dodge, K.A., Rutter, M., Taylor, A. & Tully, L.A. (2005). Nature X nurture. Genetic vulnerabilities interact with physical maltreatment to promote conduct problems. *Development and Psychopathology, 17*(1), 67–84.

Jaffee, S.R. & Price, T.S. (2007). Gene-environment correlations. A review of the evidence and implications for prevention of mental illness. *Molecular Psychiatry, 12*(5), 432–442. DOI:10.1038/sj.mp.4001950

James, W. (1890). *Principles of Psychology.* New York: Henry Holt.

Johansson, P., Høglend, P., Ulberg, R., Amlo, S., Marble, A., Bogwald, K.-P., Sorbye, O., Sjaastad, M.C. & Heyerdahl, O. (2010). The mediating role of insight for long-term improvements in psychodynamic therapy. *Journal of Consulting and Clinical Psychology, 78*(3), 438–448. DOI:10.1037/a0019245

Johnson, J.G., Cohen, P., Chen, H., Kasen, S. & Brook, J.S. (2006). Parenting behaviors associated with risk for offspring personality disorder during adulthood. *Archives of General Psychiatry, 63*(5), 579–587. DOI:10.1001/archpsyc.63.5.579

Johnson-Laird, P. & Byrne, R. (1991). *Deduction. Essays in cognitive psychology.* Hillsdale, N.J.: Lawrence Erlbaum Associates.

Jørgensen, C.R., Freund, C., Bøye, R., Jordet, H., Andersen, D. & Kjølbye, M. (2013). Outcome of mentalization-based and supportive psychotherapy in patients with borderline personality disorder: a randomized trial. *Acta Psychiatrica Scandinavica, 127*(4), 305–317. DOI:10.1111/j.1600-0447.2012.01923.x

Josephs, L., Anderson, E., Bernard, A., Fatzer, K. & Streich, J. (2004). Assessing progress in analysis interminable. *Journal of the American Psychoanalytic Association, 52*(4), 1185–1214. DOI:10.1177/00030651040520041301

Jurist, E.L. (2005). Mentalized affectivity. *Psychoanalytic Psychology, 22*(3), 426–444. DOI:10.1037/0736-9735.22.3.426

Jurist, E.L. (2008). Mind and yours. New directions in mentalizatioin theory. In E.L. Jurist, A. Slade & S. Bergner (Hrsg.), *Mind to mind. Infant research, neuroscience and psychoanalysis.* (S. 88–114). New York: Other Press.

Karlsson, R. & Kermott, A. (2006). Reflective-functioning during the process in brief psychotherapies. *Psychotherapy (Chicago, Ill.), 43*(1), 65–84. DOI:10.1037/0033-3204.43.1.65

Katznelson, H. (2014). Reflective functioning. A review. *Clinical Psychology Review, 34*(2), 107–117. DOI:10.1016/j.cpr.2013.12.003

Kazdin, A.E. (1997). A model for developing effective treatments. Progression and interplay of theory, research, and practice. *Journal of Clinical Child Psychology, 26*(2), 114–129. DOI:10.1207/s15374424jccp2602_1

Keaveny, E., Midgley, N., Asen, E., Bevington, D., Fearon, P., Fonagy, P., Jennings-Hobbs, J. & Wood, S. (2012). Minding the family mind. The development and evaluation of Mentalization Based Treatment for Families at the Anna Freud Centre in London. In N. Midgley & I. Vrouva (Hrsg.), *Minding the child. Mentalization-based interventions with children, young people, and their families* (S. 98–112). New York: Routledge.

Kennedy, H. (1979). The role of insight in child analysis. A developmental viewpoint. *Journal of the American Psychoanalytic Association, 27,* 9–28.

Kernberg, O.F. (1984). *Schwere Persönlichkeitsstörungen. Theorie, Diagnose, Behandlungsstrategien* (8. Aufl.). Stuttgart: Klett-Cotta.

Kessler, H., Pierre, B., Deighton, R.M. & Traue, H.C. (2002). Facially Expressed Emotion Labeling (FEEL). A computer test for emotion recognition. *Verhaltenstherapie und Verhaltensmedizin, 23*(3), 297–306.

Kessler, R.C., Berglund, P., Demler, O., Jin, R., Koretz, D., Merikangas, K.R., Rush, A.J., Walters, E.E. & Wang, P.S. (2003). The epidemiology of major depressive disorder. Results from the National Comorbidity Survey Replication (NCS-R). *JAMA. The Journal of the American Medical Association, 289*(23), 3095–3105. DOI:10.1001/jama.289.23.3095

Keysar, B., Lin, S. & Barr, D.J. (2003). Limits on theory of mind use in adults. *Cognition, 89*(1), 25–41. DOI:10.1016/S0010-0277(03)00064-7

Klitzing, K. von. (2002). Frühe Entwicklung im Längsschnitt. Von der Beziehungswelt der Eltern zur Vorstellungswelt des Kindes. *Psyche, 56*(9–10), 863–887.

Kris, E. (1952). *Psychoanalytic explorations in art.* New York: International Universities Press.

Lambert, M. J. & Barley, D. E. (2001). Research summary on the therapeutic relationship and psychotherapy outcome. *Psychotherapy. Theory, Research, Practice, Training, 38*(4), 357–361. DOI:10.1037/0033-3204.38.4.357

Lane, R. D., Quinlan, D. M., Schwartz, G. E., Walker, P. A. & Zeitlin, S. B. (1990). The levels of emotional awareness scale. A cognitive-developmental measure of emotion. *Journal of Personality Assessment, 55*(1–2), 124–134. DOI:10.1080/00223891.1990.9674052

Laranjo, J., Bernier, A. & Meins, E. (2008). Associations between maternal mind-mindedness and infant attachment security. Investigating the mediating role of maternal sensitivity. *Infant Behavior & Development, 31*(4), 688–695. DOI:10.1016/j.infbeh.2008.04.008

Lawson, D. M. & Brossart, D. F. (2003). Link among therapist and parent relationship, working alliance, and therapy outcome. *Psychotherapy Research, 13*(3), 383–394. DOI:10.1093/ptr/kpg026

Lecours, S. & Bouchard, M. A. (1997). Dimensions of mentalisation. Outlining levels of psychic transformation. *The International Journal of Psycho-Analysis, 78*(5), 855–875.

Leiper, R. & Casares, P. (2000). An investigation of the attachment organization of clinical psychologists and its relationship to clinical practice. *The British Journal of Medical Psychology, 73*(4), 449–464.

Lent, R. W., Cinamon, R. G., Bryan, N. A., Jezzi, M. M., Martin, H. M. & Lim, R. (2009). Perceived sources of change in trainees' self-efficacy beliefs. *Psychotherapy (Chicago, Ill.), 46*(3), 317–327. DOI:10.1037/a0017029

Leslie, A. M. (1987). Pretense and representation. The origins of »theory of mind«. *Psychological Review, 94*(4), 412–426. DOI:10.1037/0033-295X.94.4.412

Leslie, A. M. (1994). ToMM, ToBy, and Agency. Core architecture and domain specificity. In L. A. Hirschfeld & S. A. Gelman (Hrsg.), *Mapping the mind. Domain specificity in cognition and culture* (S. 119–148). Cambridge, New York: Cambridge University Press.

Levinson, A. & Fonagy, P. (2004). Offending and Attachment. The relationship between interpersonal awareness and offending in a prison population with psychiatric disorder. *Canadian Journal of Psychoanalysis, 12*(2), 225–251.

Levy, K. N. (2005). The implications of attachment theory and research for understanding borderline personality disorder. *Development and Psychopathology, 17*(04). DOI:10.1017/S0954579405050455

Levy, K. N., Meehan, K. B., Kelly, K. M., Reynoso, J. S., Weber, M., Clarkin, J. F. & Kernberg, O. F. (2006). Change in attachment patterns and reflective function in a randomized control trial of transference-focused psychotherapy for borderline personality disorder. *Journal of Consulting and Clinical Psychology, 74*(6), 1027–1040. DOI:10.1037/0022-006X.74.6.1027

Lieberman, M. D. (2007). Social cognitive neuroscience. A review of core processes. *Annual Review of Psychology, 58*, 259–289. DOI:10.1146/annurev.psych.58.110405.085654

Ligiéro, D. P. & Gelso, C. J. (2002). Countertransference, attachment, and the working alliance. The therapist's contribution. *Psychotherapy. Theory, Research, Practice, Training, 39*(1), 3–11. DOI:10.1037/0033-3204.39.1.3

Liotti, G. (2004). Trauma, dissociation, and disorganized attachment. Three strands of a single braid. *Psychotherapy. Theory, Research, Practice, Training, 41*(4), 472–486. DOI:10.1037/0033-3204.41.4.472

Loeber, R. & Dishion, T. J. (1984). Boys who fight at home and school. Family conditions influencing cross-setting consistency. *Journal of Consulting and Clinical Psychology, 52*(5), 759–768.

Loeber, R., Green, S. & Lahey, B. B. (2003). Risk factors for antisocial personality. In D. P. Farrington & J. Coid (Hrsg.), *Cambridge studies in criminology. Early prevention of adult antisocial behaviour* (S. 79–108). Cambridge, New York: Cambridge University Press.

Loeber, R. & Stouthamer-Loeber, M. (1986). Family factors as correlates and predictors of juvenile conduct problems and deliquency. In N. Morris & M. H. Tonry (Hrsg.), *Crime and justice. An annual review of research* (S. 129–149). Chicago: University of Chicago Press.

Loeber, R., Stouthamer-Loeber, M., Farrington, D. P., Lahey, B. B., Keenan, K. & White, H. R. (2002). Editorial introduction. Three longitudinal studies of children's development in Pittsburgh. The Developmental Trends Study, the Pittsburgh Youth Study, and the Pittsburgh Girls Study. *Criminal Behaviour and Mental Health, 12*(1), 1–23.

Lorenzer, A. (1972). *Zur Begründung einer materialistischen Sozialisationstheorie*. Frankfurt am Main: Suhrkamp.

Lösel, F. & Bender, D. (2003). Resilience and protective factors. In D. P. Farrington & J. Coid (Hrsg.), *Early prevention of adult antisocial behaviour* (S. 130–204). Cambridge, New York: Cambridge University Press.

Luborsky, L., Crits-Christoph, P., McLellan, A. T., Woody, G., Piper, W., Liberman, B., Imber, S. & Pilkonis, P. (1986). Do therapists vary much in their success? Findings from four outcome studies. *The American Journal of Orthopsychiatry, 56*(4), 501–512.

Lutz, W., Leon, S. C., Martinovich, Z., Lyons, J. S. & Stiles, W. B. (2007). Therapist effects in outpatient psychotherapy. A three-level growth curve approach. *Journal of Counseling Psychology, 54*(1), 32–39. DOI:10.1037/0022-0167.54.1.32

Luyten, P., Blatt, S. J. & Porcerelli, J. H. (2011a). *Reflective functioning, level of object representations and clinical functioning in treatment-resistant personality disordered young adults.*

Luyten, P., Fonagy, P., Lowyck, B. & Vermote, R. (2011b). Assessment of mentalization. In A. W. Bateman & P. Fonagy (Hrsg.), *Handbook of mentalizing in mental health practice* (S. 43–65). Washington DC: American Psychiatric Pub.

Luyten, P., Mayes, L. C. & Sadler, L. (2009). *The Parental Reflective Functioning Questionnaire-1 (PRFQ-1).* Leuven: University of Leuven.

Lyons-Ruth, K., Yellin, C., Melnick, S. & Atwood, G. (2005). Expanding the concept of unresolved mental states. Hostile/helpless states of mind on the Adult Attachment Interview are associated with disrupted mother-infant communication and infant disorganization. *Development and Psychopathology, 17*(1), 1–23.

Main, M. (1991). Metacognitive knowledge, metacognitive monitoring, and singular (coherent) vs. multiple (incoherent) model of attachment. Findings and directions for future research. In C. M. Parkes, J. Stevenson-Hinde & P. Marris (Hrsg.), *Attachment across the life cycle.* (S. 127–159). New York: Tavistock/Routledge.

Main, M. (1994). A move to the level of representation in the study of attachment organization. Implications for psychoanalysis. *Bulletin of the British Psychoanalytical Society,* 1–15.

Main, M. & Solomon, J. (1990). Procedures for identifying infants as disorganized/disoriented during Ainsworth strange situation. In M.T. Greenberg, D. Cicchetti & E.M. Cummings (Hrsg.), *Attachment in the preschool years. Theory, research, and intervention* (S. 121–160). Chicago: University of Chicago Press.

Mallinckrodt, B. (2000). Attachment, social competencies, social support, and interpersonal process in psychotherapy. *Psychotherapy Research, 10*(3), 239–266. DOI:10.1093/ptr/10.3.239

Mallinckrodt, B. & Wei, M. (2005). Attachment, social competencies, social support, and psychological distress. *Journal of Counseling Psychology, 52*(3), 358–367. DOI:10.1037/0022-0167.52.3.358

Marans, S., Mayes, L., Cicchetti, D., Dahl, K., Marans, W. & Cohen, D.J. (1991). The child-psychoanalytic play interview. A technique for studying thematic content. *Journal of the American Psychoanalytic Association, 39*(4), 1015–1036.

Marty, P. (1990). *La psychosomatique de l'adulte* (6. Aufl.). Paris: Presses Universitaires de France.

Marty, P. (1991). *Mentalisation et psychosomatique. Les empêcheurs de penser en rond.* Le Plessis-Robinson: Synthélabo.

Maugham, B. & Rutter, M. (2001). Antisocial children growing up. In J. Hill & B. Maughan (Hrsg.), *Cambridge child and adolescent psychiatry. Conduct disorders in childhood and adolescence* (S. 507–552). Cambridge, New York: Cambridge University Press.

Mayes, L.C. (2000). A developmental perspective on the regulation of arousal states. *Seminars in Perinatology, 24*(4), 267–279.

Mayes, L.C. (2006). Arousal regulation, emotional flexibility, medial amygdala function, and the impact of early experience. Comments on the paper of Lewis et al. *Annals of the New York Academy of Sciences, 1094,* 178–192. DOI:10.1196/annals.1376.018

McElwain, N.L. & Booth-Laforce, C. (2006). Maternal sensitivity to infant distress and nondistress as predictors of infant-mother attachment security. *Journal of Family, 20*(2), 247–255. DOI:10.1037/0893-3200.20.2.247

McGauley, G., Yakeley, J., Williams, A. & Bateman, A.W. (2011). Attachment, mentalization and antisocial personality disorder. The possible contribution of mentalization-based treatment. *European Journal of Psychotherapy & Counselling, 13*(4), 371–393. DOI:10.1080/13642537.2011.629118

McGowan, P.O., Sasaki, A., D'Alessio, A.C., Dymov, S., Labonté, B., Szyf, M., Turecki G. & Meaney, M.J. (2009). Epigenetic regulation of the glucocorticoid receptor in human brain associates with childhood abuse. *Nature Neuroscience, 12*(3), 342–348. DOI:10.1038/nn.2270

McKeough, A., Yates, T. & Marini, A. (1994). Intentional reasoning. A developmental study of behaviorally aggressive and normal boys. *Development and Psychopathology, 6*(2), 285. DOI:10.1017/S0954579400004594

Meins, E. & Fernyhough, C. (2006). *Mind-mindedness coding manual.* Unveröffentlichtes Manuskript. Durham University.

Meins, E., Fernyhough, C., Fradley, E. & Tuckey, M. (2001). Rethinking maternal sensitivity. Mothers' comments on infants' mental processes predict security of attachment at 12 months. *Journal of Child Psychology and Psychiatry, and Allied Disciplines, 42*(5), 637–648.

Meins, E., Fernyhough, C., Rosnay, M. de, Arnott, B., Leekam, S.R. & Turner, M. (2012). Mind-mindedness as a multidimensional construct. Appropriate and nonattuned mind-related comments independently predict infant-mother attachment in a socially diverse sample. *Infancy, 17*(4), 393–415. DOI:10.1111/j.1532-7078.2011.00087.x

Meins, E., Fernyhough, C., Wainwright, R., Das Gupta, M., Fradley, E. & Tuckey, M. (2002). Maternal mind-mindedness and attachment security as predictors of theory of mind understanding. *Child Development, 73*(6), 1715–1726.

Meltzoff, A.N. & Gopnik, A. (1993). The role of imitation in understanding persons and developing a theory of mind. In S. Baron-Cohen, H. Tager-Flusberg & D.J. Cohen (Hrsg.), *Understanding other minds. Perspectives from developmental cognitive neuroscience* (S. 335–366). Oxford, New York: Oxford University Press.

Menninger, K. (1957). Psychological factors in the choice of medicine as a profession. *Bulletin of the Menninger Clinic, 21*(2), 8–51.

Michels, R. (1984). Introduction to panel. Perspectives on the nature of psychic reality. *Journal of the American Psychoanalytic Association*, (32), 515–519.

Mikulincer, M. & Shaver, P.R. (2007). *Attachment in adulthood. Structure, dynamics, and change*. New York: Guilford Press.

Mikulincer, M. & Sheffi, E. (2000). Adult attachment style and cognitive reactions to positive affect. A test of mental categorization and creative problem solving. *Motivation and Emotion, 24*(3), 149–174. DOI:10.1023/A:1005606611412

Milrod, B. & Busch, F. (2012). *Manual of panic focused psychodynamic psychotherapy – extended range*. New York: Routledge.

Milrod, B. & Shear, M.K. (1991). Dynamic treatment of panic disorder. A review. *The Journal of Nervous and Mental Disease, 179*(12), 741–743.

Mize, J. & Pettit, G. (2008). Social information processing and the development of conduct problems in children and adolescents. Looking beneath the surface. In C. Sharp, P. Fonagy & I.M. Goodyer (Hrsg.), *Social cognition and developmental psychopathology* (S. 141–174). Oxford, New York: Oxford University Press.

Moffitt, T.E. (2003). Life-course persistent and adolescent-limited antisocial behavior. A 10-year research review and a research agenda. In B.B. Lahey, T.E. Moffitt & A. Caspi (Hrsg.), *The causes of conduct disorder and serious juvenile delinquency* (S. 49–75). New York: Guilford.

Moffitt, T.E., Caspi, A., Harrington, H. & Milne, B.J. (2002). Males on the life-course-persistent and adolescence-limited antisocial pathways. Follow-up at age 26 years. *Development and Psychopathology, 14*(1), 179–207.

Mohr, J.J., Gelso, C.J. & Hill, C.E. (2005). Client and counselor trainee attachment as predictors of session evaluation and countertransference behavior in first counseling sessions. *Journal of Counseling Psychology, 52*(3), 298–309. DOI: 10.1037/0022-0167.52.3.298

Möller, C., Falkenström, F., Holmqvist Larsson, M. & Holmqvist, R. (2014). Mentalizing in young offenders. *Psychoanalytic Psychology, 31*(1), 84–99. DOI:10.1037/a0035555

Moore, C. & Corkum, V. (1994). Social understanding at the end of the first year of life. *Developmental Review, 14*(4), 349–372. DOI:10.1006/drev.1994.1014

Moriguchi, Y., Ohnishi, T., Lane, R. D., Maeda, M., Mori, T., Nemoto, K., Matsuda, H. & Komaki, G. (2006). Impaired self-awareness and theory of mind. An fMRI study of mentalizing in alexithymia. *NeuroImage, 32*(3), 1472–1482. DOI:10.1016/j.neuroimage.2006.04.186

Müller, C., Kaufhold, J., Overbeck, G. & Grabhorn, R. (2006). The importance of reflective functioning to the diagnosis of psychic structure. *Psychology and Psychotherapy, 79*(4), 485–494.

Nelson, E. E., Leibenluft, E., McClure, E. B. & Pine, D. S. (2005). The social re-orientation of adolescence. A neuroscience perspective on the process and its relation to psychopathology. *Psychological Medicine, 35*(2), 163–174.

Nikcevic, A.V., Kramolisova-Advani, J. & Spada, M.M. (2007). Early childhood experiences and current emotional distress. What do they tell us about aspiring psychologists? *The Journal of Psychology, 141*(1), 25–34. DOI:10.3200/JRLP.141.1.25-34

Nolte, T., Bolling, D.Z., Hudac, C., Fonagy, P., Mayes, L.C. & Pelphrey, K. (2013). Brain mechanisms underlying the impact of attachment-related stress on social cognition. *Frontiers in Human Neuroscience, 7.*

Normandin, L. & Ensink, K. (2014). *Coding Manual for the Therapist Mental Activity Grid (TMA-G). Revised version of the Countertransference Rating Scale.* Canada: École de Pschologie/Université Laval.

Obegi, J. H. & Berant, E. (Hrsg.). (2010). *Attachment theory and research in clinical work with adults.* New York: Guilford Press.

Okiishi, J.C., Lambert, M.J., Eggett, D., Nielsen, L., Dayton, D.D. & Vermeersch, D.A. (2006). An analysis of therapist treatment effects. Toward providing feedback to individual therapists on their clients' psychotherapy outcome. *Journal of Clinical Psychology, 62*(9), 1157–1172. DOI:10.1002/jclp.20272

Okiishi, J.C., Lambert, M.J., Nielsen, S.L. & Ogles, B.M. (2003). Waiting for supershrink. An empirical analysis of therapist effects. *Clinical Psychology & Psychotherapy, 10*(6), 361–373. DOI:10.1002/cpp.383

Olweus, D. (1984). Development of stable aggressive reaction patterns in males. In R.J. Blanchard & D.C. Blanchard (Hrsg.), *Advances in the study of aggression* (S. 103–137). Orlando: Academic Press.

Orlinsky, D. & M.H. Rønnestad (Hrsg.). (2005). *How psychotherapists develop. A study of therapeutic work and professional growth.* Washington DC: American Psychological Association.

Pardini, D.A., Lochman, J.E. & Powell, N. (2007). The development of callous-unemotional traits and antisocial behavior in children. Are there shared and/or unique predictors? *Journal of Clinical Child and Adolescent Psychology, 36*(3), 319–333. DOI:10.1080/15374410701444215

Patrick, M., Hobson, R.P., Castle, D., Howard, R. & Maughan, B. (1994). Personality disorder and the mental representation of early social experience. *Development and Psychopathology, 6*(2), 375–388. DOI:10.1017/S0954579400004648

Patterson, G.R. & Stouthamer-Loeber, M. (1984). The correlation of family management practices and delinquency. *Child Development, 55*(4), 1299–1307.

Pears, K. & Fisher, P.A. (2005). Emotion understanding and theory of mind among maltreated children in foster care. Evidence of deficits. *Development and Psychopathology, 17*, 47–65.

Pearson, J.L., Cohn, D.A., Cowan, P.A. & Cowan, C.P. (1994). Earned- and continuous-security in adult attachment. Relation to depressive symptomatology and parenting style. *Development and Psychopathology, 6*(02), 359. DOI:10.1017/S0954579400004636

Pereg, D. & Mikulincer, M. (2004). Attachment style and the regulation of negative affect. Exploring individual differences in mood congruency effects on memory and judgment. *Personality & Social Psychology Bulletin, 30*(1), 67–80. DOI:10.1177/0146167203258852

Perner, J. (2000). About + belief + counterfactual. In P. Mitchell & K.J. Riggs (Hrsg.), *Children's reasoning and the mind* (S. 367–401). Hove, East Sussex: Psychology Press.

Pfeiffer, C., Wetzels, P. & Enzmann, D. (1999). *Innerfamiliäre Gewalt gegen Kinder und Jugendliche und ihre Auswirkungen*. Hannover: KFN.

Pilkonis, P.A., Proietti, J.M., Heape, C.L. & Yookyung, K. (1998). *Adult attachment styles and DSM personality disorders*. Vortrag im Rahmen der 29. Society Psychotherapy Research Conference in Utah am 25.6.1998.

Premack, D. & Woodruff, G. (1978). Does the chimpanzee have a theory of mind? *Behavioral and Brain Sciences, 1*(4), 515. DOI:10.1017/S0140525X00076512

Rapaport, D. (1951). *Organization and pathology of thought*. New York: Columbia University Press.

Reinke, E. (1999). Triadische Position und psychoanalytisches Konfliktverständnis. Zur gegenwärtigen Vermittlung von Beziehungs- und Bindungsqualitäten zwischen den Generationen. *Psychosozial, 76*, 91–102.

Repacholi, B.M. & Gopnik, A. (1997). Early reasoning about desires. Evidence from 14- and 18-month-olds. *Developmental Psychology, 33*(1), 12–21.

Rizq, R. & Target, M. (2010). »If that's what I need, it could be what someone else needs.« Exploring the role of attachment and reflective function in counselling psychologists' accounts of how they use personal therapy in clinical practice. A mixed methods study. *British Journal of Guidance & Counselling, 38*(4), 459–481. DOI:10.1080/03069885.2010.503699

Romano, V., Fitzpatrick, M. & Janzen, J. (2008). The secure-base hypothesis. Global attachment, attachment to counselor, and session exploration in psychotherapy. *Journal of Counseling Psychology, 55*(4), 495–504. DOI:10.1037/a0013721

Rossouw, T.I. & Fonagy, P. (2012). Mentalization-based treatment for self-harm in adolescents. A randomized controlled trial. *Journal of the American Academy of Child and Adolescent Psychiatry, 51*(12), 1304-1313.e3. DOI:10.1016/j.jaac.2012.09.018

Rudden, M.G., Milrod, B., Meehan, K.B. & Falkenstrom, F. (2009). Symptom-specific reflective functioning. Incorporating psychoanalytic measures into clinical trials. *Journal of the American Psychoanalytic Association, 57*(6), 1473–1478. DOI:10.1177/00030651090570060804

Rudden, M., Milrod, B., Target, M., Ackerman, S. & Graf, E. (2006). Reflective functioning in panic disorder patients. A pilot study. *Journal of the American Psychoanalytic Association, 54*(4), 1339–1343.

Rudolf, G. (2008). *Psychotherapeutische Medizin und Psychosomatik. Ein einführendes Lehrbuch auf psychodynamischer Grundlage* (6., überarb. Aufl.). Stuttgart: Thieme.

Rutherford, H.J., Wareham, J.D., Vrouva, I., Mayes, L.C., Fonagy, P. & Potenza, M.N. (2012). Sex differences moderate the relationship between adolescent language and mentalization. *Personality Disorders, 3*(4), 393–405. DOI:10.1037/a0028938

Rutter, M. (2003). Commentary. Causal processes leading to antisocial behavior. *Developmental Psychology, 39*(2), 372–378.

Rutter, M., Giller, H. & Hagell, A. (1998). *Antisocial behavior by young people*. Cambridge, New York: Cambridge University Press.

Rutter, M., Quinton, D. & Liddle, C. (1983). Parenting in two generations. Looking backwards and looking forwards. In N. Madge (Hrsg.), *Studies in deprivation and disadvantage. Families at risk* (Bd. 8, S. 60–98). London: Heinemann Educational Books.

Sass, H., Wittchen, H.-U., Zaudig, M. & Houben, I. (2003). *Diagnostische Kriterien des diagnostischen und statistischen Manuals psychologischer Störungen DSM-IV-TR*. Göttingen [u.a.]: Hogrefe.

Satpute, A.B. & Lieberman, M.D. (2006). Integrating automatic and controlled processes into neurocognitive models of social cognition. *Brain Research, 1079*(1), 86–97. DOI:10.1016/j.brainres.2006.01.005

Sauer, E.M., Lopez, F.G. & Gormley, B. (2003). Respective contributions of therapist and client adult attachment orientations to the development of the early working alliance. A preliminary growth modeling study. *Psychotherapy Research, 13*(3), 371–382. DOI:10.1093/ptr/kpg027

Saunders, R., Jacobvitz, D., Zaccagnino, M., Beverung, L.M. & Hazen, N. (2011). Pathways to earned-security. The role of alternative support figures. *Attachment & Human Development, 13*(4), 403–420. DOI:10.1080/14616734.2011.584405

Saxe, R. (2006). Uniquely human social cognition. *Current Opinion in Neurobiology, 16*(2), 235–239. DOI:10.1016/j.conb.2006.03.001

Schauenburg, H., Buchheim, A., Beckh, K., Nolte, T., Brenk-Franz, K., Leichsenring, F., Strack, M. & Dinger, U. (2010). The influence of psychodynamically oriented therapists' attachment representations on outcome and alliance in inpatient psychotherapy [corrected]. *Psychotherapy Research, 20*(2), 193–202. DOI:10.1080/10503300903204043

Schauenburg, H. & Hoffmann, B. (2007). *Psychotherapie der Depression: Krankheitsmodelle und Therapiepraxis – störungsspezifisch und schulenübergreifend*. Stuttgart [u.a.]: Thieme.

Schneider-Rosen, K. & Cicchetti, D. (1991). Early self-knowledge and emotional development. Visual self-recognition and affective reactions to mirror self-images in maltreated and non-maltreated toddlers. *Developmental Psychology, 27*(3), 471–478. DOI:10.1037/0012-1649.27.3.471

Schultz-Venrath, U. & Doering, P. (Hrsg.). (2013). *Lehrbuch Mentalisieren. Psychotherapien wirksam gestalten*. Stuttgart: Klett-Cotta.

Schwarz, R. (2002). *Tools for transforming trauma*. New York: Routledge.

Sharp, C., Croudace, T.J. & Goodyer, I.M. (2007). Biased mentalizing in children aged seven to 11. Latent class confirmation of response Styles to social scenarios and associations with psychopathology. *Social Development, 16*(1), 181–202. DOI:10.1111/j.1467-9507.2007.00378.x

Sharp, C. & Fonagy, P. (2008). The parent's capacity to treat the child as a psychological agent. Constructs, measures and implications for developmental psychopathology. *Social Development, 17*(3), 737–754. DOI:10.1111/j.1467-9507.2007.00457.x

Sharp, C., Fonagy, P. & Goodyer, I.M. (2006). Imagining your child's mind. Psychosocial adjustment and mothers' ability to predict their children's attributional response styles. *British Journal of Developmental Psychology, 24*(1), 197–214. DOI:10.1348/026151005X82569

Shaver, P.R. & Mikulincer, M. (2010). An overview of adult attachment theory. In J.H. Obegi & E. Berant (Hrsg.), *Attachment theory and research in clinical work with adults* (S. 17–45). New York: Guilford Press.

Shill, M.A. & Lumley, M.A. (2002). The Psychological Mindedness Scale. Factor structure, convergent validity and gender in a non-psychiatric sample. *Psychology and Psychotherapy, 75*(2), 131–150.

Skarderud, F. (2007). Eating one's words, part II. The embodied mind and reflective function in anorexia nervosa-theory. *European Eating Disorders Review, 15*(4), 243–252. DOI:10.1002/erv.778

Skodol, A., Johnson, J.G., Cohen, P., Sneed, J.R. & Crawford, T.N. (2007). Personality disorder and impaired functioning from adolescence to adulthood. *The British Journal of Psychiatry, 190*(6), 415–420. DOI:10.1192/bjp.bp.105.019364

Slade, A., Aber, J. & Bresgi, I. (2004). *The Parent Development Interview – Revised*. Unveröffentlichtes Protokoll. The City University of New York.

Slade, A., Grienenberger, J., Bernbach, E., Levy, D. & Locker, A. (2005). Maternal reflective functioning, attachment, and the transmission gap. A preliminary study. *Attachment & Human Development, 7*(3), 283–298. DOI:10.1080/14616730500245880

Slade, A., Sadler, L. & Mayes, L.C. (2005). Maternal reflective functioning. Enhancing parental reflective functioning in a nursing/mental health home visiting program. In L.J. Berlin, Y. Ziv, L. Amaya-Jackson & M.T. Greenberg (Hrsg.), *Enhancing early attachments. Theory, research, intervention, and policy* (S. 152–177). New York, London: Guilford.

Soldt, P. (2003). Primär- und Sekundärprozess. *Psychoanalyse – Texte zur Sozialforschung, 7*(13), 195–222.

Sroufe, L.A., Carlson, E.A., Levy, A.K. & Egeland, B. (1999). Implications of attachment theory for developmental psychopathology. *Development and Psychopathology, 11*(1), 1–13. DOI:10.1017/S0954579499001923

Sroufe, L.A., Egeland, B. & Kreutzer, T. (1990). The fate of early experience following developmental change. Longitudinal approaches to individual adaptation in childhood. *Child Development, 61*(5), 1363. DOI:10.2307/1130748

Stacks, A.M., Muzik, M., Wong, K., Beeghly, M., Huth-Bocks, A., Irwin, J.L. & Rosenblum, K.L. (2014). Maternal reflective functioning among mothers with childhood maltreatment histories. Links to sensitive parenting and infant attachment security. *Attachment & Human Development,* 1–19. DOI:10.1080/14616734.2014.935452

Staudinger, U.M. & Glück, J. (2011). Psychological wisdom research. Commonalities and differences in a growing field. *Annual Review of Psychology, 62,* 215–241. DOI:10.1146/annurev.psych.121208.131659

Staun, L., Kessler, H., Buchheim, A., Kächele, H. & Taubner, S. (2010). Mentalisierung und chronische Depression. *Psychotherapeut, 55*(4), 299–305. DOI:10.1007/s00278-010-0752-9

Stern, D.N. (1985 [2007]). *Die Lebenserfahrung des Säuglings. Mit einer neuen Einleitung des Autors* (9. erw. Aufl.). Stuttgart: Klett-Cotta.

Stoffers, J.M., Völlm, B.A., Rücker, G., Timmer, A., Huband, N. & Lieb, K. (2012). Psychological therapies for people with borderline personality disorder. *The Cochrane Database of Systematic Reviews, 8,* CD005652. DOI:10.1002/14651858.CD005652.pub2

Strathearn, L., Fonagy, P., Amico, J. & Montague, P.R. (2009). Adult attachment predicts maternal brain and oxytocin response to infant cues. *Neuropsychopharmacology, 34*(13), 2655–2666. DOI:10.1038/npp.2009.103

Strathearn, L., Li, J., Fonagy, P. & Montague, P.R. (2008). What's in a smile? Maternal brain responses to infant facial cues. *Pediatrics, 122*(1), 40–51. DOI:10.1542/peds.2007-1566

Strauss, B.M. (2000). Attachment theory and psychotherapy research. Editor's introduction to a special section. *Psychotherapy Research, 10*(4), 381–389. DOI:10.1080/713663775

Strupp, H.H. (1973). *Psychotherapy. Clinical, research and theoretical issues.* New York: Jason Aronson.

Subic-Wrana, C., Beutel, M.E., Knebel, A. & Lane, R.D. (2010). Theory of mind and emotional awareness deficits in patients with somatoform disorders. *Psychosomatic Medicine, 72*(4), 404–411. DOI:10.1097/PSY.0b013e3181d35e83

Subic-Wrana, C., Beutel, M. & Milrod, B.L. (2012). *Panikfokussierte psychodynamische Psychotherapie. Praxis der psychodynamischen Psychotherapie – analytische und tiefenpsychologisch fundierte Psychotherapie. 3.* Göttingen [u.a.]: Hogrefe.

Susman-Stillman, A., Kalkoske, M., Egeland, B. & Waldman, I. (1996). Infant temperament and maternal sensitivity as predictors of attachment security. *Infant Behavior and Development, 19*(1), 33–47. DOI:10.1016/S0163-6383(96)90042-9

Sutton, J., Smith, P.K. & Swettenham, J. (1999). Social cognition and bullying. Social inadequacy or skilled manipulation? *British Journal of Developmental Psychology, 17*(3), 435–450. DOI:10.1348/026151099165384

Szecsödy, I. (2008). A single-case study on the process and outcome of psychoanalysis. *The Scandinavian Psychoanalytic Review, 31*(2), 105–113. DOI:10.1080/01062301.2008.10592838

Target, M. (2013). Ist unsere Sexualität unsere eigene? Ein Entwicklungsmodell der Sexualität auf der Basis früher Affektspiegelung. *Zeitschrift für Individualpsychologie, 38*(2), 125–141. DOI:10.13109/zind.2013.38.2.125

Target, M. & Fonagy, P. (1996). Playing with reality. II. The development of psychic reality from a theoretical perspective. *The International Journal of Psycho-Analysis, 77*(3), 459–479.

Target, M. & Fonagy, P. (2003). Attachment theory and long-term psychoanalytic outcome. Are insecure attachment narratives less accurate? In M. Leuzinger-Bohleber, A. U. Dreher & J. Canestri (Hrsg.), *Pluralism and unity? Methods of research in psychoanalysis* (S. 149–167). London: International Psychoanalytical Association.

Taubner, S. (2008a). Entsteht Einsicht im Täter-Opfer-Ausgleich? Eine empirische Studie am Beispiel adoleszenter Gewaltstraftäter. *Monatszeitschrift für Kriminologie, 91(4)*, 281–294.

Taubner, S. (2008b). *Einsicht in Gewalt. Reflexive Kompetenz adoleszenter Straftäter beim Täter-Opfer-Ausgleich*. Gießen: Psychosozial-Verlag.

Taubner, S. (2014a). *Mentalisierung in der Adoleszenz. Welchen Einfluss hat Reflective Functioning auf die Verarbeitung traumatischer Erfahrungen, Aggression und Psychopathie?* Vortrag im Rahmen des Leipziger Kolloquium für Psychosoziale und Psychotherapeutische Medizin am 4.6.2014.

Taubner, S. (2014b). *Wasch' mich, aber mach mich nicht nass! Von der Unmöglichkeit, eine Therapie ohne die Bearbeitung aggressiver Übertragungsanteile durchzuführen*. Eröffnungsvortrag im Rahmen des 37. Internationalen Seminars für Katathym Imaginative Psychotherapie in Goldegg am 29.5.2014.

Taubner, S. & Curth, C. (2013). Mentalization mediates the relation between early traumatic experiences and aggressive behavior in adolescence. *Psihologija, 46*(2), 177–192. DOI:10.2298/PSI1302177T

Taubner, S., Curth, C., Unger, A. & Kotte, S. (2014a). Die Mentalisierende Berufsausbildung. Praxisbericht aus einer Pilotstudie an einem Berufsbildungswerk für lernbehinderte Adoleszente. *Praxis der Kinderpsychologie und Kinderpsychiatrie, 63*(9), 738–760.

Taubner, S., Fritsch, S., Lück, M., Hillebrandt-Wegener, C. & Stumpe, A. (2014b). Sind mütterliche Reflexionsfähigkeiten und Depressivität Prädiktoren für die Bindungsrepräsentationen im ersten Lebensjahr? *Praxis der Kinderpsychologie und Kinderpsychiatrie, 63*(9), 699–722.

Taubner, S., Hörz, S., Fischer-Kern, M., Doering, S., Buchheim, A. & Zimmermann, J. (2013a). Internal structure of the Reflective Functioning Scale. *Psychological Assessment, 25*(1), 127–135. DOI:10.1037/a0029138

Taubner, S. & Juen, F. (2010). Gewalt in der Spätadoleszenz. Perspektiven der Bindungsforschung. *Psychotherapie & Sozialwissenschaft, 12*(2), 59.

Taubner, S., Kessler, H., Buchheim, A., Kachele, H. & Staun, L. (2011). The role of mentalization in the psychoanalytic treatment of chronic depression. *Psychiatry, 74*(1), 49–57. DOI:10.1521/psyc.2011.74.1.49

Taubner, S., Munder, T., Möller, H., Hanke, W. & Klasen, J. (2014c). Selbstselektionsprozesse bei der Wahl des therapeutischen Ausbildungsverfahrens. Unterschiede in therapeutischen Haltungen, Persönlichkeitseigenschaften und dem Mentalisierungsinteresse [Self-selection processes in the choice of the therapeutic training approach. Differences in therapeutic attitudes, personality traits and attributional complexity]. *Psychotherapie, Psychosomatik, medizinische Psychologie, 64*(6), 214–223. DOI:10.1055/s-0033-1358720

Taubner, S., Nolte, T., Luyten, P. & Fonagy, P. (2010a). Mentalisierung und das Selbst. *Persönlichkeitsstörungen. Theorie und Therapie, 14*(4), 243–258.

Taubner, S., Schulze, C., Kächele, H., Buchheim, A., Kessler, H. & Staun, L. (2015). Veränderungen der mentalisierten Affektivität nach 24 Monaten analytischer Psychotherapie bei Patienten mit chronischer Depression. *Psychotherapieforum*. DOI:10.1007/s00729-015-0032-9,

Taubner, S., Sevecke, K., Nolte, T., Roussow, T. & Bateman, A.W. (2015). *Manual for mentalization-based-treatment for conduct-disorder (MBT-CD)*. Unveröffentlichtes Manuskript.

Taubner, S., Fuchs, N., Viole, B. & Zimmermann, J.(in Vorbereitung). *Attachment-styles predict a decrease in mentalization after negative vs. positive attachment-related mood induction.*

Taubner, S., White, L.O., Zimmermann, J., Fonagy, P. & Nolte, T. (2013b). Attachment-related mentalization moderates the relationship between psychopathic traits and proactive aggression in adolescence. *Journal of Abnormal Child Psychology, 41*(6), 929–938. DOI:10.1007/s10802-013-9736-x

Taubner, S., Wiswede, D. & Kessler, H. (2013c). Neural activity in relation to empirically derived personality syndromes in depression using a psychodynamic fMRI paradigm. *Frontiers in Human Neuroscience, 7*, 812. DOI:10.3389/fnhum.2013.00812

Taubner S., Wiswede, D., Nolte, T. & Roth, G. (2010b). Mentalisierung und externalisierende Verhaltensstörungen in der Adoleszenz. *Psychotherapeut, 55*(4), 312–320. DOI:10.1007/s00278-010-0753-8

Taubner, S., Zimmermann, J., Kächele, H., Möller, H. & Sell, C. (2013d). The relationship of introject affiliation and personal therapy to trainee self-efficacy. A longitudinal study among psychotherapy trainees. *Psychotherapy (Chicago, Ill.), 50*(2), 167–177. DOI:10.1037/a0029819

Thompson, R.A. (2000). The legacy of early attachments. *Child development, 71*(1), 145–152.

Tomasello, M. (1999). *The cultural origins of human cognition*. Cambridge, Mass.: Harvard University Press.

Tronick, E., Als, H., Adamson, L., Wise, S. & Brazelton, T.B. (1978). The infant's response to entrapment between contradictory messages in face-to-face Interaction. *Journal of the American Academy of Child Psychiatry, 17*(1), 1–13. DOI:10.1016/S0002-7138(09)62273-1

Twemlow, S.W. & Fonagy, P. (2009). Vom gewalterfüllten sozialen System zum mentalisierenden System. Ein Experiment in Schulen. In J.G. Allen & P. Fonagy (Hrsg.), *Mentalisierungsgestützte Therapie. Das MBT-Handbuch – Konzepte und Praxis* (S. 399–421). Stuttgart: Klett-Cotta.

Twemlow, S.W., Fonagy, P. & Sacco, F.C. (2005). A developmental approach to mentalizing communities. II. The peaceful schools experiment. *Bulletin of the Menninger Clinic, 69*, 282–304.

Twemlow, S.W., Fonagy, P. & Sacco, F.C. (2012). A developmental approach to mentalizing communities through the Peaceful Schools experiment. In N. Midgley & I. Vrouva (Hrsg.), *Minding the child. Mentalization-based interventions with children, young people, and their families* (S. 187–201). New York: Routledge.

Twemlow, S.W. & Sacco, F.C. (2011). *Preventing bullying and school violence*. Washington, DC: American Psychiatric Pub.

Tyrrell, C.L., Dozier, M., Teague, G.B. & Fallot, R.D. (1999). Effective treatment relationships for persons with serious psychiatric disorders. The importance of attachment states of mind. *Journal of Consulting and Clinical Psychology, 67*(5), 725–733.

Uddin, L.Q., Iacoboni, M., Lange, C. & Keenan, J.P. (2007). The self and social cognition. The role of cortical midline structures and mirror neurons. *Trends in Cognitive Sciences, 11*(4), 153–157. DOI:10.1016/j.tics.2007.01.001

van IJzendoorn, M.H. (1995). Adult attachment representations, parental responsiveness, and infant attachment. A meta-analysis on the predictive validity of the Adult Attachment Interview. *Psychological Bulletin, 117*(3), 387–403.

van IJzendoorn, M.H. (2005). Attachment in social networks. Toward an evolutionary social network model. *Human Development, 48*(1–2), 85–88.

Verheugt-Pleiter, A. & Deben-Mager, M. (2006). Transference-focused psychotherapy and mentalization-based tratment. Brother and sister? *Psychoanalytic Psychotherapy, 20*(4), 297–315. DOI:10.1080/02668730601020374

Vermote, R., Lowyck, B., Luyten, P., Vertommen, H., Corveleyn, J., Verhaest, Y., Stroobants, R., Vandeneede, B., Vansteelandt, K. & Peuskens, J. (2010). Process and outcome in psychodynamic hospitalization-based treatment for patients with a personality disorder. *The Journal of Nervous and Mental Disease, 198*(2), 110–115. DOI:10.1097/NMD.0b013e3181cc0d59

Viding, E., Blair, R., James, R., Moffitt, T.E. & Plomin, R. (2005). Evidence for substantial genetic risk for psychopathy in 7-year-olds. *Journal of Child Psychology and Psychiatry, and Allied Disciplines, 46*(6), 592–597. DOI:10.1111/j.1469-7610.2004.00393.x

Vrouva, I. & Fonagy, P. (2009). Development of the mentalizing stories for adolescents (MSA). *Journal of the American* Psychoanalytic Association, *57*(7).

Wampold, B.E. (2001). *The great psychotherapy debate. Models, methods, and findings.* Mahwah, N.J.: L. Erlbaum.

Weinberg, M.K. & Tronick, E.Z. (1996). Infant affective reactions to the resumption of maternal interaction after the still-face. *Child Development, 67*(3), 905–914. DOI:10.1111/j.1467-8624.1996.tb01772.x

Weinfield, N., Sroufe, L., Egeland, B. & Carlson, E. (2008). The nature of individual differences in infant-caregiver attachment. In J. Cassidy & P.R. Shaver (Hrsg.), *Handbook of attachment. Theory, research, and clinical applications* (2. Aufl., S. 68–88). New York: Guilford Press.

Wellman, H.M., Cross, D. & Watson, J. (2001). Meta-analysis of theory-of-mind development. The truth about false belief. *Child Development, 72*(3), 655–684. DOI: 10.1111/1467-8624.00304

Wellman, H.M. & Philips, A.T. (2000). Developing intentional understandings. In L. Moses, B. Male & D. Baldwin (Hrsg.), *Intentionality. A key to human understanding* (S. 125–148). Cambridge: MIT Press.

Will, H., Grabenstedt, Y., Völkl, G. & Banck, G. (2008). *Depression. Psychodynamik und Therapie* (3., überarb. und erw. Aufl.). Stuttgart: Kohlhammer.

Wimmer, H. & Perner, J. (1983). Beliefs about beliefs. Representation and constraining function of wrong beliefs in young children's understanding of deception. *Cognition, 13*(1), 103–128. DOI:10.1016/0010-0277(83)90004-5

Winnicott, D.W. (1965). *The maturational processes and the facilitating environment.* New York: International Universities Press.

Winnicott, D.W. (1967). Mirrorrole of mother and family in child. In P. Lomas (Hrsg.), *The predicament of the family. A psycho-analytical symposium* (S. 26–33). London: Hogarth P./Institute of Psycho-Analysis.

Winnicott, D.W. (1971). *Playing and reality.* London: Tavistock.

Winnicott, D.W. (1988). *Human nature.* New York: Schocken Books.

Wolff, M. de & van Ijzendoorn, M.H. (1997). Sensitivity and attachment. A meta-analysis on parental antecedents of infant attachment. *Child Development, 68*(4), 571–591.

Wollheim, R. (1995). *The mind and its depths.* Cambridge, MA: Harvard University Press.

Yen, S., Shea, M.T., Battle, C.L., Johnson, D.M., Zlotnick, C., Dolan-Sewell, R., Skodol, A.E., Grilo, C.M., Gunderson, J.G., Sanislow, C.A., Zanarini, M.C., Bender, D.S., Rettew, J.B. & McGlashan, T.H. (2002). Traumatic exposure and posttraumatic stress disorder in borderline, schizotypal, avoidant, and obsessive-compulsive personality disorders. Findings from the collaborative longitudinal personality disorders study. *The Journal of Nervous and Mental Disease, 190*(8), 510–518. DOI:10.1097/01.NMD.0000026620.66764.78

Yoon, J., Hughes, J., Gaur, A. & Thompson, B. (1999). Social cognition in aggressive children. A metaanalytic review. *Cognitive and Behavioral Practice, 6*(4), 320–331. DOI:10.1016/S1077-7229(99)80051-0

Yott, J. & Poulin-Dubois, D. (2012). Breaking the rules. Do infants have a true understanding of false belief? *The British Journal of Developmental Psychology, 30*(1), 156–171. DOI:10.1111/j.2044-835X.2011.02060.x

Zimmermann, J. & Taubner, S. (2010). *Skala des Mentalisierungsinteresses.* Deutsche Übersetzung der Attribution of Complexity Scale. Unveröffentlichtes Manuskript.

# Abbildungsverzeichnis

# Tabellenverzeichnis

# Abkürzungsverzeichnis

AAI = Adult Attachment Interview
ASPS = Antisoziale Persönlichkeitsstörung
BBW = Berufsbildungswerk
BPS = Borderline-Persönlichkeitsstörung
DSM-IV = Diagnostic and Statistical Manual for Mental Disorders IV. Auflage
DSM-5 = Diagnostic and Statistical Manual for Mental Disorders 5. Auflage
EEG = Elektroenzephalografie
fMRI = Funktionelle Magnetresonanztomografie
IFG = Inferiorer frontaler Gyrus
IWM = Internal Working Modell
MASC = Movie for the Assessment of Social Cognition
MBT = Mentalisierungsbasierte Therapie
MBM = Mentalisierungsbasiertes Management
MM = Mind-Mindedness
MPFC = Medialen präfrontalen Kortex
OPD = Operationalisierte psychodynamische Diagnostik
ORI = Object-Relations-Inventory
PaKT = Psychoanalytische Kurzzeittherapie
PC = Precuneus
PDI = Parent Development Interview
PFPP = Panikfokussierte psychodynamische Psychotherapie
RF = Reflective Functioning
RFS = Reflective-Functioning-Scale
RIGs = Representation of Interactions that have been Generalized
SCIP = Social Competencies and Interpersonal Processes
SCL-90 = Symptom-Checkliste
SSV = Störung des Sozialverhaltens
STIPO = Strukturiertes Interview zur Persönlichkeitsorganisation
STS = Posteriorer superiorer temporaler Sulcus

TPJ = Temporoparietale Junction
ToM = Theory-of-Mind